全国教育硕士专业学位教材

教育原理与改革热点

Jiaoyu Yuanli yu Gaige Redian

主编　王卫东

高等教育出版社·北京

内容提要

本书遵循理论联系实际的原则，设计了十个专题。专题一至专题五阐述了教育的本真意义、教育的基本理念、学校教育的起源和价值、教师职业的专业性质及教师专业发展、学生的本质与学生观等教育基本理论问题。专题六至专题十从我国教育实际出发，重点讨论了有效推进教育公平、提高教育质量、完善招生考试制度、建设现代学校制度、改革学校道德教育等问题，以期帮助教育硕士研究生正确认识和理解我国教育改革的若干重大问题。

本书内容精练、结构清晰、案例丰富，适合作为高等院校教育类专业本科生、研究生、教育硕士的教材，也适合广大教育工作者学习参考。

图书在版编目（CIP）数据

教育原理与改革热点/王卫东主编. --北京：高等教育出版社，2015.7

ISBN 978-7-04-042481-2

Ⅰ.①教… Ⅱ.①王… Ⅲ.①教育理论-研究②教育改革-研究-中国 Ⅳ.①G40②G521

中国版本图书馆 CIP 数据核字（2015）第 074933 号

策划编辑 魏延娜　　责任编辑 魏延娜　　封面设计 王 睢　　版式设计 王艳红

插图绘制 郝 林　　责任校对 刁丽丽　　责任印制 韩 刚

出版发行 高等教育出版社
社　　址 北京市西城区德外大街 4 号
邮政编码 100120
印　　刷 涿州市星河印刷有限公司
开　　本 787mm×1092mm　1/16
印　　张 15.75
字　　数 380 千字
购书热线 010-58581118
咨询电话 400-810-0598
网　　址 http://www.hep.edu.cn
　　　　 http://www.hep.com.cn
网上订购 http://www.landraco.com
　　　　 http://www.landraco.com.cn
版　　次 2015 年 7 月第 1 版
印　　次 2015 年 7 月第 1 次印刷
定　　价 32.00 元

物 料 号　42481-00

前　言

本教材是广州大学“教育硕士专业学位研究生教育综合改革试点”的成果之一。

自获批“教育硕士专业学位研究生教育综合改革试点”以来，广州大学在教育硕士专业学位研究生教育方面进行了以课程体系建设与课程实施改革为重点的探索，将原来开设的以研习教育基本理论为主要内容的“教育学原理”课程改为“教育原理与改革热点”课程，以加强对教育硕士专业学位研究生在学习理论的基础上分析和解决问题能力的培养，使教育硕士专业学位研究生教育更加体现其应用性。在多轮教学的基础上，我们选择其中比较成熟的内容，编成了此教材。

《教育原理与改革热点》共有十个专题，其中专题一至专题五从教育本真、教育理念、学校教育、教师、学生等五个方面阐述教育的基本理论，专题六至专题十选取当前中国基础教育改革中的五个重要方面——推进教育公平、提高教育质量、完善考试招生制度、建设现代学校制度、改革学校德育——进行理论与实践相结合式的探讨。

在教材编写过程中，我们坚持了“循、准、新、深”的基本原则：

“循”，即遵循。该教材的编写遵循了以下基本指导思想和规范：一是马克思主义的政治方向；二是中国基础教育的实际情况；三是教育硕士专业学位研究生教育的根本宗旨和特点；四是人文社会科学成果表述的基本要求；五是高等教育出版社教材编写的相关规范。

“准”，即准确。对于教材中的基本概念和原理等理论知识，我们在参阅能够找到的国内外已出版的教材的基础上，力争表述得科学、准确、规范，为读者提供精确无误的知识信息；而教材中出现的教育史实、现实状况、学术观点等内容，我们则反复核实，注明出处，为读者提供真实可信的参考资料。

“新”，即新颖。我们在教材中尽可能地借鉴教育学理论研究和中国基础教育改革与发展的最新成果和动态，帮助教育硕士专业学位研究生了解和掌握教育研究的新成果和基础教育改革与发展的新趋势，使他们能够进入教育科学研究的新领域，立于中国基础教育改革和发展的前沿。

“深”，即深入。本教材作为硕士研究生的教材，比本科生用的教育学教材在理论阐述方面更加深入，对中国基础教育改革与发展的认识更加深刻，每个专题中提出的供教育硕士专业学位研究生思考的问题，也更有高度和深度。

基于对上述编写原则的认识和把握，我们认为，本教材除了可供教育硕士专业学位研究生使用之外，对于以下人士也有一定的价值：(1) 普通高等院校师范类本科生和学术型硕士研究生；(2) 从事中国基础教育实践工作的教育专业人员；(3) 有志于进入教师专业队伍，从事教育专业工作，以及关注中国教育改革与发展的社会人士；(4) 教育学界的理论工作者。

本教材的编写由广州大学教育学院从事教育学教学和科研的中青年教师合作完成。具体分工为：王卫东，撰写专题一、专题三和专题四；苏启敏，撰写专题二和专题七；汤晓蒙，撰写专题五和专题八；张翼，撰写专题六；吴开俊、孟卫青，撰写专题九；常淑芳，撰写专题十。各专题的文责由编写者自负。王卫东担任主编，除参与三个专题的编写之外，主要负责教材编写前期的策划与组织、教材编写过程中的督促、教材格式的规范，以及书稿审读定稿等工作。

在教材编写过程中，我们参阅了大量国内外教育学、社会学、哲学、历史学等学科的教材、论著和学术论文等研究成果，虽在教材之末列举了主要参考文献，但是也难免会有遗漏，在此我们一并表示衷心的感谢。

王卫东

2015 年 3 月

目　　录

专题一　教育本真:揭开“培养人”的面纱

问题导读

1. 动物界有没有类似于人类社会的教育活动?为什么?
2. 我们应该怎样全面地理解教育的社会性?
3. 我们可以从几个层面去理解“教育是培养人的社会活动”?
4. 中西文化背景下的教育有哪些异同?
5. 教育的本真含义是什么?

作为一种社会实践活动,教育的历史源远流长。由于它与人的生存和发展息息相关,因而成为人类发展历程中的永恒话题,其中教育的本真内涵历来是教育学者甚至一般公众热衷于探讨的一个教育基本问题。本专题首先对目前公认的教育本质观——教育是培养人的社会活动——进行简要的分析,然后阐述“培养人”在中西文化传统中的共性内涵及差异,使学习教育学的人更加深入、准确地把握教育的本真含义。

一、“教育是培养人的社会活动”的理论阐释

在日常生活中,“教育”是人们谈论的高频词汇。尽管不同的人都在叙说教育,然而“教育是什么”却不是一个简简单单地就可以说明白的问题。即使在教育理论界,学者们对教育本质的认识和理解也莫衷一是。德国的教育理论家布列钦卡在比较了德国、法国、美国、英国、荷兰和苏联等国家的教育学著作对“教育”所下的定义后感慨道:“在‘教育’这一问题领域中,概念的混乱是国际性的。”①我国学者经过长期的讨论,已达成了共识,即:教育是培养人的社会活动。对这一命题的认识,包含着对教育的起源、属性、目的等基本理论问题的理解。

① 【德】沃尔夫冈·布列钦卡.教育科学的基本概念:分析、批判和建议[M].胡劲松,译.上海:华东师范大学出版社,2001:29.

（一）教育是人类社会特有的一种活动

教育是人类社会特有的一种活动，表征的是教育的社会性。它说明教育只存在于人类社会之中，动物界是不存在教育现象的。

19世纪后期，法国社会学家和哲学家利托尔诺提出了教育的生物起源说。他认为，教育在动物界早已存在，是人和动物所共有的活动。在这个问题上，人类和动物没有本质区别。"动物尤其是略为高等的动物，完全同人一样，生来就有一种由遗传而得到的潜在的教育，其效果见诸个体的发展过程。"①生物界的生存竞争是教育存在的基础。英国教育家沛西·能也持同样的观点。1923年，他在不列颠协会教育科学组大会上以《人民的教育》为题所做的主席演说中指出："教育从它的起源来说，是一个生物学的过程，不仅一切人类社会有教育，不管这个社会如何原始，甚至在高等动物中也有低级形式的教育。""生物的冲动是教育的主要动力。"②

尽管在动物界也存在着类似于人类教育的活动，但是，它们所谓的"教"与"学"是一种基于生存本能的自发行为；由于没有语言，不具备将经验积累起来并传递给同类的能力，动物所谓的"教育"只能停留在第一信号系统的水平，并没有达到如人类这般真正的教育程度。因此，虽然教育的生物起源说正确地肯定了动物的本能活动和人类的教育活动之间的联系，较之"教育起源于神意"的观点无疑具有进步性，但是在缺乏更加充分的证据的情况下，我们尚不能同意这种观点。

根据马克思主义的观点，教育同人类的劳动、管理等社会实践活动一样，是人类在早期发展和进化到一定阶段的特有产物。

教育产生于人类社会生产和生活的需要。人类自诞生以来，在漫长的进化进程中逐步学会了与自然和同类进行交往以延续和发展自我，其中生活经验和生产经验的萌生和累积、语言的产生和使用、工具的制造和创新、意识的逐步发达等，使人越来越超越与一般动物共同拥有的自然属性，具有自己独特的社会属性。人类保存种族并使之得到延续和发展的需要，使得人们必须在社会生产和生活过程中，发挥人类特有的语言（包括口头语言和肢体语言）功能，把产生和累积于社会生产和生活实践中的知识经验传递给下一代，这样便产生了教育。有了教育这种社会实践活动之后，人们在进化发展过程中不仅使新生代适应特有的社会环境，而且培养了新生代进一步改造社会环境、创造社会财富、推动社会发展的意识和能力，也培养了他们创造新知识的意识和能力。这些意识和能力，促进了人类社会的快速发展。后来，当人类社会的知识经验越来越丰富，人们靠最初的口耳相传或手把手教的原始教育手段已不能满足教育活动的需要。这时，加之有了剩余产品、人类的体脑分工、文字等，于是专门用于保存和传承知识的教育机构——学校——就应运而生了。从知识的角度来说，

---

① 【法】勒图尔诺.教育的源起[G]//瞿葆奎，沈剑平.教育学文集·教育与教育学[M].北京：人民教育出版社，1993：158.

② 【英】沛西·能.教育原理[M].王承绪，赵端瑛，译.北京：人民教育出版社，1992：译者前言38.

教育因为知识的产生而产生，学校因应知识的丰富而设立。

总之，“教育是人类社会特有的一种活动，其社会职能，就是传递社会生产经验和社会生活经验，促进新生一代的成长。教育是社会新生一代的成长和社会生活延续和发展所不可缺少的手段，为一切人、一切社会所必需。从这个意义上说，教育是人类社会的永恒范畴，与人类社会共始终。”①

从教育自身的发展来看，教育自诞生后，就随着人类社会的发展而变化，在不同的历史时期表现出不同的性质和功能，体现出教育的历史性；在阶级社会，教育还具有明显的阶级性和等级性。

从教育与其他社会活动的关系来看，在人类社会发展的过程中，任何特定时期的教育都要受这一时期的政治、经济、文化、科技等社会活动的制约，具有明显的社会制约性。

教育的历史性、阶级性、等级性、社会制约性等，都是教育的社会性的重要表现。

（二）教育是一种有目的、有意识的社会活动

马克思曾经指出：“最蹩脚的建筑师从一开始就比最灵巧的蜜蜂高明的地方，是他在用蜂蜡建筑蜂房以前，已经在自己的头脑中把它建成了。”②这段话说明，人与动物的根本区别之一，就在于人的活动是有目的的。

教育也是人类的一种有意识、有目的的社会活动。人类之所以能够产生教育的需要，首先是受自身活动的目的性支配。当人们具备一定的社会生产和生活经验之后，是否要把这些经验传授给下一代，取决于人们是否有比较明确的意识。我们之所以说教育产生于人类社会生产和生活的需要，就是说人们在社会生产和生活过程中不断产生维持社会存在和延续社会发展的需要，有了这样的需要后，人们才意识到要通过某种手段来满足自己的需要，并在这种明确的意识驱动下进行有目的的经验传递，教育活动因此而出现。

动物类似于人的“教育”活动，实际上是动物在长期的进化过程中产生的一种程序化的条件反射活动，这种活动在本质上是本能的。无论动物经过怎样的训练，也难以达到像人类这样的心理活动，不可能具备人类的清晰而明确的意识和目的。人类的教育活动——无论是向社会新生代传递生产知识，还是让他们养成所处的社会环境所必需的社会行为规范，甚至是增强自身的体力和体能——都是社会中的成年人根据社会生产和生活的需要，有目的地规划、组织和实施的活动。

美国教育史专家、心理学家孟禄从人的心理和动物心理具有本质区别的观点出发，根据原始社会没有学校、没有教师、没有教材的原始史实，判定教育应起源于儿童对成人无意识的模仿。他说：“原始社会以最简单的形式展现它的教育……用来帮助或强制个体服从普遍要求的复杂手段，绝大部分是无意识地对个体施加影响的，而这些普遍要求是个体为了能同

① 王道俊，王汉澜.教育学（新编本）[M].北京：人民教育出版社，1989：25.

② 马克思，恩格斯.马克思恩格斯全集[M].第二十三卷.北京：人民出版社，1972：202.

他周围的人共处所必须履行的条件。……使用的方法从头到尾都是简单的、无意识的模仿。”①这就是教育史上的教育的心理起源论。

教育的心理起源论避免了教育的生物起源论的错误，提出模仿是教育的起源的观点，有其合理的一面。模仿作为一种心理现象，作为一种学习方式，可被视为教育的诸种途径之一。但这种观点把人类的教育完全归之于儿童在无意识状态下的模仿行为，看不到人的绝大多数活动都是在意识支配下产生的目的性行为，因而仍然是不科学的。

（三）教育是有目的、有意识地培养人的社会活动

人类的绝大多数活动都是有明确的意识和目的的。教育与其他有意识、有目的的社会活动的本质区别在于，它不以创造物质财富为直接目的，也不直接指向精神产品的生产，而是以人自身为直接目的。

然而，以人自身为直接目的的活动有很多，如以人自身的繁衍和延续为目的的生育抚养活动、以人自身的健康为目的的医疗保健活动、以探明人的精神世界为直接目的的心理研究活动，等等。与其他以人自身为直接目的的活动相比，教育是以人的身心发展为直接目的的社会活动，或者说是以提升人的身心素质为基本职能的社会活动，人们通常简明地称之为一种培养人的社会活动。这就是教育的本质属性，或者说是教育的质的规定性。

当然，并不是所有“培养人”的活动都可以称为教育。比如，偷亦有技、盗亦有道，但偷窃者和强盗们之间的“传道授业”，虽然也有明确的意识和目的，但却不能称为教育。我们强调教育的目的性，其中包括一个十分重要的内涵就是：教育的目的是促进受教育者朝着有利于社会发展的方向发展变化，是有利于人类社会道德伦理规范的不断完善和升华的。判定一种社会活动是否属于教育活动，不仅要看它是否是一种有意识的活动，更要看它的目的是否正确。

我国著名的教育学家孙喜亭先生认为，教育是一种培养人的活动，它应有三层含义：第一，人是人，人不是动物，人生下来就带来了人在进化、在历史进程中沉淀下来的历史烙印。人的生理素质为人类所特有，而不为其他动物所具有。教育的重要内容之一，就是“引发”人的生理的、心理的素质得以发展，使人的原始的、丰富的素质呈现出来。这可以称为人的本质的“外化”。第二，人的本质不仅是其自然实体，人还是社会的实体。人既然是社会的实体，就必然在后天生活中获得人类在历史进程中所形成的并构成人们共同生活的共同的文化。人总是在一定的文化环境中生活的，人所处环境中的文化，给人的心理以潜移默化的影响，这种影响完全是一种不自觉的过程，即“文化无意识”的作用。广义的教育，实际就是“文化化”的过程。第三，人在其现实性上，又是社会关系的总和。人总是具体的人，而不是抽象的人。教育的特定职能，就是按照社会要求造就一定社会所要求的人。这一过程，也就

① 【美】孟禄.原始教育：一种非进取性的适应的教育[G]//瞿葆奎，沈剑平.教育学文集·教育与教育学[M].北京：人民教育出版社，1993：178-179.

是将一定的社会本质内化于个体的过程，这可以叫作社会本质的“内化”。内化、文化化与外化是矛盾的运动，矛盾的发展，矛盾的转化。教育过程就是教师凭借一定的手段，将特定的内容转化于受教育者的主体之中的过程，教育过程以动态的形式表现出来，而结果则以静的形态存在于受教育者的主体内部，教育对象化了，而对象被加工了。教育者的教育，结果就是社会所要的社会成员。教向着受教育者转化，内化表现为外化，完成一个教育过程，一个教育活动。①

（四）教育是人类社会中具有相对独立性的活动

人类社会中的活动和现象可谓不胜枚举，政治、经济、文化、科学、技术、教育、军事，等等。教育之所以能够成为一种单列的活动或现象，说明它有其相对独立性。也就是说，教育与其他社会活动或社会现象之间有着质的不同，有自身发展变化的规律。

教育的相对独立性，首先表现在它是一种培养人的活动，它要解决的问题是把人类积累的社会生产经验和社会生活经验转化为受教育者个体的内在素质和外在能力，形成受教育者的个性，这是教育所独有的性质和特点。教育过程就是一种转化过程，这一过程应采取的步骤和方法，不同于政治经济制度和生产力发展的规律，它与人们的精神活动的规律密切相关，更多的是人们的一种认识活动。在这一活动中产生的一些认识成果，如因材施教、循序渐进、教学相长、言传身教等教育原则和方法，不会因政治经济制度或生产力的变化而变化或被否定。相对于政治、经济等因素而言，它是独立的。如果不了解教育自身的特点和规律，就难以进行有效的教育活动。

教育的相对独立性，又表现为它的历史继承性。也就是说，后来的教育要在以前教育的基础上向前发展。一定时期的教育思想、教育制度、教育内容、教育方法等，尽管受当时的政治经济制度和生产力发展水平所制约，但同时又是从以前的教育发展而来的，都与以往的教育有着渊源关系，是在以前教育遗产的基础上发展起来的。正因为如此，在同样的政治经济制度和生产力发展水平的国家里，有着不同特色的教育；不同民族的教育，也具有不同的传统和特点。

教育的相对独立性，还表现为教育具有与政治经济制度和生产力发展的不平衡性。这主要表现在两个方面：一是教育的滞后性，即一般情况下教育的思想、制度和内容等落后于社会生产力或政治经济制度发展的教育特性；二是教育的超前性，即一些先进的教育思想和见解产生于比较落后的政治经济制度之下的教育特性。

（五）教育是通过教育者的教与受教育者的学这一双边活动完成的

任何一种教育活动，要想达成其目的，实现其转化过程，都离不开教育者的教和受教育

① 孙喜亭.教育原理[M].第二版.北京：北京师范大学出版社，2003：69.

者的学。教和学是构成教育活动的必不可少的基本环节。然而，仅仅有教育者及其教、受教育者及其学，并不能完成教育活动，教育者的教和受教育者的学还需要教育内容、教育环境和教育手段的配合。这些要素共同作用，才构成了完整的教育活动。

广义的教育者是指运用特定的内容和手段对他人的身心发展施加直接影响的人，包括学校、家庭和其他社会教育机构中的教师、管理人员、兼职教师、家庭教师、家长等。狭义的教育者主要是指在专门的教育机构中以对学习者的身心发展施加影响为专门职业的人，即我们通常所说的教师。教育者是“教”的主体，是教育过程的主导要素，在教育过程中发挥着主导作用。之所以这样讲，是因为相比较而言，教育者在知识、道德、方法技能等方面知之较多，有向受教育者传授的可能（即有“教”可施），而受教育者在知识、道德、方法技能等方面知之较少，有向教育者学习的必要（即有“教”可请）。在具体的教育过程中，教育者根据特定的教育目的，运用适当的教育内容，选择适宜的教育手段，创设必要的教育环境，组织并调控教育进程，引导受教育者向善的方向发展并不断提升自身的身心素质，最终实现受教育者的社会化和个性化。

受教育者是指在教育活动中通过接受教育者的影响和积极主动的学习，从而使自己的身心素质得到发展和完善的人。在学习型社会中，每一个人都是受教育者。狭义的受教育者主要是指在专门的教育机构中以学习为基本职责的人，即我们通常所说的学生。受教育者首先是教育的对象，是教育的客体。但是他们又是学习的主体，在教育活动中发挥着主体作用。这是因为，受教育者是认识和传承人类文化知识经验的主体，任何教育影响，如果缺少受教育者积极主动的认知、理解、记忆和践行，都难以产生应有的效果。此外，受教育者的身心发展具有阶段性和个体差异性，这些也制约着教育者施教的内容、方法、组织形式等。教育者的教是为受教育者的学服务的。在一定意义上说，受教育者决定着教育的必要性和可能性。

教育内容是教育者施教和受教育者学习的人类文化（如知识、技能、思想、观点、道德、行为、习惯等）的总称，是教育者和受教育者在教育活动中认识的共同客体和联系中介。人类文化与教育内容不是全等关系，而是包含关系。也就是说，只有人类文化中那些符合社会发展需要和受教育者身心发展特点、最有价值的部分，才能构成教育内容。不同历史时期有不同的教育内容，施加给不同的受教育者的教育内容也有所差别。但是，教育内容总有特定的范围。我国目前的教育内容概括起来可分为德育、智育、体育、美育、劳动技术教育等。

教育环境也有广义和狭义之分。前者指为培养人而有意识地创设的各种场境，一般可分为家庭教育环境、社区教育环境、学校教育环境等；后者是为了保证达到某一教育活动的目的而人为创设的具体情境，如学校中的课堂教学情境，就是教师为了高效率、高质量地完成某一教学任务而精心创设的教育环境，我们也称之为教育情境。任何教育活动都是在某一具体的教育环境中展开的，没有具体的教育环境，就没有真正的教育。正如马克斯·范梅南所言：“教育情境是那些构成教育行动的场所，是使成人和儿童间体验成为可能的环境和条件。而教育情境又是成人与孩子间特殊情感的教育关系构成，在这样的情境中，成人和孩子都为情境提供了必要的条件。教育的行动是教育者和孩子之间的体验。成人和孩子都积极主动地带有意向性地投入这种体验。通过这种体验,一种特殊的影响力从成人注入孩子身上。"①

教育手段是教育者借以施教、受教育者借以学习的各种物质资源、方法、方式、途径等的总称,可以分为物质手段和精神手段。前者指开展教育活动时所运用的各种物质设备和设施,如教室、教具、实验室、语音室、实验器材、多媒体功能设备、多媒体教学材料等;后者指的是为达成教育目的、完成教育任务而采用的各种教育方法、教育艺术、教育组织形式等。教育手段对教育质量和效率产生直接的影响,也是教育者和受教育者联系的重要中介,既是双方的认识对象,也是双方协调配合、顺利实施教育活动的重要保证。

教育活动过程中的基本矛盾是教育者与受教育者之间的矛盾,这一矛盾反映了受教育者现实的发展水平与社会对他们提出的更高的发展要求之间的差距。社会的高要求,集中体现在教育目的和内容等方面。教育要求与受教育者发展水平之间的差距,是推动受教育者发展的直接动力。解决社会要求与受教育者现实发展水平之间矛盾的主要途径是教与学。教育活动内部基本矛盾的实质,是教育与发展之间的矛盾。

根据对教育本质的上述理解,学者们给"教育"下了各种各样的定义。如成有信教授认为,教育的概念有广义和狭义(即学校教育)之分。教育概念都包含下列三个共同点:第一,都是有目的的,但自觉程度不同,即不一定都是有计划的和有组织的。第二,都是人对人的影响,即都包含下列三个要素:影响源——教育者;影响;影响受体——受教育者。但各自具有不同程度的确定性。第三,都能促进人的社会化,但程度不同。"教育概念一般可表述为:教育乃是促成人的社会化的人影响人的活动。学校教育的概念可表述为:教育乃是教师以人类社会所积累的知识和经验对学生的身心所施加的有目的、有计划和有组织的影响,并使之转化为学生的精神财富——掌握这些知识和经验,促进学生身心发展的过程。"②叶澜教授则指出,教育是有意识的以影响人的身心发展为直接目标的社会活动。上述的教育定义一般称为广义的教育,与此相对的是狭义的教育,即学校教育。学校教育是由专职人员和专门机构承担的有目的、有系统、有组织的,以影响入学者的身心发展为直接目标的社会活动。③ 王道俊和王汉澜两位教授主编的《教育学》中对教育的定义,在我国产生了较大的影响。他们认为:教育分为广义和狭义两种。广义的教育指的是,凡是有目的地增进人的知识技能、影响人的思想品德、增强人的体质的活动,不论是有组织的或是无组织的,系统的或是零碎的,都是教育。狭义的教育是指专门组织的教育,它是根据一定社会的现实和未来的需要,遵循年轻一代身心发展的规律,有目的、有计划、有组织地引导受教育者获得知识技能、陶冶思想品德、发展智力或体力的一种活动,以便把受教育者培养成为适应一定社会(或一定阶级)的需要和促进社会发展的人。④

近年来,我国教育学界广为流传的是联合国教科文组织教育统计局于 1976 年编定的

① 【加】马克斯·范梅南.教学机智:教育智慧的意蕴[M].李树英,译.北京:教育科学出版社,2001:95-96.

② 成有信.教育学原理[M].郑州:河南教育出版社,1993:63.

③ 叶澜.教育概论[M].上海:华东师范大学出版社,1991:8-9.

④ 王道俊,王汉澜.教育学(新编本)[M].北京:人民教育出版社,1989:41.

《国际教育标准分类》中给“教育”下的一个具有操作性的定义：①本标准分类所指的“教育”不是广义的一切教育活动，而是认为教育是有组织的和持续不断的传授知识的工作。其中“传授”是指在两个或两个以上的人中间建立一种转让“知识”的关系。这种传授可能是面对面的，也可能是间接的、远距离的；“有组织”是说有一个组织学习的教育机构和一些聘请来的教师，按一定的模式，有计划地确定目标和课程，有目的地组织传授工作；“持续不断”是指学习的过程要经常和连续；“知识”指的是人的行为、见闻、学识、理解力和态度、技能以及人的能力中任何一种可以长久保持而不是先天或遗传产生的东西。可以说，这里所说的“知识”实际上指的就是文化。

这虽是一个外延宽广的“教育”定义，但也有限制，表现在以下几个方面：

第一，它把“培训”包括在内，而不包括那些不是为学习而进行的传授活动，或是没有目标、没有一定模式和顺序的传授活动。如娱乐、运动、无组织的自学、家庭或是社会上进行的辅导。因为这些活动既没有组织机构或教师，也不是连续进行的。

第二，它既适用于正规教育（被称为“教育核心”），也适用于非正规教育。所谓“非正规教育”，包括成人扫除文盲，以及对农民、手工业者、产业工人、家庭主妇开办的长期的和有组织的培训班。这些教育活动可以在各种场合（教室、讨论、实习、函授）通过任何适当的媒介（书本、教育器材、广播、电影或电视）来进行。正规教育与非正规教育以是否“注册”为界限。“注册”意味着在学习结束后发给学历证明。这样划分的前提是在非正规教育的学力与相应正规教育阶段的学习相当时才发给学历证明。

第三，它适用于各种类型的学生和各个年龄组：儿童、青年和成人，不按教育对象的年龄组而按教育程度确定教育层次。

第四，把“校外教育”包括在内。尽管这样将会在教育统计时发生收集资料的困难，然而，这样的做法与现代教育方针和计划的发展是协调一致的。大家都承认，教育并不只是提供给在中小学和大学中读书的儿童和年轻人的一种“教学节目”，而是一个向人们提供机会，以发展其毕生所需的经验、理解力和技能的连续不断的过程。

案例链接 1-1

不同国家的学者关于“教育”概念的不同理解②

说起来简直让人难以置信，在“教育”一词背后居然隐藏着如此不同类型的概念。为了使人们能够了解其差异性和多样性，我们不妨在此从教育学文献中列举几个例子。

首先我们来看第一个定义。德国教育学家鲁道夫·洛赫纳（Rudolf Lochner，1895—

① 联合国教科文组织教育统计局.国际教育标准分类[M].北京：人民教育出版社，1988：2.

② 【德】沃尔夫冈·布列钦卡.教育科学的基本概念：分析、批判和建议[M].胡劲松，译.上海：华东师范大学出版社，2001：24-29.有删节。

1978)认为:“教育是一种既有一定计划性,也有一定随意性,但无论如何却是有意识的人类活动。它以青年或成人为对象,以提供给个人生活帮助,将个人引入团体生活和传播团体文化为目的。”

在此,教育被界定为“有意识的活动”,亦即行动。它以一个行动者的存在为前提。这个行动者就是作为该行动载体的某个人,也就是教育者。它区别于其他非教育行动的本质特征在于,行动者有自己的意图或者有一个所追求的目标。而教育就正是实现上述目标的手段。教育是一种合乎目标的行动。据此,教育这种行动实际上总是一种目标—手段关系中的有机组成部分。

接下来,我们再来看法国人爱弥儿·涂尔干(Emile Durkheim,1858—1917)对教育概念的定义。他在1911年指出:“教育是成人一代对那些还不能成熟地应付社会生活的年轻一代所施加的影响。其目的,是在孩童时期为青年一代的身体、智力和道德发展创造条件,并使之在上述方面达到政治社会的统一性和以特殊方式而产生的特殊环境所提出的要求。”显然,将教育界定为“影响”(Einwirkung)不仅使其具有多义性而且具有含糊性。因为在涂尔干那里,“影响”的概念一方面被认为是那些有目的、甚至“有计划的”影响,也就是那些具有合理目标的行动(即有意影响);而另一方面又被认为是那些儿童在其与成人共同生活时所经验的各种“无意影响”(Beeinfussung)。……

在此,“教育”一般并不被理解为由一个行动者按其明确的目的或合理的目标所实施的一类特定行动,而是被理解为在人、社会和文化领域内的每一个事件,并由此假定,正是这每一个事件在“无意影响”或“塑造”着孩子们的人格。涂尔干并不将一个人,而是将一个抽象的集合体称为教育的载体,而这个抽象的集合体就是“成人一代”或“社会”。对于他来说,“教育”实际上就是来源于社会的所有影响的总和。而从这些影响出发,他又认为,其最终“目的”,无非在于在每个人身上创造一种“社会存在”。由此,概念的建构反而变得单纯和清晰了许多。它通过拟人的方式,假定有一个人的存在,因为只有人才能追随目的并创造产品。在涂尔干看来,这种社会存在也就是“教育的产品”;它为人创造了一个新的存在。

于是,教育在此具有一种不以个人意志为转移的意义,表现为一种包括权力在内的社会和文化的实在。这样,它就完全不同于一种由一个行动者将其作为实现目标来实施的行动,也不敢肯定,它实际所发生的影响是否就是其原本意义上想发生的影响。在此,涂尔干从所谓“社会存在”的概念出发,也就是从以社会文化为条件的人格特征出发,把与之相对的新生儿的非社会性存在,以及那些将新生儿从非社会人转变成为社会人的所有社会和文化影响整合到了一个概念之中。但在此概念背后究竟隐藏着哪些过程和条件,则非常不清楚。而之所以会形成如此定义的“教育”概念具有权威性的假象,则完全可以归因于如下这种状况的存在,即,一种被积极评价的人格状态(“社会存在”)通常被理解为一系列未知“原因”所导致的效果。只不过,涂尔干给这种状况起了一个“教育”的名字罢了。

第三个定义是美国人约翰·杜威(John Dewey,1859—1952)对教育的定义。他将教育描述为一种“社会功能”,即:“它是一种通过使未成熟者参与其所属团体的生活而引导并确保其发展的社会功能。”而在其他地方,杜威也将教育称为一个“社会的过程”,并认为“教育的过程就是一个不中断的生长的过程”。在他看来，“教育无异于让人生长并使人生长”。在此基础上，杜威最终提出了专业性的教育定义“教育是经验的再构和重组，它增加了经验的意义，增强了引导或控制经验过程的能力。”杜威认为，“教育过程与其结果是同一的”。“教育过程的结果就是获得继续接受教育的能力”。但在“教育的整个过程”中，杜威又认为“那种每个人在与他人共同生活中所经验的教育与那种对青年实施的有计划的教育之间存在区别。而在第一种情况下，教育就是额外成果。”而在另外的地方，杜威甚至区别了所谓“无目的所获得的教育和有目的所获得的教育”。

在此，我们见到了概念不清晰的典型实例。因为我们并不清楚，杜威所要表达的“教育”概念究竟是一个人与人之间的（社会）过程，还是一个内在的心理过程？无论是“生长”还是获得“经验”都是学习，而学习无疑则只能是发生在个人身上的诸个过程而已。与之相反，“让其生长”和“使其生长”却是指他人的行动，并指向一个在此行动中已经或应该“生长”的特定的个人。无论如何，“生长”的过程不能等同于“使其生长”的过程。此外，杜威所使用的“功能”概念较之涂尔干所使用的“影响”概念更加多义，也更加含糊。同样的情况也发生在诸如“生长”和“经验的再构”等概念上。问题在于，究竟谁来再构经验？是已经获得经验的人（即受教育者），还是另外一个想对其实施影响的人（即教育者）？即使杜威认为，是社会关系在发生“教育性的影响”，或者每种特定类型的经验都具有“即时教育”的效果，也不能否认，他将“教育”首先理解为一个改变受教育者人格的过程，一个学习的过程。

第四个定义的代表人物是荷兰人马丁努斯·朗格菲尔德（Martinus Langeveld，1905—1990）。他将以下三个方面的内容包含在教育的概念之中：（1）“教育活动是一项有意识地达到教育目的的工作”；（2）一种成人与儿童之间的“交往”；（3）一种“实实在在的客观环境”。它包括“自然环境、气候、家庭经济状况、居住条件、饮食、穿着、家庭文化条件”，等等。用他的话来说：“作为名词的教育，包括了那些促成作为一个精神健全之成人之所以成为现在这个样子的所有因素。而作为动词的教育，则仅仅是其中一个有限的部分，是一种鉴于并针对学生的行动，是实现教育目的的强有力的手段”。

朗格菲尔德并没有前后一致地遵从“作为名词的教育”和“作为动词的教育”概念之间的这种不寻常的区别，从而导致了在其教育学体系出现了令人遗憾的概念混乱。而在我们看来，他所主张的“教育”，无非就是促使人格形成的诸种因素的总和。这种教育概念属于我们迄今为止最常见的教育概念。其外延最大，但内涵则最小。

第五个教育定义由英国人理查德·彼得斯（Richard Peters，1919—　）提出。他认为，“教育”并不是……“一个指称某一类特殊工作的概念”。“在许多情况下，它提出了上述工作或过程必须适应的相关标准”。他之所以得出以上结论，是因为他并没有从作为动词的教育行为出发，而是从有关他所期望结果的观念、从有关作为“被教育的存在”的理想出发。在此，涉及一种为受教育者而确立的规范。而另一方面，由于他不仅将体现在受教育者身上的过程（学习过程），而且也将在受教育者之外并对其发生影响的过程称为教育，因此，尽管他许诺要对教育概念进行详尽的分析，但却在事实上造成了很难说清楚的混乱。

在彼得斯那里，存在着明显的矛盾。一方面，他明确表示“教育”不是一个过程；另一方面却不断地大谈所谓"教育过程"。他一方面认为,"'教育'必须包含知识、理解和认知活动",即必须在受教育者应该达到的理想状态这个意义上来理解教育,并将其作为"被教育的存在";另一方面,则将"教育"理解为一种"通过有价值的活动或思想和行为方式"而完成所谓"成年式的过程"。一方面,"教育"意味着"有目的地传授有价值的东西",意味着由他人来帮助完成进入"公共世界"的成人仪式;另一方面,"教育则只是个人才能完成的东西""每种教育都是一种自我教育"。此外,他也将两种不同的含义整合到同一普遍性概念之中,即用作为名词的教育一词来"指称一系列促成人们达到值得追求之状态的过程"。由此可见,我们在彼得斯那里发现了至少四种不同的教育概念,而作者显然自己也没有弄得很清楚。

最后,我们来看看苏联教育学中的教育定义。在一本由苏联教育科学院编撰的名为《马克思主义教育学的普通基础》(1967)的学术著作中,教育首先被定义为"对发展的控制及其对发展的影响"。然后,它又区分了"作为客观影响的教育,亦即不依赖于教育学观点而存在的各种现象,以及作为专门组织化影响的教育"。

此外,它还借助于"教育学过程"和"社会养成"的概念对作为整体的"教育学现象"进行了分类。其中,"教育学过程"一词指"整体意义上有组织的教学和教育过程,包括教育学家和学校以及教师和学生的共同活动。而与之相反,那种在社会人生中的所有阶段都不断进行的人的教育过程及其该过程的结果,则被称为人格的'社会养成'"。

由此可见,如果在界定概念的时候如此不准确,那么,在上述文本中出现概念的混乱逐页增加的现象也就不足为奇了。于是,"教育"一词至少被颠来倒去地用来表达了七个概念,此外还另加了一个统合上述所有七个概念的总概念:(1)表示一个过程。(2)也表示该过程的结果。(3)表示一种教育者的工作(活动)。(4)表示一种受教育者的工作(活动)。(5)表示"各种关系的影响"。(6)表示教育者与受教育者之间的"相互作用和影响",亦表示一种社会互动体系。(7)表示教育家工作(活动)的目的。

案例论坛

1.本案例中所列举的关于教育的定义,与我们平常理解的教育的定义有什么不同?
2.为什么不同国家的不同学者在界定"教育"时会出现如此的不同?
3.这些不同的教育定义,对基础教育实践有哪些积极的借鉴?

案例链接 1-2

李吉林与情境教育①

李吉林,江苏南通师范第二附属小学语文教师,全国著名特级教师,儿童教育家。1978

① 资料来源:李吉林情境教育网(http://www.qjjy.cn/)

年开始探索情境教学，历经十年创立了“情境教学”的理论体系及操作体系，后来在此基础上构建了情境教育的理论框架和操作体系，成为我国实施素质教育的重要模式之一。

情境教育是依据马克思关于人在活动与环境相互作用和谐统一中获得全面发展的哲学原理构建的，其中的“情境”是指有情有趣的网络式的师生互动的广阔空间。情境教育的基本原理包括：

（一）暗示诱导原理。情境教育根据教育教学的远期目标和近期目标，针对儿童的特点，运用图画、音乐、表演等艺术的直观，或运用现实生活的典型场景，直接诉诸儿童的感官。

（二）情感驱动原理。情境教育利用移情作用，使学生首先产生对教育教学内容的积极的态度倾向，激起热烈的情绪投入教学活动，然后将自己的情感不由自主地移入教学情境的相关对象上。随着情境的延续，儿童的情感逐步加深，最终情感弥散渗透到儿童内心世界的各个方面，作为相对稳定的情感态度、价值取向逐渐内化，融入儿童的个性之中。

（三）角色转换原理。教育者在优化的教育教学的特定情境中，结合教材特点设计相关角色，既引起儿童再现教材角色或相关角色的活动，又引发儿童进入角色、体验角色、评价角色的心理历程。在这一过程中，儿童的主体意识逐步形成，逐步强化。

（四）心理场整合原理。人为创设的教育情境渗透着教育者的意图，它们使儿童的生活空间富有教育内涵和儿童情趣——这就是情境教育特意创设的或者优选的情境。“情境—教师—学生”三者之间形成良性推进的多向折射的心理场，促使儿童情不自禁地用“心眼”去学习。

情境教育的基本模式是：

（一）拓宽教育空间，追求教育的整体效益。情境教育注重儿童成长的环境优化，并将学校教育视为一个开放的系统，将教育空间从课堂这一主体区域延伸开去，通过多样性的课外教育活动、主题性大单元教育活动、野外情境教育活动等三个领域拓宽教育空间，丰富促进儿童身心素质发展的“教育源”。同时，净、美、智的家庭情境，使学生在学校所受的教育得到补充和强化。

（二）缩短心理距离，形成最佳的情绪状态。情境教育通过亲和的人际情境和生动的学习情境来缩短儿童与老师、与同学、与教学内容的心理距离，促使儿童以最佳的情绪状态，主动投入，主动参与，获得主动发展。

（三）利用角色效应，强化主体意识。根据学生在教育教学活动中的主体地位，情境教育让儿童在已创设的特定情境中，担当角色，扮演角色。扮演的角色除教材中的角色外，大致有三类：(1) 担当向往的角色；(2) 扮演童话角色；(3) 扮演现实中的角色。角色的转换，使学生忘我地由“扮演角色”到“进入角色”，由教育教学的“被动角色”跃为“主动角色”。

（四）着眼实践创新，促进素质全面发展。情境教育强调“着眼发展，着力基础”“从未来出发，从现在做起”，进行有序的系统的实践操作。儿童的实践操作，根据教育教学内容的性质、特点，大致有：实体性现场操作、模拟性相似操作和符号性趣味操作。通过学生的操作，使他们学会从小步入生活，面向社会，提高动手能力，发展综合素质。

案例论坛

1. 李吉林老师的情境教学与我们平常的教学有什么不同之处？
2. 你在教学实践中运用情境教学时，有什么心得体会？
3. 这一案例对你的研究生学习有什么启发？

二、中西文化中教育本真的分析

尽管“教育是培养人的社会活动”这一教育本质观已为教育专业人士乃至一般公众所熟知，然而在中西不同的文化传统中，“培养人”的内涵却不尽相同。深入地了解“培养人”所蕴含的文化内涵，找出中西文化中“培养人”的共同含义，对于我们正确地认识教育本真具有重要的意义。

（一）中国文化中教育本真的分析

中国文化博大精深，从中国文化中探析教育的本真实非易事。我们选取教育学教材中经常引用的东汉的许慎在《说文解字》中对“教”和“育”的解释，以及《孟子·尽心上》中说的“得天下英才而教育之，三乐也”作为我们分析的切入点。

1. 根据《说文解字》中关于“教”“育”的诠释对教育本真的分析

尽管在先秦的时候孟子就将“教”“育”二字连用，但在20世纪以前的中国典籍中，“教”“育”二字很少用在一起。据陈桂生教授的考证，“从孟子开始到19世纪末，以用‘教育’一词的人数计，恐怕平均每百年才出现一人”。作为“教育”一词罕见的参证，可以举出的是：陈学恂主编的《中国近代教育文选》（31万字）、《中国近代史教学参考资料》（上中下三册，共131.9万字），其中所收教育文献（到1899年止）提到“教育”的仅有4处。① 在中国，“作为独立的、自成系统的社会活动领域的教育，是近代的产物，而独立形态的教育是从近代以前系统未备、不甚独立的‘教育’活动中孕育而成的”。②

在中国古代文化中，“教”和“育”原本不是一回事。根据《说文解字》的释义：“教，上所施下所效也。”“上”，主要是指在社会阶层中位置在上者或尊贵之人，如国家的执政者、统治者，也指在知识、道德等方面的先进者；“下”，多指在社会阶层中位置在下者或贫贱者，也指国家的老百姓。教，原本是一种政治教化活动，或一种社会公共管理的手段，与今天教育活动的关联并不是很大，但我们仍然可以从教育学的角度对之进行诠释。“教”字的甲骨文为“”，其中左上方的“爻”表示的是占卜的活动与内容，后多被引申为中国古代先民关于自

① 陈桂生.学校教育原理[M].长沙：湖南教育出版社，2000：92.
② 陈桂生.学校教育原理[M].长沙：湖南教育出版社，2000：88.

然、社会及其运动规律的认识的结晶，即中国文化中所谓的“道”，在教育学中，多用来表征教育的内容；左下方的“”为孩子之形，教育学中指的是教育对象；右边的“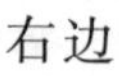”表征的是一只手拿着一根棍棒之状，表征的是教学的手段和过程。“”字的直接意思是：一个成年人手里拿着一根棍棒在督促孩子进行学习，如果孩子学得不好，就会遭受棍棒之苦。

上述分析说明，中国文化中的“教”是一个中性的描述词，表征的是一种行为方式，并不是对教育的一种本质规定。然而，“上施下效”也说明在中国的文化中教师和学生的地位是不一样的，教师是在上的施教者，学生是在下的效仿者。当然，这种上和下的区分最初是源于政治层面的活动的。既然教师是学生要效法之人，那么就要强调教师施教过程中的权威和榜样的作用，因此，在中国的文化传统中人们对教师的要求历来都是很高的，包括教师应该具备的职业道德、专业知识和专业能力等。既然学生是跟着别人学“道”之人，那么就应该态度谦和、认真学习。如果在为人、学习等方面做得不好，就要受到惩罚。概而言之，“教”，实际上表征的是中国古代的教育方式——上施下效。这种教育方式至少反映出中国古代教育的两个基本特征：一是教育过程中十分强调教育者在上的权威地位和榜样作用；二是教育过程中的纪律管教十分严格。这两大特征在形成中国“师道尊严”的教育传统方面起到了重要作用。

“育”的甲骨文为“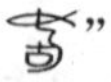”，其本义为妇女生育子女，后来引申为父母对孩子的抚养，再引申为天地间万物的生长或成长。可见，“育”的最初含义与教育活动的关系也不密切。然而，《说文解字》中对“育”所作的“养子使作善也”的解释，却赋予“育”以社会伦理的内涵，也道出了中国教育的本真意义——作为社会成员，不仅要生育下一代，赋予他们自然的生命，而且要培养下一代，赋予他们社会生命，使他们向善、有道德。

教育是有目的的影响人的身心发展的活动，而中国文化中的“育”字作为一个规范词，明确地规定了教育目的的方向——使人向善，走向美好。尽管在中国文化中也有“教诲”“教养”“教训”等教育的近义词，然而唯独一个“育”字，点明了教育的本真内涵。它不仅规定了教育工作的方向——善，指明了教育工作的功能——使人向善，同时道出了在中国文化中教育的核心内容——道德教育。这在儒家的教育思想中体现得最为突出。孔子曾告诫他的学生说：“弟子，入则孝，出则悌，谨而信，泛爱众而亲仁。行有余力，则以学文。”①从这一段话中可以看出，在孔子的教育思想中，道德修养是第一位的。学生首先要努力地学习和践行孝、悌、谨、信、爱、仁等道德规范，形成良好的行为习惯之后，还有“余力”，再去学习《诗》《书》等著作，而这些著作也被视为是关乎礼乐等政治伦理的，如“《诗》三百，一言以蔽之，曰：‘思无邪’。”②而我国奴隶社会的教育内容“六艺”——礼、乐、射、御、书、数——的排序，也说明在古代中国，道德教育是毫无疑义地居于首位的。

2. 根据《孟子·尽心上》的相关表述对教育本真的分析

在我国，最早将“教育”两个字连在一起使用的是孟子。《孟子·尽心上》中提及，孟子

① 刘俊田，林松，禹克坤.四书全译[M].贵阳：贵州人民出版社，1988：85.

② 刘俊田，林松，禹克坤.四书全译[M].贵阳：贵州人民出版社，1988：91.

曾说过："得天下英才而教育之，三乐也。"单凭这句话，我们不容易理解孟子这句话的真正内涵，必须把它放在上下文中加以综合分析，才能够正确地理解孟子所说的"教育"的含义。

在《孟子·尽心上》中，孟子谈到君子的精神乐趣时说道："君子有三乐，而王天下不与存焉。父母俱存，兄弟无故，一乐也；仰不愧于天，俯不怍于人，二乐也；得天下英才而教育之，三乐也。君子有三乐，而王天下不与存焉。"①在孟子看来，君子的第一大精神乐趣，在于家庭和睦幸福——父母高堂俱在人间，兄弟之间相安无事。这是君子的天伦之乐。君子的第二大精神乐趣，在于在社会上与人交往时讲究信誉，对得起天地良心和与自己交往过的人，这是君子的良心之乐。君子的第三大精神乐趣在于广揽天才英俊贤才，教育他们，使他们在向善的道路上不断进步，最终达至感化万民而同趋于善，天下由此安定康乐。这是以天下为己任的君子在实现了其社会文化责任和政治抱负之后的最大乐趣。这样的乐趣，就是"王天下"也不能与之相比的。对此，我国近代著名的教育家余家菊先生曾做过如下精辟的分析："得天下英才而教育之，其乐亦非享有天下所能比拟，此其故何耶？盖非以天下为己任者不能知也。人类之所以得进于康乐之境者，其所凭藉者，果何物耶？曰：文化而已。文化之所依以绵延光大者，又何物耶？曰：人才而已。人才者，实文化所赖而不绝，所依而前进者也。故曰：人能弘道。有文化，则人类文明；文化停滞，则康乐止熄。故从事教育者，实以人类之苦乐自置于一己之肩也。……使得特殊英才而教育之，共肩文化之大任，以先觉觉后，俾斯民得其所依，斯文得其所传，乐以天下这君子，当然虽南面王不易也。"②

以上所述，只是说明了以天下之己任的君子的社会文化使命，为什么说"得天下英才而教育之"还是君子的政治抱负呢？这就涉及儒家的国家治理观。

先秦儒家强调以德治国。孔子就曾经比较了法治与德治的不同。他说："道之以政，齐之以刑，民免而无耻；道之以德，齐之以礼，有耻且格。"③在他看来，法治不是最根本的治国策略。用政令、刑法来治理国家，老百姓虽然可以免于犯罪，但却不知道犯罪是可耻的；而用道德礼制来治理国家的话，则老百姓不但知廉耻，而且会心甘情愿地归服。因此，德治是非常理想的治国方略。"为政以德，譬如北辰，居其所而众星共之。"④那怎么样实施德治呢？儒家提出了两条主要途径：第一条途径是作为统治者自身应该有良好的道德风范，为老百姓起到示范榜样作用。关于这一点，《论语》中有多处论述。如"政者，正也。子帅以正，孰敢不正？"⑤"子为政，焉用杀？子欲善，而民善矣。君子之德风，小人之德草，草上之风，必偃。"⑥"子曰：'其身正，不令而行；其身不正，虽令不从。'"⑦这种示范榜样作用，就是"教"，就是"上施"。上施善，则下效善。第二条途径是通过举办学校，进行教化活动，以达到化民成俗的目的。儒家认为，仅仅靠统治者自身的良好道德示范还不行，还要把良好的社会道德

---

① 刘俊田，林松，禹克坤.四书全译[M].贵阳：贵州人民出版社，1988：613.
② 余家菊.孟子教育学说[M].上海：中华书局，1935：15-16.
③ 刘俊田，林松，禹克坤.四书全译[M].贵阳：贵州人民出版社，1988：92.
④ 刘俊田，林松，禹克坤.四书全译[M].贵阳：贵州人民出版社，1988：91.
⑤ 刘俊田，林松，禹克坤.四书全译[M].贵阳：贵州人民出版社，1988：236.
⑥ 刘俊田，林松，禹克坤.四书全译[M].贵阳：贵州人民出版社，1988：237.
⑦ 刘俊田，林松，禹克坤.四书全译[M].贵阳：贵州人民出版社，1988：244.

规范推广到全社会,形成良好的社会风尚。为此,就要依靠教育。我国也是世界上最早的一部专门论述教育问题的著作《学记》中,开卷就写道:“发虑宪,求善良,足以諛闻,闻不足以动众;就贤体远,足以动众,未足以化民。君子如欲化民成俗,其必由学乎!”①南宋理学大家朱熹对此的解释是“唯教学可以化民使成美俗”②。在中国古代,教育不仅是统治者进行政治、伦理教化的途径,而且是首要的手段。《学记》中明确地写道:“古之王者,建国君民,教学为先。”③由此,我们又可以发现中国文化的一个特征:教育是中国古代政治统治的一个重要手段,政教合一是中国政治文化的鲜明特色。明白了这一点,就可以理解为什么说“得天下英才而教育之”是以天下为己任的君子的一种政治抱负。

通过以上两点分析,我们可以概括出中国文化中教育的三个显著特点:第一,教育本真在于使人向善;道德教育是中国教育的核心内容。第二,教育过程强调教师及其教的重要性,形成了师道尊严的教育文化。第三,教育与社会——特别是社会的政治文化——结合紧密。

(二)西方文化中教育本真的分析

在西方文献中,“教育”由不同的词汇来表征:英语为 education,法语为 éducation,意大利语为 educazīone,德语为 erziehung…… 这些词汇,均从拉丁文 educēre(意为“养育”“培养”)派生、演化而来。educēre 中的前缀 e-有“出”的意思,而词根 ducēre 的意思是“引导”。educēre 的意思就是“引出、引导”,“就是通过一定的手段,把某种本来潜在于人身体和心灵内部的东西引发出来。这种潜在的东西是有价值的,故而才需要引发出来。”④

Education 一词是 18 世纪末才被广泛采用并获得现在一般通用意义的词汇。“这个词很好地传达了自文艺复兴以来欧洲大陆所孕育的人文主义精神,把早先诞生于哲学、文学、艺术、宗教等领域的人文主义精神引入教育领域,符合当时‘启蒙时代’教育实践的客观需要,……从那以后,强迫纪律、机械灌输都被认为和 education 的基本精神格格不入”。⑤ 这时的 education 的基本内含之一是“人的本性之中包含着一些有价值的东西,教育应该使它们显现出来,发扬光大。教育不再大量地诉诸烦琐的纪律、严酷的体罚,教育者应该充分地信任儿童,尊重他们的内在‘自然秩序’,促进他们的发展;教育不是外在的灌输,而是内在的成长。”⑥

德育 erziehung 的词根是 erziehen,其本义是“拉”“引”“牵引”“拽”“使生长”等,erziehung 的意思就是“提供条件使一个人按其内在秩序成长起来”,它同样是强调内在的

① 高时良.学记研究[M].北京:人民教育出版社,2006:51.
② 高时良.学记研究[M].北京:人民教育出版社,2006:55.
③ 高时良.学记研究[M].北京:人民教育出版社,2006:51.
④ 石中英.教育学的文化性格[M].太原:山西教育出版社,1999:116.
⑤ 石中英.教育学的文化性格[M].太原:山西教育出版社,1999:116.
⑥ 石中英.教育学的文化性格[M].太原:山西教育出版社,1999:117.

生长。①

西方文化也是纷繁复杂的,从中梳理出教育的基本特征需要花去大量的精力,表述本身也会占去大量的篇幅。幸好有人已经做了这样的工作。英国的伊丽莎白·劳伦斯在《现代教育的起源与发展》一书中说道:"回顾一下对现代理论和实践有所贡献的教育理论家的著作,便可以发现有一个主题贯穿其中,由这个主题可以派生出许多其他的观点,这就是:相信成长的内在力量,走向光明是人的本性。发展是人本身潜在力量的展开,而教育者要相信这种力量。""根据这一信念——即成长和发展是人的本性——一个孩子,除非受了严重的虐待,自身必定已经具有学习的能力和愿望。成长是自然界的奇迹,理所当然。而教师的任务不在于通常理解的教,而在于创造条件,使儿童自己能最满意地进行学习。以苗圃为例:教师就像园丁,他相信种子生长的能力,准备好适合的土壤,尽全力为其花木的生长创造适合的条件;但是,他不能拔苗助长,而要让苗儿自己生长。"②

根据"相信成长的内在力量,走向光明是人的本性"这一教育基本信念,劳伦斯还总结出西方现代教育和实践的如下重要概念:③

教育是一个引导出来的过程,而非灌输;教育的宗旨在精神方面,是整个人的发展;不仅要注重发展智育,也要注重感情、判断和创造力的教育;教育的目的是造就性格,不只是发展脑力;仅有知识是不够的,真正的教育必须区别知识和理解、智慧和传授;儿童通过自身体验和发现来进行学习,在学习书本知识之前要接触实际东西;随着他们的成长和发展,他们的需求会不断变化,而教育必须适应他们变化的需要和兴趣;要根据各个儿童的能力进行教育;因此,研究儿童和他们的学习方式是教育的基础;儿童不是小大人,他们所受的教育不能照搬成人教育,这就如同儿童不能吃成人的饭一样;兴趣应作为一种学习的手段,在教育中能够也必须利用存在于儿童自身的自然力量;教育是一种自然成长,不能使用强制、压力或惩罚;师生之间正确的关系最为重要;儿童们是通过在一起生活和学习、在相互为伴的情况下成长的;纪律是心灵的内在自我约束,而不应该是外部强加的命令。

(三)中西文化背景下教育本真的若干分析

在上述内容基础上,我们可以把中西文化背景下"教育"的内涵做以下概括和分析:

第一,中西文化背景下的教育,在其活动方式上存在着较大的差异。在中国文化系统中,教育活动是一个"上施下效"的过程,强调教育者的"施",较为重视教育者的地位和作用。受教育者在这一活动过程中,重点在于"效"——根据教育者的指导、示范,按照教育者的要求去模仿、训练。在西方文化系统中,教育活动是一个把潜藏在受教育者身心内部的素质引发、外现的过程,因而比较重视从受教育者的实际状况出发进行教育活动,而不过分强

① 石中英.教育学的文化性格[M].太原:山西教育出版社,1999:118-119.

② 【英】伊丽莎白·劳伦斯.现代教育的起源和发展[M].纪晓林,译.北京:北京语言学院出版社,1992:Ⅵ.

③ 【英】伊丽莎白·劳伦斯.现代教育的起源和发展[M].纪晓林,译.北京:北京语言学院出版社,1992:Ⅵ.

调外部因素对受教育者身心发展的影响。关于这一点，陈桂生教授将之概括为：“西方‘教育’一词的原始含义中，包含‘引出’之义，‘内发论’传统源远流长；中国自古以来，就把‘教’定义为‘上所施，下所效也’，外铄论根深叶茂。”①

第二，尽管中西文化背景下的教育从其活动方式上来说存在着很大的不同，然而从其内涵来说，又存在着相同之处：无论是中国文化中教育的“使人向善”，还是西方文化中教育的“使人走向美好和光明”，其中都包含着通过教育活动，让受教育者变得越来越好、越来越完善的意蕴。换言之，“使人向善”是教育固有的本真含义，是教育活动的永恒本质，而不是时有时无的存在。

第三，随着时间的推移，教育“使人向善”的核心内容——善——的具体内涵，也在发生着变化。关于这一点，陈桂生教授做了如下概括：②

教育旨在使人向善，其中所谓“善”，主要有两义：善良、美好。唯在古代，这两重含义有时可分，有时不分。……中国封建时代与欧洲中世纪主要提倡道德之“善”；到了近代，虽仍然追求道德的“至善”，但不限于道德之善，而越来越张扬人性的美好、完善，提倡超越“道德之善”的德、智、体、美和谐发展，既挣脱片面的道德主义束缚，又未脱离古代形成的“使人向善”的原始含义。

总之，中国文化中的教育更加强调外在力量的影响，其传统之一就是重视教育者的权威和作用。而西方文化中的教育更加重视儿童自身的力量，其传统之一是强调从儿童的实际出发实施教育。但二者都看到教育要使人向善、走向美好和光明。

教育的本真，就在于紧密结合特定的社会文化，相信并调动儿童自身的力量，引导他们走向美好和光明。

案例链接 1-3

学　记③

发虑宪，求善良，足以謏闻，不足以动众；就贤体远，足以动众，未足以化民。君子如欲化民成俗，其必由学乎！

玉不琢，不成器；人不学，不知道。是故古之王者，建国君民，教学为先。《兑命》曰：“念终始典于学”，其此之谓乎！

虽有嘉肴，弗食不知其旨也；虽有至道，弗学不知其善也。是故学然后知不足，教然后知困。知不足，然后能自反也；知困，然后能自强也。故曰：教学相长也。《兑命》曰：“学学半”，其此之谓乎！

---

① 陈桂生.“教育学视界”辨析[M].上海：华东师范大学出版社，1997：16.

② 陈桂生.“教育学视界”辨析[M].上海：华东师范大学出版社，1997：16-17.

③ 资料来源：高时良.学记研究[M].北京：人民教育出版社，2006：1.

古之教者，家有塾，党有庠，术有序，国有学。

比年入学，中年考校：一年视离经辨志，三年视敬业乐群，五年视博习亲师，七年视论学取友，谓之小成。九年知类通达，强立而不反，谓之大成。夫然后足以化民易俗，近者说服而远者怀之。此大学之道也。《记》曰："蛾子时术之"，其此之谓乎！

大学始教，皮弁祭菜，示敬道也。《宵雅》肄三，官其始也。入学鼓箧，孙其业也。夏楚二物，收其威也。未卜禘不视学，游其志也。时观而弗语，存其心也。幼者听而弗问，学不躐等也。此七者，教之大伦也。《记》曰："凡学，官先事，士先志"，其此之谓乎！

大学之教也，时教必有正业，退息必有居学。

不学操缦，不能安弦；不学博依，不能安《诗》；不学杂服，不能安礼。不兴其艺，不能乐学。

故君子之於学也，藏焉，修焉，息焉，游焉。夫然，故安其学而亲其师，乐其友而信其道，是以虽离师辅而不反也。《兑命》曰："敬孙务时敏，厥修乃来"，其此之谓乎！

今之教者，呻其占毕，多其讯言，及于数进，而不顾其安，使人不由其诚，教人不尽其材，其施之也悖，其求之也佛。夫然，故隐其学而疾其师，苦其难而不知其益也。虽终其业，其去之必速，教之不刑，其此之由乎！

大学之法，禁于未发之谓豫，当其可之谓时，不陵节而施之谓孙，相观而善之谓摩。此四者，教之所由兴也。

发然后禁，则扞格而不胜；时过然后学，则勤苦而难成；杂施而不孙，则坏乱而不修；独学而无友，则孤陋而寡闻。燕朋逆其师，燕辟废其学。此六者，教之所由废也。

君子既知教之所由兴，又知教之所由废，然后可以为人师也。故君子之教，喻也：道而弗牵，强而弗抑，开而弗达。道而弗牵则和，强而弗抑则易，开而弗达则思。和、易、以思，可谓善喻矣。

学者有四失，教者必知之。人之学也，或失则多，或失则寡，或失则易，或失则止。此四者，心之莫同也。知其心，然后能救其失也。教也者，长善而救其失者也。

善歌者，使人继其声。善教者，使人继其志。其言也，约而达，微而臧，罕譬而喻，可谓继志矣。

君子知至学之难易，而知其美恶，然后能博喻；能博喻然后能为师；能为师，然后能为长；能为长，然后能为君。故师也者所以学为君也。是故择师不可不慎也。《记》曰："三王四代唯其师"，此之谓乎！

凡学之道，严师为难。师严然后道尊，道尊然后民知敬学。是故君之所不臣于其臣者二：当其为尸，则弗臣也；当其为师，则弗臣也。大学之礼，虽诏于天子无北面，所以尊师也。

善学者，师逸而功倍，又从而庸之。不善学者，师勤而功半，又从而怨之。善问者如攻坚木，先其易者，后其节目，及其久也，相说以解。不善问者反此。善待问者如撞钟，叩之以小者则小鸣，叩之以大者则大鸣，待其从容，然后尽其声。不善答问者反此。此皆进学之道也。

记问之学，不足以为人师，必也其听语乎。力不能问，然后语之，语之而不知，虽舍之可也。

良冶之子，必学为裘；良弓之子，必学为箕；始驾（马）者反之，车在马前。君子察于此三者，可以有志于学矣。

古之学者，比物丑类。鼓无当于五声，五声弗得不和；水无当于五色，五色弗得不章；学无当于五官，五官弗得不治；师无当于五服，五服弗得不亲。

君子曰：大德不官，大道不器，大信不约，大时不齐。察于此四者，可以有志于本矣。三王之祭川也，皆先河而后海，或源也，或委也，此之谓务本。

案例论坛

1.《学记》中阐述了哪些重要的教育思想？这些教育思想反映了哪些中国文化？

2.《学记》中的教育思想在今天的中国教育实践中有可能实现吗？为什么？

3.《学记》中所阐发的教育思想对你的教育教学活动有哪些启发？

案例链接 1-4

让学生们自由发展①

尼尔是20世纪最伟大的教育实践家之一，也是誉满全球的夏山学校的创始人。夏山学校是尼尔于1921年在英国的里斯顿萨佛克所创立的一所实验性质的小学及初中寄宿制学校，是现代教育史上最著名的学校之一，被誉为“最富人性化的快乐学校”。夏山学校最核心的办学理念是让孩子们自由发展。尼尔认为：“让学校适应学生，而不是让学生适应学校。”他用60年的时间，在夏山学校实践了这个突破传统教育观念的理想。在《夏山学校》一书中，尼尔如实地记录了夏山学校的办学理念、具体做法以及经验教训。

尊重学生的自由

在夏山学校里，每位教师会在学期开始时公布一张时间表，孩子们根据自己的兴趣选择上什么课，当然也可以选择不上课，而整个下午全校都是不排课的，随处可以看到在山坡上欢快游戏的孩子，围着教师或大孩子们坐成一圈专心听故事的孩子，而陶器室、木工室、铁工室、化学实验室里通常被挤得满满的……尼尔相信，人性本身是向善的，我们能做的事是“少干涉”，儿童才能将他的本性充分自由地舒展开来，成就幸福人生。家庭教育也好，学校教育也好，实际上，成人常常是站在自己这一边考虑问题的，即安静的需要、方便的需要、权力的需要、炫耀的需要、克服对未来生活恐惧的需要、社会经济运作的需要等，至于孩子们的天性是怎样的，有什么样的天赋，他们在想什么，他们需要什么是不被关心的。

在夏山学校里，每个人都更清楚地知道自己是谁，知道自己想要成为什么样的人。在尼

① 资料来源：刘徽.让学生们自由发展：读尼尔的《夏山学校》[J].现代教学，2007(9)：61-63.有删节。

尔看来，如果给孩子自由，他的潜能终将会得到充分的发展。夏山学校的实践充分印证了这一点。尽管孩子们成年累月地玩耍，但如果有一天一个孩子想考大学，他就会坐下来准备考试的规定科目，这个时候主动学习具备了最有效的时机，在两年多一点的时间里，他就能学到严格教育下要学上七八年的东西，这在那些认为时间等于分数的成人看来，简直是个神话，然而这样的案例在夏山学校屡见不鲜。成人喜欢自作聪明地犯一些揠苗助长的毛病，从婴儿起，那些焦虑的、缺乏耐心的父母，在孩子还不会爬时就要求他站，那时婴儿的四肢还不够粗壮，训练的结果是让孩子变成了萝卜腿。当然，并不是每个夏山学校的孩子最后都考上大学，夏山学校强调的是每个孩子不同潜能的充分生长。默文，从 7 岁到 17 岁在夏山学校待了十年，在这十年当中，从没上过一节课，所以离开夏山学校时，他还不大认得字，但他在离开学校时，决定学手艺，并在很短的时间里自学完成，结果成为所在机构的负责人，并且拥有一个幸福的家庭，默文同样也是尼尔引以为傲的成功案例。

自由也需要自治

在夏山学校，没有任何的权威和服从，每个人都享有同等的权利，尼尔不能未征得孩子们允许而骑他们的自行车，同样，孩子们也不准乱弹尼尔的钢琴。在学校大会上，尼尔等教职员工这些成人和 7 岁的孩子一样，都只持有一票。当然有人会说，这样的民主似乎并不鲜见，在我们的学校里，也会投票决定一些事宜，诸如选举班干部、三好学生等，然而，最后的结果往往和教师的想法“不谋而合”，这是因为所谓的民主掺杂了一些猫腻。在夏山学校，尼尔也遇到了这样的质疑：“7 岁的孩子难道不会等你举手再举手吗？”尼尔幽默地说，他倒是愿意孩子们有时能这样。因为他的提议曾多次被否决，自由的孩子不易受到别人影响，他们没有对权威的恐惧，因而能够遵从他们自己的意志。大会怎么开呢？每个学期开始时，都会选出一名主席，但大会主席是不能连任的，开完会后由他指定下任主席，教职工和孩子们都有权在大会中提案，提案需要经过大家的讨论，各自陈述理由，最后投票确定结果。如同英国皇家督导在结束对夏山学校的视察后在报告书上写到的那样：“学校大会具有无限制讨论和制定一切议案之权力”，从作息时间、食谱选择、选举组长、教师评定，到可不可以吸烟、可不可以讲粗话、游泳时是否需要配备救生员等，事无巨细都在大会讨论之列。有一次，尼尔提出在“在走廊上不能踢球”的议案，原因是“走廊在我楼下，吵闹声影响我的工作”，尽管全体教职工和女孩子、年龄大的男孩子们都同意尼尔的提议，但最终并未通过。后来，尼尔坚持不懈地在大会上几次提案，经过激烈的争论后，终于获得了大多数投票的支持。在夏山学校，每个人都可以通过不断的争取来赢得自己的权利。

除了这些集体性的事情外，在夏山学校，如果有孩子犯错，是否要惩罚以及如何惩罚也由学校大会来决定，通常犯错者都会接受大会的判决。如果不接受，他可以上诉，散会前主席会再提出这个案子，大家会更为慎重地研究。因为孩子们觉得如果上诉的人觉得不公平，很可能是有道理的，所以，最后的判决往往让犯错的孩子心悦诚服地接受和执行。曾经有四个孩子因为私自贩卖衣物而被认为不珍惜物品和毁坏夏山学校的名誉，经大会讨论被罚不准出校门。晚上，当其他孩子都去镇上看电影时，尼尔发现迪尔（四人中的一人）躺在床上看书，故意调侃他：“嗨，大家都去看电影了，你为什么不起来？”迪尔回答一句“别开玩笑了”，就继续看书了。可见，夏山学校的孩子们都对他们自己的民主十分忠诚。人们对民主的另一个忧虑是担心孩子们量刑过重，其实孩子们都很宽容，处罚差不多都是罚款，也有“提前睡觉”“参加劳动”“不许外出”这些方式。

在夏山学校，从来没有过于严厉的判决，而且每次判决都和过错相符。只有在自治的学校里，学生拥有管理他们的集体生活的权利时，自由才真正成为可能。尽管如此，自治也带来一些问题，比如，大会往往比较耗时，孩子们在一些问题上，总是难免以自我为中心。所以，完全的自治尚不可能，但我们可以给学生一些权利，去决定本属于他们自己的事情，即使在有些事情上由我们来做决定，我们也要以集体生活中的一员的身份去阐述自己的理由，只要我们是真心站在孩子这一边为他们考虑的，孩子就会理解，也只有这样，才能赢得孩子们的爱。我们决不能居高临下地用权威来压制，因为没有人会爱一个他们惧怕的人。

幽默与玩笑

尼尔说，夏山的成功有一部分是幽默的功劳，他自己就是一个十足的大顽童。夏山学校没有考试，但为了好玩，尼尔偶尔会出上一两道题，下面就是两个典型的尼尔式试题。试题一，请说出它们在哪里：马德里、星期四群岛、昨天、爱、民主、仇恨、我的老虎钳。试题二，请把《哈姆雷特》的著名的独白“To be or not to be”翻译成夏山学校的儿童用语。初来夏山学校的新生会对这样的试题感到迷茫，因为他们严肃惯了，而慢慢地在夏山这种轻松气氛的熏陶之下，每一个人，无论是大人和小孩都发展出良好的幽默感。3 岁的戴维刚进夏山学校时，当尼尔问他“我想找尼尔，他在哪里”时，他会不屑地回答“笨蛋，你就是他”，而 7 岁时，当尼尔再问他这个同样的问题时，他会机灵地说：“尼尔就在那小屋的后面。”然后，自告奋勇地去小屋后找“尼尔”，两分钟后，他回来说：“戴维说尼尔不肯来，因为他正在喂老虎”。

幽默和嘲笑是不同的，嘲笑紧抓他人的弱点、错误不放，结果是伤害彼此间的关系。幽默是不会伤害到某个具体的人，并且往往都包含着自嘲的成分。从成人视角，把自己视为一个孩子，所以，幽默的教师往往被描述为有一颗童心，他们容易理解孩子们，而孩子们也往往对那些有幽默感的教师或其他成人有好感，觉得他们像个“大朋友”一样，幽默使师生之间产生一种更为亲密的心灵接触。在具体的教学中，幽默化解尴尬时刻，当教学情境中出现“令人骚动、令人惊讶、令人意外”的时刻时，往往会带来紧张、尴尬、不安、愤怒等不良情绪，幽默带走了这些不良情绪，它带来的轻松还能使情境出现转机。在课堂上，当师生一起大笑时，这种笑声往往带来了一种其乐融融的团体温暖感。

有人说，尼尔的夏山学校是卢梭自然教育思想的实践，我觉得，尼尔可能是极大地受到了卢梭的影响，但绝对不是一种理论上的照搬。尼尔是一个心理学硕士，所以在很多问题上都从人性的角度加以思考，往往能看到问题的根本所在。所以，阅读《夏山学校》可能会成为我们自身的一个自我发现之旅，要改变孩子，先得改变“不自由”的自己。当然，仅有心理学的知识成就不了一个教育家，尼尔是一个活得真诚，并且有自己独立见解的人，更为重要的一点是，他了解孩子，对孩子们充满爱，这种爱不是占有，而是真正地站在他们一边，希望他们能幸福，过一种内心满足、均衡的快乐生活。追求幸福比起学会解多少道题、写出多么漂亮的文章都要重要得多，仅仅传授知识是无法像人们希望的那样“触类旁通”地得到幸福的。夏山学校的毕业生中有工程师、家具设计师、炮兵中队长、无线电台长、芭蕾舞星、报纸专栏作家、空姐……大部分都从事创造性的工作，但同时，尼尔坦言夏山学校并没有培养出天才，对于这个另类的学校，强加一切我们恒常的标准来检验都显得格格不入，但如果我们拿“幸福”这条最后的标尺来衡量，夏山学校就是成功的。

案例论坛

1. 尼尔的夏山学校中贯穿着哪些正确的教育理念？
2. 你认为夏山学校的理念和做法能够在中国的中小学得以实施吗？为什么？
3. 夏山学校的理念和做法中是否存在着一定的弊端？为什么？

拓展阅读

1. 孙喜亭.教育原理[M].第二版.北京：北京师范大学出版社，2003.
2. 陈桂生.常用教育概念辨析[M].上海：华东师范大学出版社，2009.
3. 瞿葆奎，沈剑平.教育学文集·教育与教育学[C].北京：人民教育出版社，1993.
4. 石中英.教育学的文化性格[M].太原：山西教育出版社，1999.
5.【英】伊丽莎白·劳伦斯.现代教育的起源和发展[M].纪晓林，译.北京：北京语言学院出版社，1992.
6.【英】A.S.尼尔.夏山学校：养育子女的最佳方法[M].周德，译.北京：京华出版社，2002.

专题二 教育理念：引领教育发展的思想高地

问题导读

1. 什么是教育理念？
2. 教育理念有哪些价值？
3. 中西方经典的教育理念有哪些？
4. 基础教育的“基础性”理念是什么？
5. 国际教育发展的新理念有哪些？

随着教育的发生与发展，人们逐渐总结出丰富的教育理念，它们是人们反思教育理论与实践问题所产生的成果，也是引领不同社会文化背景下教育发展不断深入、持续前进的思想蓝本。本专题从教育理念的概念与价值谈起，着重介绍中西方的经典教育理念、我国当代基础教育的“基础性”理念、国际教育发展的新理念等内容。

一、教育理念的概念与价值

无论是教育的过去、现在，抑或是未来，教育理念对于教育实践都起着举足轻重的作用，因为教育理念总是支配着人们在教育活动中的各种目的、手段及行为。如果教育是一艘航船，那么教育理念就是这艘航船的风帆；如果教育是一辆汽车，那么教育理念就是这辆汽车的方向盘。人们所坚守的教育理念的任何变化，无疑会决定着教育将走向何方。为此，深刻把握教育理念是教育工作者更好地进行教育实践的前提条件。

（一）理念与教育理念

“理念”是人们谈论教育理论或实践时使用频率较高的一个词汇。关于“理念”通常有以下几种解释:① 观念,如民主理念、人道理念、经营理念①。② 宇宙的心理本质或精神本质,它与物质世界之间的关系,就像人的灵魂与肉体之间的关系一样②。③ 古希腊哲学家柏拉图认为,理念是独立存在于事物与人心之外的一般概念,它是事物的原型,事物不过是理念的不完善的“摹本”和“影子”。事物之所以存在,是因为它们“分有”了理念。③

在英文中,理念一词以 idea 表达。19 世纪牛津大学学者、都柏林大学校长纽曼发表了其经典名著《大学的理念》,开始超越古代先贤们仅在旧哲学范畴内讨论“教育理念”,进一步把教育的理想和追求观念化、目标化。对“理念”的认识,在剔除过分强调的哲学思辨及复杂多义的成分后,可以简化为:人们经过长期的理性思考及实践所形成的具有理想色彩的思想观念。

教育领域中的“理念”一般是指“教育理念”。当前的中国教育界,“教育理念”同样是被频繁使用的词汇,但学者们对教育理念的理解却存在差异,主要的观点有以下几种:① 教育理念是教育者在亲身体验的基础上形成的对教育及其现象进行理性思维的观念。② 教育理念是教育者关于“教育应该是什么”的理想化观念。③ 教育理念来源于对教育现实的思考,是教育者对教育现实的自觉反思。④ 教育理念是个外延比较宽泛的抽象概念,它包括教育思想、教育观念、教育主张、教育看法、教育认识、教育理性、教育信念、教育信条等概念,也包含了上述诸概念的共性。⑤ 教育理念之于教育实践,具有引导定向的意义。⑥ 教育理念既指向教育事物的本身,又指向教育事物的价值和价值实现的途径,如“教育事物究竟是什么”“教育事物有什么功能和实际作用”这类价值问题。⑦ 教育理念具有一定的个性。教育理念的形成与内容受制于个人的人生观、价值观和已有的教育经验、思考能力,以及看问题的角度,甚至人的语言风格也影响着理念的表达。为方便理解,我们把“教育理念”界定为:教育者通过对教育实践及理论问题不断地进行反思所形成的理想化观念。

(二) 教育理念的价值

教育理念的价值事实上是指这样一种关系,即教育理念所具有的某些特点能够满足教育者参与教育活动和实现教育目的的需要。教育理念的价值是多方面的,主要体现在以下五个方面:

(1) 参照的价值

当教育者从事教育活动时,不可避免地需要对教育实施的过程、结果进行评价,以便了解教育活动是否已经达到目的,存在什么问题,以便不断调整改善教育活动的进程。这样的评价离不开评价的标准,如果缺乏评价的标准,教育者就无法知晓教育活动到底是成功抑或失败,是否出现一些会阻碍教育目的的实现的因素。而评价的标准,总是来源于一定的教育理

① 王同亿.新现代汉语词典[Z].海口:海南出版社,1992:984.

② 语言大典(上册)[Z].海口:三环出版社,1990:2123.

③ 万中航.哲学小辞典[Z].上海:上海辞书出版社,2003:160.

念。换句话讲，教育者总是参照一定的教育理念作为评价标准，对教育活动做出各种判断，然后再根据判断对教育活动做出各种调整和改进，以便最终实现教育目的。

（2）激励的价值

教育理念是教育者心中所信奉的一种理想化观念，它蕴涵着教育者通过理性反思而逐渐积累起来的教育智慧，凝聚着教育者对于什么是好的教育的坚定信念以及对这些信念的深厚情感。因此，教育理念能够激励教育者为实现它们而奋斗。

（3）约束的价值

教育理念约束着教育者不做与自己所秉持的理念不符的行为，否则就会心里不安。这样，在纷繁复杂的社会变化和教育改革洪流中，不会人云亦云，也不会盲从，不至于迷失自己、迷失奋斗方向。

（4）引导的价值

教育理念是教育者行动的指南，指导着教育者去做与自己所信奉的教育理念相符的事情，它能将教育者的教育智慧与精力集中于教育理念所指向的方面。也正因如此，先进教育理念才能有效推进教育改革。

（5）创新的价值

不论是寻求或建构教育理念的过程，还是教育理念确立后的行动都能引导人们破旧立新，促使教育者不轻易满足于教育现状，创新性地进行教育改革，使教育能够不断适应日新月异的社会发展需求。

二、中西方经典教育理念

无论是中国还是西方，均拥有悠久而闻名的教育发展史，也曾涌现出不少影响深远的经典教育理念。其中，有一些教育理念既是中国或西方各自的经典教育理念，同时亦具有某种意义上的共性，这里主要谈谈这些具有共性的教育理念，包括理念论与理学的教育理念、自然主义与心学的教育理念、实用主义与实学的教育理念。

（一）理念论与理学的教育理念

1. 理念论的教育理念

理念论是人类最古老、持久的系统哲学之一，它主张现实在本质上是精神的或意识的。理念论将世界及生存于其中的人类看作演变的普遍精神的一部分，这种信条一直是诸如印度教和佛教等东方宗教的通则。也许正是东西方文化的相互作用使得西方思潮中出现理念论观念。

在西方教育史上，理念论的教育理念最早可以追溯到古希腊哲学家柏拉图。在他看来，真正的知识是一种纯粹的理念（见上文“理念”的第三种解释），具有永恒性、精神性。无论人类在何时何地或何种情境下生活，对他们而言，真正的知识只有一种。相应地，真正的教育也是普遍适用的、永恒的。由于人们只能用理性发现真正的知识,所以最好的教育在本质上应该培养人的理性。

理念论的教育理念把激励学生,使其成为真理的探索者作为最高目标。要探索真理并以真理作为生活准则,首先要知道什么是真理,并且乐于通过认真严格的学习获得真理。教育旨在达成学习者向真、善、美的转化。若要达成教育目的,就必须做到以下几点:① 教育应该成为一个人的潜力不断展开和发展的过程。② 教—学过程要有助于学生完全意识到人性中内在的潜力。③ 学习是学习者被激励以回忆头脑中的真理的过程。④ 作为社会机构的学校,要让学生接触文化传统中所包含的智慧,这样他们才能通过个人的努力了解、分享并创新这些人类文化遗产。⑤ 教师应该是象征个人和人类最高发展水平的具有正面价值的文化典范和道德典范。

受教育目的的指引,理念论认为,真正的教育是普通教育,而不是为特定职业或专业所进行的训练。职业教育的目标是使受教育者获得在工作中需要的专业技术,而不是培养人的完整性和美德。理念论并不反对人们为了生计和为社会谋福利的目的而以职业教育作为一种生活准备,但却强烈反对将职业教育置于优先于普通教育的地位。

2. 理学的教育理念

理学是出现在我国宋代的一种儒家学说,创始人是宋代学者周敦颐,而集大成者则是朱熹。理学吸收了道家与佛家的思想,试图使儒家思想系统化、理论化。理学派别众多,观点各异,但影响最大的无疑是"程朱学派",其代表是程颐、程颢和朱熹。该学派持有以下观点:① "理"作为宇宙最根本的规律,是先于天地而存在的,是所有事物的本源。② 人性亦存有"理",但是人的欲望常常会遮蔽人性中的"理",应尽可能去除人的欲望,重新恢复人性中的"理"。③ 由于所有事物当中都存有"理",所以认识事物或获得知识的方法就是"即物穷理"或"格物致知"。

根据理学思想,朱熹提出了理学的教育理念:① 由于人性会被欲望遮蔽,所以教育的任务是尽可能去除欲望,恢复人性中的"理"。对学校教育而言,其目的就是"明人伦",即学习儒家的道德伦理规范。② 事物的"理"不必都通过直接经验获得,因为它们都浓缩于儒家经典文献当中,所以读书是认识事物之"理"的最佳途径。③ 教育可划分为"小学"和"大学"两个阶段,"小学"强调让儿童在生活中懂得道德规范,养成良好行为习惯,"大学"则强调探究事物及人性之"理"。

此外,朱熹还非常重视道德教育和读书的方法。他指出,道德教育的方法包括立志、居敬、存养、省察、力行。而读书的方法则包括循序渐进、熟读精思、虚心涵泳、切己体察、着紧用力、居敬持志。

(二)自然主义与心学的教育理念

1. 自然主义的教育理念

自然主义的思想源于古希腊的哲学家亚里士多德,而代表人物则是法国思想家卢梭。

自然主义认为处于不断的运动之中的现实世界存在着一种单一的秩序。这种秩序包括了外部自然界的基本规律和人的自然天性。因此,从教育的角度而言,自然主义者主张:① 教育应发展人的自然天性。② 教育应遵循自然界的基本规律。③ 教育应尽可能摆脱人为因素的影响,使教育对象能够顺其自然地发展。①

《爱弥儿》是卢梭阐述自己的自然主义教育理念的经典著作,在书中卢梭虚构了一个男孩,并通过描述他如何接受教育来提出自己的自然主义教育理念。主要的观点包括:①儿童有其自身的最佳学习顺序,应该根据这一顺序来组织不同阶段的教育。② 儿童接受教育的环境应该保持其自然特征,如此才能激发其好奇心,而这种好奇心与学习意愿是一致的。③ 儿童学习时应在一定的许可范围内让他对自己的行为做出选择,并承担选择的后果。④ 感觉器官是理解自然和获得知识的基础。

虽然自然主义者的观点存在不少差异,但是其教育理念均普遍强调儿童的学习源于在环境中直接的感官经验,而并非诸如书本那样的间接经验。课程与教学必须遵循儿童自然天性发展的阶段和顺序。作为教育机构的学校,不应该被视为一个与外部世界隔绝的地方,而是一个与自然界相似的环境。

案例链接 2-1

消极教育②

所以,最初几年的教育应当纯粹是消极的。它不在于教学生以道德和真理,而在于防止他的心沾染罪恶,防止他的思想产生谬见。如果你能够采取自己不教也不让别人教的方针,如果你能够把你的学生健壮地带到十二岁,这时候,即使他还分不清哪只是左手哪只是右手,但你一去教他,他的智慧的眼睛就会向着理性睁开的;由于他没有染上什么偏见或习惯,因此在他身上不会有什么东西能够抵消你的教育的效果。他在你的手中很快就会变成一个最聪明的人;你开头什么也不教,结果反而会创造一个教育的奇迹。

自然后果法

我们不能为了惩罚孩子而惩罚孩子,应当使他们觉得这些惩罚正是他们不良行为的自然后果。所以你不要去斥责他们撒谎,绝不要仅仅因为他们撒谎而处罚他们,而要使他们明白,如果撒谎,则谎言的种种不良后果都要落在他们的头上,例如,即使说的是真话,也没有人相信;即使没有做什么事情,也要被别人不由分辩地指责说干了坏事。

① 苏启敏.王守仁与卢梭自然教育思想的比较研究[J].肇庆学院学报,2005(6):74-78.

② 【法】卢梭.爱弥儿:论教育[M].李平沤,译.北京:商务印书馆,1978:96,109.

案例论坛

1. 消极教育与一般的教育有什么不同?
2. 你是否赞同对孩子使用自然后果法,为什么?
3. 你从卢梭的教育理念中得到了什么启示?

2. 心学的教育理念

心学是与理学同时兴起于宋代的一种儒家学说,它的创始人是宋代学者陆九渊,而集大成者则是明代学者王守仁。心学主要吸收了佛家禅宗思想,其基本观点有如下几方面:① 认为“心”(思维)是宇宙万物的本源,心外无物。② 使人懂得儒家道德伦理规范的方法主要不是通过认识外界事物和读书实现的,而是通过“致良知”,即返回内心寻找天赋的善念来实现的。③ 要把心中善良的意念和行动紧密结合起来,即“知行合一”。

作为心学的代表,王守仁的教育理念首先体现在其教育目的上。王守仁主张教育应致力于使“学者学为圣人”,培养“圣人”是教育的最高理想。人的天性具备了道德自我完善的潜能,只要不断“致良知”以使修养达到“纯乎天理”的境界,任何人都可以成为“圣人”。学校教育的目的是“明人伦”。即认识和恪守儒家道德规范。在学校之中,唯有养成道德才是首要任务。

从“致良知”的理论出发,王守仁认为儿童时期“良知”保存得最多,受蒙蔽最少,所以实施教育要及早从儿童时期抓起。虽然儿童与成人在“致良知”的要求上是一致的,但儿童有其个性特点及成长规律,所以在教育、教学内容的深浅上,应该与成年人有所区别,方法要灵活多样。他特别反对体罚,认为这是对儿童的摧残,这样的教育只会把儿童“驱之于恶”,而欲“求其为善”更是难上加难。儿童的性情通常像刚开始生长发芽的草木一样,需要给予宽松的环境,顺应自然,才能让儿童健康成长。假如对其天性加以压制,儿童就会变得萎靡不振,厌恶学习。

为了达到“明人伦”的学校教育目的,王守仁提出了“知行合一”的德育原则。所谓“知行合一”,按他的话说就是:“知之真切笃实处即是行,行之明觉精察处即是知,知行功夫本不可离……真知即所以为行,不行不足谓之知。”①在他看来,知与行是一回事,不可分割。所以王守仁在德育方法上反对知行脱节及“知而不行”的空谈说教。他强调道德修养要身体力行,不断实践,逐步领会道德观念的实质。例如讲“孝”,不能只讲孝顺父母的道理,而且要在道德行为中体现出“孝”来,奉养父母,认真听从父母教诲,这才算得上真正尽了“孝道”。

(三) 实用主义与实学的教育理念

1. 实用主义的教育理念

实用主义是19世纪末在美国发展起来的一种哲学学说,“实用主义”(pragmatism)一词

① 王守仁.王阳明全集[C].上海:上海古籍出版社,1992:42.

来源于希腊文 pragma,原意为行动、行为。实用主义者大多强调行动、行为、实践在哲学中具有决定性意义,他们认为哲学应当立足于现实生活,主张把确定的信息作为行动的出发点,把采取行动看作谋生的主要手段,把开拓、创新看作基本的生活态度,把有效解决问题视为生活的最高目标。

实用主义的教育理念对教育的影响主要集中在美国教育家杜威身上。概而言之,杜威的观点可以归纳为如下几点:

第一,学习者是一个生命有机体,有着延续生命的本能和冲动。学习者生活在自然的同时也处在社会环境当中。受本能和冲动驱使的学习者是一个不断与环境互动的人。当学习者与环境互动时便会产生问题。学习其实是在环境中解决问题的过程。真理来源于学习者与环境互动过程中试验性地解决问题而产生预期效果的经验。

第二,教育能够帮助民主社会中的人们形成一种民主的生活方式。"民主主义不仅是一种政府的形式,它首先是一种联合生活的方式,是一种共同交流经验的方式。"①真正的民主教育在倾向于经验和探究取向的学校中进行,这种教育能够使年轻一代成为合格的民主社会公民。

第三,教育即生长。杜威认为,儿童心理活动的基本内容就是以本能活动为核心的心理机能的不断发展和生长的过程,教育就是起促进本能生长的作用。教育除了过程之外并无另外的目的,过程本身就是目的。

第四,教育即生活。生活与经验是同义词,包含个人与种族的全部经验。生活就是不断发展与生长。生活是一种无所不包的活动,既包括机体,也包括环境;既包括个人生活,也包括社会生活。儿童本能生长、经验改造的过程表现为社会性的活动就是生活。教育不应是生活的预备,而是儿童现在的生活过程。

第五,教育即经验的改造。经验是主客体的统一,是有机体与环境相互作用的结果,是行动、操作的结果。教育过程即通过活动,使儿童主观经验不断得到改组、改造的过程。这种改造既包括对有机体内在因素的改造——反映在教育上,主要是塑造或形成儿童的新经验(即新的知识、能力、品德、态度等精神因素),也包括对外部条件(环境)的改造。

第六,学校即社会。成年人控制儿童教育的唯一方法是控制他们的生活环境,学校正是这样一种特殊的社会生活环境。学校应具有社会生活的特点,学校中的课程不应着眼于文字科目,而应着眼于儿童的生长及现在的生活经验,教学应从儿童现在的直接经验开始。但是,学校又不能完全等同于外部社会,而应该是一种简化的、净化的和平衡的社会环境。

第七,做中学。"做"是人的本能活动。传统教育的"三中心",仅仅以书本的知识、课堂上的讲授和教师主导作用为教学的中心,而把真正的"中心"——儿童抛在了一边。杜威说:"人们最初的知识,最能永久令人不忘的知识是'关于怎样做'的知识。"②因此,教师应当遵循儿童获取知识的"自然途径",为学生提供一定的环境,使学生"由做事而学习"。杜

① 【美】杜威.民主主义与教育[M].王承绪,译.北京:人民教育出版社,2001:97.
② 【美】杜威.民主主义与教育[M].王承绪,译.北京:人民教育出版社,2001:201.

威把“做中学”的方法又称作“教儿童生活”的方法。

2. 实学的教育理念

实学是兴起于我国明清之际的儒家哲学学说，针对当时学术界脱离实际、尚空谈说理的弊病，主张“经世致用”，关注社会事务，尝试把西方学术与中国传统学术结合起来，匡时济世。黄宗羲、顾炎武、王夫之都是著名的实学学者，其中，最为着力阐述实学教育理念的是清初实学家颜元。他培养了众多的学生，在毕生从事的教育活动中，提倡“习行”为主旨的教育理念。由于其弟子李塨的继承和发展，颜元的学说得以保存和流传，并形成当时实学中较为有名的“颜李学派”。

就教育目的而论，颜元十分重视培养能够治理国家的实用型人才。而这种人才需要通过学校教育培养。学校教育应定位在培养品德高尚，有真才实学的经世致用人才。他进一步指出，经世致用的人才分为两种：一种是综合素质高，能力全面的通才；另一种是学有专攻的专门人才。

教学方法方面，颜元提倡“习行”。所谓“习行”就是强调在教学过程中要联系实际，要坚持练习和躬行实践，唯有如此，学到的知识才是真正有用的。譬如学习音乐，即使熟读乐谱上百遍，也不如自己亲自练习演奏一番。不和自身的躬行实践相结合的知识是无用的。但是，“习行”并非完全排斥学习书本知识和听课，而是强调两者必须结合起来，尤其要在“习行”上下更多功夫，花更多精力。

课程设置方面，颜元主要采取道艺并重以经济为主的方针。他兴办的漳南书院设置了“六斋”（六门课程），包括文事、武备、经史、艺能、理学、贴括（科举考试）等课程。设置理学和贴括两门课程，是因为当时社会风气所迫，待风气好转则马上撤销。而其他课程均与社会实际事务联系紧密。颜元的课程设置无论是在广度上，还是在深度上，都远远超越了古代的“六艺”课程。除经、史、礼、乐等传统知识外，还把诸多门类的技术知识、军事知识正式列进课程，已经蕴含了近代课程的特征，可谓“新教育的雏形”①。

三、当代教育发展的主要理念

（一）基础教育的“基础性”理念

基础教育（basic education）亦称“国民基础教育”，是对国民实施基本的普通文化知识的教育，是培养公民基本素质的教育，也是为继续升学或就业培训打好基础的教育。② 2001 年颁布的《基础教育课程改革纲要（试行）》从课程的角度指出：“新的课程体系涵盖幼儿教育、

① 白莉民.西学东渐与明清之际教育思潮[M].北京：教育科学出版社，1989：113.

② 顾明远.教育大辞典[Z].上海：上海教育出版社，1998：1482.

义务教育和普通高中教育。”[①]这也间接地对我国基础教育的跨度进行了界定,即幼儿教育、义务教育和普通高中教育均属于基础教育的范畴。

毫无疑问,基础教育在整个国民教育体系中具有举足轻重的地位,因为它在很大程度上决定了全体国民的“基本素质”,从而决定了一个国家劳动力或公民的基本素质,决定了这个国家经济发展后劲的大小、政治生活的理性化水平以及文化创新潜力的大小,最终从总体上或根本上影响或制约这个社会和国家的未来发展。然而,迄今为止,人们对基础教育的“基础”内涵依然存在不少认识模糊的地方,因此有必要对这一内涵进行理论上的澄清,以帮助教育者更好地理解基础教育的基本含义。

当前,关于基础教育改革与发展的争论有很多,这些争论中许多都涉及如何理解基础教育的“基础性”含义。一种比较普遍的观点认为,基础教育的“基础性”首先指的就是“基础教育要为学生的未来发展或终身发展打基础”,也有的人将其简单地阐述为“学生发展的基础”或“学生的基础性发展”。[②] 这种认识是正确的,甚至可以说是毋庸置疑的。但问题是,怎么来确定这种“基础性”的内涵与外延?也就是说,究竟哪些东西才是学生未来发展或终身发展的基础?在这个问题上,不同的人强调的侧重点有些不同。

1. 基础教育的“基础”是“基础知识”

有人坚持传统的观点,认为在所有的学习内容中,最重要的是“基础知识”,既包括基础性的自然知识,也包括基础性的社会知识和人文知识,既包括一些基本概念的习得,也包括对一些基本命题、原理、公式、事实以及事件的掌握与理解。

2. 基础教育的“基础”是“基本方法”

有的人从当代知识激增的态势出发,认为这些基础性的知识在当今已经不足以构成学生未来发展或终身发展的基础,因为它们可能很快就会老化、过时或得到新的发展。这些人提出,对于学生的未来发展或终身发展来说,最重要的是掌握知识的本领或方法,简称“基本方法”。当前教育界流传的“授之以鱼,不如授之以渔”的说法就是这种观点的反映。

3. 基础教育的“基础”是“基本态度与价值观”

还有的人认为,在当今这个时代,对于学生的未来发展或终身发展来说,最重要的既不是“基础知识”,也不是“基本方法”,而是“基本态度与价值观”。这些人论证说,当前社会对基础教育最不满的并不是由于学校没有很好地传递基础知识或训练基本方法,而是因为学校在培养青少年学生基本态度与价值观念方面取得的成绩不能令人满意。所以,基础教育应该侧重培养学生一些基本的、积极的学习和人生态度与价值观念,如自信、自立、合作、宽容、友善、同情、乐于助人、责任感、爱国主义,等等。

4. 基础教育的“基础”是三者的综合

也有人持一种综合的观点,认为这三者共同构成了学生未来发展或终身发展的基础,即基础教育的“基础性”体现在学生发展方面既包括“基础知识”的掌握,也包括“基本方法”的

① 教育部.基础教育课程改革纲要(试行)[N].中国教育报,2001-07-27.

② 石中英.如何理解基础教育的“基础性”[J].人民教育,2005(24):11-12.

训练,还包括"基本态度与价值观"的养成,三者缺一不可。这三个基础彼此之间不是并列的关系,而是相互交融、相互支持的关系。

对学生而言,基础知识的掌握与基本方法的训练是不可分割的,重视基础知识掌握的人必定重视基本方法的训练,否则学生就不可能有很高的学习效率;重视基本方法训练的人也必定重视基础知识的掌握,不能为方法的训练而训练。而且,对某种学习方法的掌握与理解不结合具体知识的习得也是不可能的。不仅如此,当前所强调的基本态度与价值观的养成也离不开基础知识的掌握与基本方法的训练。从理论上看,人类对于万事万物的态度以及价值评价或判断,都不是出自本能,而是出自对万事万物的认识与了解。没有对万事万物的基本认识和了解,就谈不上正确的态度或价值观念。例如,如果学生对于自然没有起码的认知,就不会产生正确对待自然的态度。他们只有了解了自然与人类生存之间休戚与共的关系,才能对自然充满感激和敬畏,并由此产生保护自然就是保护人类自己的价值判断。他们只有应用一定的方法亲自去发现人类活动对自然造成的破坏以及反过来给人类自己带来的灾难,才能更深刻地体验到保护自然的意义和责任,并自觉地同一切破坏自然的行为作斗争。

不过,三者之间的统一,并非指在每堂课上都要致力于实现这三种基础性的发展目标。众所周知,课有不同的课型:有的是知识性的课,以新知识的传授和掌握为主;有的是方法性的课,以方法的应用与训练为主;有的是实践性的课,以学生经验的反思和态度的养成为主。在一节课中,不同阶段的任务也不一样。因此,在每一节课上都均匀地实现三种基础性的发展目标的意图是不现实的,也是违背基础教育常识的。

就这三种基础性发展目标实现的紧迫程度来说,恐怕基础知识的掌握是最紧迫的,如果学生不掌握这些基础知识,就不能或很难进入下一步的学习,就会导致未来学习或发展的困难。基本方法的训练比较起来不是一蹴而就的,往往需要一定频次的训练,而基本态度与价值观的养成也难以在短期内实现。所以,教师在每一节课上,还是应该高度重视基础知识的掌握,基本方法的训练要兼顾,基本态度或价值观念的养成要持之以恒。否则,学生表现出来的态度倾向或价值观取向很可能是虚假的,而不是真实的。一些课堂实践中出现基础知识掌握、基本方法训练与基本态度与价值观念"三张皮"的现象,在很大程度上就反映了上述问题。

案例链接 2-2

课堂教学拒绝价值失衡①

在新课程理念的指导下,当前的语文教学取得了一定的成绩,以学生为本的思想得到充

① 王树声.课堂教学拒绝价值失衡[N].中国教育报,2008-11-28(6).

分体现。然而，在课堂教学中也出现了一些不容忽视的失衡现象。

一、价值取向失衡

尊重学生对语言材料的独特体验，已经成为广大语文教育工作者的共识。但是，我们必须清醒地认识到，独特体验必须以尊重学科的基本事实为基础，必须注意教学内容的价值取向，不能只是为了鼓励学生而一味地迁就他们作脱离事实的假设与判断。

[课例 1]《丰碑》教学片段

师：军需处长是个什么样的人？

生 1：我认为他不是一个称职的军需处长，因为他也是这个部队中的一员，解决了别人的棉装，却没有解决自己的棉装。

师：你是这样理解的，请坐。

生 2：我也觉得他是一个不合格的军需处长，因为最重要的是生命，他连自己的生命都保护不好，怎么保护别人呢？

师：这是你的体验，有点道理。同学们对军需处长是一个什么样的人发表了自己的见解，大家谈得很好。下面我们继续学习……

案例中，两个学生的陈述似乎有一定道理，但这种"道理"背后的实质是学生并没有真正理解文本的内涵，游离了文本的价值取向。此时教师不能无原则地迁就学生，任其渐行渐远，而应该把学生的注意力引导到对文本内涵的理解上来，联系上下文进行整体感悟，从而让学生深切地感受到军需处长灵魂的伟大。

[课例 2]《三打白骨精》教学片段

师：请同学们自由阅读课文，读完后说说你心中的憎恨、同情、敬佩等感受。

生 1（大声地）：我非常敬佩白骨精，因为她一次次失败，却没有被困难吓倒，继续努力，不泄气。

师：哦！一次次努力，是干好事还是干坏事？

生 1（不好意思）：当然是干坏事了。

师（笑）：干坏事不泄气，那坏事岂不是越干越多了？

（该生笑，似有所悟。）

学生对文本做出多元解读，在一定程度上是社会现实在头脑中的客观反映。他们的体验可能是积极的，也可能是消极的。白骨精狡猾善变，如果狡猾的行为被视为聪明来欣赏，丑恶被当作努力来敬佩，那学生就无法正确识别现实生活中的假、冒、骗的丑恶行为了。案例中，教师在学生畅所欲言的基础上，不失时机地轻轻点拨，不露痕迹地引导学生获取了正确的价值取向。

二、教学资源开发失度

新课程提倡"用教材教而不是教教材""教师是课程资源的开发者"等理念，使教师享有了课程资源开发的自主权，但这绝不意味着教师可以随心所欲地对文本进行拓宽。

初中语文教材有一篇文章叫《珍珠鸟》，文章主要通过珍珠鸟与作者的友好相处揭示出"信任往往创造出美好的境界"。同时，文章还暗含着生态和谐的深厚意蕴。有位教师在上该课时，随着教学进程的推进，给学生讲了一则狼救人的故事，并最后得出结论：动物也会恪守生存的法则，只要人信任狼，狼就会帮助人，使人们脱离险境。

故事讲得很精彩、很动人。可经不起推敲的是，故事与文本有多大关系呢？显而易见，这位教师在挖掘课外课程资源和选择背景材料时，缺乏课程目标意识、资源意识和生本意识。

三、情感体验失真

体验是学生学习方式更新的一个重要特征。可是，有些教师在课堂教学中，有将体验扩大化的现象，为了体验而体验，致使体验失真。

[课例 3]《槐乡五月》教学片段

师："熏醉"是什么样的感受？

生 1：被熏得像喝醉酒一样。

师：对！

生 2：槐花香把小朋友熏得就好像醉倒一样。

师：说得非常好！让我们表演一下被槐花香熏醉的场面，好不好？

生：好！

师（拿来槐树模型）：同学们，这是槐乡的一棵槐树，谁来站在它底下被熏醉一下？

（生 3 站在"槐树"旁，望着"槐花"，闭上眼睛。）

师：同学们，他有点醉了，但还醉得不够，谁再来。

（生 4 来到槐树底下，使劲嗅了嗅，然后摇晃着倒在了地上。）

师：这才是真正的醉呀！同学们，让我们一起被熏醉吧！

（生齐站起，不约而同地嗅了嗅鼻子，然后趴在桌子上，或仰卧在后面的课桌上。）

在上述案例中，学生对"醉"字的理解有误。这里的"醉"并非醉酒之醉，因而也更无失去知觉般醉倒在地之理。学生"醉"的情感表现，是在教师指挥下的装模作样，绝非真心流淌、真情流露。教师非但没有进行正面引导，反而还大肆表扬，可以说教师本人对文本也没有真正理解。

案例论坛

1. 教师在课堂上如何避免使价值引导演变为生硬的灌输？
2. 课堂上如何保证教学资源与教学目标的一致性？
3. 课堂上如何使学生准确地把握情感体验？

（二）国际教育发展的新理念

国际教育发展的新理念主要是指 20 世纪 80 年代至今影响国际教育发展和改革的新理念。这一时期，人类社会从工业社会全面向信息社会转变。信息社会被看成是现代化的第二个阶段，或称为后现代社会，缘起于 20 世纪 50 年代，其基本特征可以概括为信息化、智能化、国际化、未来化,知识经济是信息社会的核心,以知识传递和生产为基本任务的教育逐渐成为社会的支柱事业。这些社会变化特征在20世纪八九十年代开始深刻影响教育,不仅改变了教育手段和教育组织形式,而且对教育带来了全方位的影响。在此仅依据最根本的、最先进的、最新的、最普适的标准对一些教育理念进行介绍,以供参考。

1. 终身学习的理念

"活到老,学到老",终身学习理念是一个发源于古代,在人类历史发展的过程中不断丰富,而在20世纪六七十年代开始得到明确提倡的教育思想。终身学习(教育)一经提出,就成为影响世界各国社会发展和教育理论与教育实践最为深刻、最为广泛的教育理念。

(1) 终身学习诞生的背景

法国教育家保罗·朗格朗1965年在联合国教科文组织"第三次促进成人教育国际委员会"上,首次以"education permanente"为题作了学术报告,并于1970年写成并出版了其代表作《终身教育引论》,影响巨大。该理念随后在联合国教科文组织的历次会议上的不断讨论与阐释中日益发展、丰富起来。1972年,国际教育发展委员会主席埃德加·富尔主持撰写了著名的调查报告书《学会生存——教育世界的今天和明天》,被誉为"当代教育思想发展的里程碑"。该书建议各个国家按照终身教育的原则全面革新现存教育,强调终身学习(lifelong learning)和学习化社会。1973年,联合国经济合作与发展组织出版了它的研究报告书《回归教育为终身教育的战略》。这三本书被认为是20世纪70年代终身教育最重要的文献,迅速被世人广泛接受并运用于指导教育改革的实践。终身教育思想到了20世纪末又得到新的进展。1996年,国际21世纪教育委员会主席雅克·德洛尔向联合国教科文组织提交了《教育——财富蕴藏其中》的全球性教育报告,结合21世纪的时代特点将终身学习理念进行了全面和深入的阐释。

上述背景分析说明,终身学习理念是在终身教育理念基础上发展而来的,二者有着本质上的联系,但在内涵上也有着根本的差别。人们通常狭隘地将终身教育理解为正规学校教育的延伸、职后教育或者社会教育,而终身教育的倡导者强调的终身教育是贯穿人的一生、各种形式各种类型的、促进人的身心发展的所有教育机会的总和。它打破了传统单一的、阶段性的学校教育而服务人的一生的旧观念,把"学到老"的理想变成现实的保障,通过理念的确立和制度的构建有机整合所有的教育阶段和教育类型,建立终身教育体系,保障每一个人在其一生中都有接受他所需要的任何教育的机会。终身教育在教育目的、教育体制、教育内容、教育时空等诸多方面都与现存教育有着极大的区别。

相比于现行教育,终身教育具有新的特性:①

① 现在的教育体制把教育限制在人生的某一时期(青少年时期);终身教育是通过全部生涯进行的。

② 现在的教育体制注重学习抽象的知识;终身教育进行智育、情绪、审美、职业、政治、身体等多面性的教育,并从整体上寻求其具体的联系。

---

① 【法】朗格朗.终身教育引论[M].周南照,陈树清,译.北京:中国对外翻译出版公司,1985:53-157.

③ 现在的教育体制将职业教育同一般教育、正规教育同非正规教育、学校教育同校外教育、文化同教育等各种教育活动分隔开来；终身教育考虑人格的全部及其有机的发展，谋求各种教育之间的联系和综合统一。

④ 现在的教育体制立足于将积累起来的已知信息传承给下一代，并以此为教育目的；终身教育立足于形成知识、理性、人格的辩证法观点，认为人是在不断探索中展开教育活动的时间性的存在。

⑤ 现在的教育体制通过教育性的规章制度及外部强制手段，使学生以学习已有文化为重点；终身教育尊重每个人的个性、独立性和特殊风格，重视让学生自发、自主、不断地发展。

⑥ 现在的教育体制把教育视作传授文化遗产的手段；终身教育认为自我的不断发展过程就是教育，将教育视为成长的手段。

⑦ 现在的教育体制使教育成为筛选人的工具；终身教育认为学生未成熟时期只限于一次的挑选是无益的和有害的，希望他们在一生中的各个阶段都有机会充分发挥自己的才能。

⑧ 现在的教育体制将教育限定在中学、大学、专门学校等故意分离开的领域中；终身教育把教育扩大到朋友、家族、工作岗位、教会、政党、工会、俱乐部等与人们实际生活有关的各种环境中。

⑨ 现在的教育体制在教育媒体和训练上都设置一定的阶梯；终身教育选择教育机会时，只是看现有环境中是否有可能利用的媒体，以及是否适合个人和社会能力等，认为这是唯一的决定因素。

⑩ 现在的教育体制认为教育只能由社会中的一部分人——教师来实施；终身教育认为，根据时间和情况的不同，可由社会的不同部门提供教育机会。

朗格朗提出终身教育思想之后，在国际上引起巨大反响，人们在其基础上对终身教育进行了进一步的阐释和发展。富尔在《学会生存——教育世界的今天和明天》强调两个基本观念：终身学习和学习化社会，认为不断地学习是未来社会人的基本生存方式之一，因此要按照终身教育的原则重新考虑原有的教育体系，构建新的学习环境，达到一个学习化社会的境界，人们只有“学会学习”，才能“学会生存”。朗格朗也一再重申：对于所有的人来说，现代社会除了来自年老、疾病、交往、职业、政治、宗教等一系列挑战外，又增加了一系列新的挑战，而这些挑战在很大程度上改变了决定个人和社会命运的条件，这些挑战包括以下九个方面：世界各方面变化加快；人口增长及人的寿命的延长；科学知识和技术的进步；政治方面的挑战；大众传播媒介的迅速发展而带来的社会信息化；人们拥有越来越多的闲暇时间；生活模式和相互关系的危机；人对自身认识的日益科学；思想意识形态的危机。为了迎接以上的诸多挑战，教育应该帮助人们去创造发明；引导人类去想象、冒险和从事各种各样的研究；使人类接受对自己的信念、态度和知识必须不断地提出怀疑的地位……为此，教育必须在它的具体目标、内容和方法上不断进行更新。这就需要确立学习者的中心地位，树立终身学习的理念，并以此为指导改革学校教育，提高学习者的终身学习能力，为学习者提供多样化的学习机会和丰富的学习环境。①

（2）终身学习理念的基本内容

可见，终身教育是应对日益变化的学习化社会最有效的教育改革，而终身学习是现代人应对社会变迁的最有效方式。终身教育体系的构建和每个人的终身学习理念的确立是构建学习化社会的两个保障。终身学习突出强调的是学习者不再是过去的被动接受教育者，而是把学习与自身的生活、成长整合起来，让自己成为学习的真正主人；把学习贯穿于人生全程，超越学校围墙；把学习不再看作一时一地的事，而是人的一种社会生活方式。归纳起来，终身学习理念的基本观点有如下几方面：

① 终身学习的目标。终生学习的目标主要体现在两个方面：一指培养个性和谐、适应未来变化的终身学习者；二指通过个人个性和潜力的和谐实现以促进社会民主与和谐发展，使社会在全体成员不断学习的基础上更加快速、有效、和谐和圆满地得到发展。

为了适应这样一个不断变化的社会，终身学习必须建立在以下几个支柱的基础上：

学会认知——其途径是将掌握足够广泛的普通知识与深入研究少数学科结合起来。这也就是说学会学习，以便从终身教育提供的种种机会中受益。

学会做事——以便不仅获得专业资格，而且从更广泛的意义上说，获得能够应付许多情况和集体工作的能力。这还意味着要在青少年的各种社会经历或工作经历范围内学会做事；这类经历技能因地方或国家的具体情况而属于自发性的，也可能由于学习和工作交替进行的教育的发展而属于正式的。

学会共同生活——其途径是本着尊重多元、相互了解及平等价值观的精神，在开展共同项目和学习管理冲突的过程中，增进对他人的了解和对相互依存问题的认识。

学会生存——以便充分地发挥自己的人格，并能以不断增强的自主性、判断力和个人责任感来行动。为此，教育不应忽视人的任何一种潜力：记忆力、推理能力、美感、体力和交往能力等。

学会关心——要求年轻一代超出狭隘的自我世界，逐步关心他人、其他物种、国家和社会的经济和生态利益、全球生活条件等，增进个体和集体的可持续发展。

② 终身学习理念确立的途径。终身学习理念的确立关键在于学习者的主体性、主动性、自觉性，但这个理念不是学习者自发形成的，需要整个学习化社会的优良环境，需要高质量的终身教育体系来保障和实现，更需要高质量的教育者的指导和帮助。因此要重新考虑原有的教育体系，达到一个学习化社会的境界。这需要社会、个人、学校的合力才能实现，而学校是主要的途径。②

终身学习不是学校教育的延伸或者成人教育，而是包括个人一生中家庭、学校、职场、社会在内的整个教育过程：家庭是一切教育的第一场所，每个人都会在其所属社区的社会环境

---

① Roger H., Burt S. Individualizing Instruction: Making Learning Personal, Empowering, and Successful. San Francisco: Jossey-Bass, 1990 http://www-distance.syr.edu/iiindex.html.

② 联合国教科文组织.学会生存：教育世界的今天和明天[M].华东师范大学比较教育研究所译.北京：教育科学出版社，1996：76.

中学习，职业界也为工作者提供了一个良好的教育环境，闲暇时间的增多有助于每个人的自由消遣和发展。每个人在任何时间和地点都能生动地了解世界、了解他人和了解自己。终身学习符合现代教育民主要求，它有助于每个人在迅速变革的世界上更好地掌握自己的命运，而且终身教育体系也更能够体现教育机会均等的原则。

③ 对终身学习理念的评价。自终身教育思想正式提出到终身学习理念发展以来，在国际组织的持续推动下，已成为世界各国制定政治、经济、文化与教育的有关方针和政策的主要指导思想。许多国家将“终身学习”列入本国21世纪教育发展重点，通过报告或立法的手段促进学习化社会的顺利构建。如20世纪90年代，欧洲联盟共发表了3份与终身教育有关的白皮书，并特定将1996年定为欧洲终身学习年，推出《教与学——迈向学习型社会》的白皮书。我国1995年《教育法》明确要建立和完善终身教育体系，1998年《面向21世纪教育振兴行动计划》也提出要在2010年基本建立起终身学习体系。

瑞士的赫梅尔评论说“可以与哥白尼学说带来的革命相媲美的终身教育概念的发展，是教育史上最惊人的事件之一。”①终身学习从一个更广阔的社会背景上论述未来“学习化”“教育化”的社会形态与构建，以及在这样一个社会中的教育革新，这种对教育的全新阐释拓展了教育的内涵和外延，冲击了学校教育的垄断地位，促进了各种教育形式的发展，强化了每一个人的学习主体性、主动性、终身性和个性。尽管终身学习理念提出后引发了教育领域广泛而深刻的革命，但迄今为止还没有获得所有人的广泛认同，也没有一种切实可行的实施方案，其完全的实现有赖于不断的理论和实践探索来解决。

2. 全民教育的理念

人人接受教育一直是人们对理想社会的憧憬，但一直未能实施，直至西方发达国家逐步普及义务教育促进社会发展才取得显著成效，第二次世界大战后该理想成为国际人权的基本内容，但随后的社会飞速进步并没有保障这一理想变成普遍的现实，于是全民教育理念发展起来作为保障人民教育权利实现的指引。

（1）全民教育产生的背景

在古代社会中，教育一直是少数人的特权。资产阶级革命开始从天赋人权的角度提出人人有受教育发展自己潜力的权利，促使各国纷纷把教育从教会和私人手中接管过来。从此，发展世俗的、公共的、强迫的、免费的义务教育和广泛的公共教育开始成为各民主国家的基本追求，并被逐渐写进各国法规。第二次世界大战使人们重新审视国家发展与国际环境的关系，也使教育日益超越国家的界限成为国际问题。1948年联合国大会通过《世界人权宣言》就提出了维护人权的承诺，其中规定“人人都有受教育的权利，教育应当免费，至少在初级和基本阶段应如此”，明确教育权是实现政治权、经济权、社会权的基础。

尽管有关国际组织为此做出了数十年不懈的努力，但到20世纪80年代末，并没有实现人人接受“至少初级或基本阶段教育的权利”，全球仍有近10亿成年人文盲；有近1亿儿童，其中包括6000万女童没有机会接受初等教育。人类赖以生存发展的基础教育在世界范围

① 【瑞士】赫梅尔.今日的教育为了明日的世界[M].王静，赵穗生，译.北京：中国对外翻译出版社，1983：22.

的现实与人们良好的愿望相去甚远,这严重阻碍了人类和平与发展的步伐。1990 年,联合国教科文组织、联合国儿童基金会、联合国开发计划署和世界银行等国际机构在泰国宗迪恩联合召开了首届世界全民教育大会,180 多个国家和地区的政府代表团通过了《全民教育宣言》,提出了在 2000 年普及基础教育和扫盲的目标,世界全民教育计划开始正式启动,表明全民教育开始从人权理想变成指导世界教育改革实践的教育理念。

(2) 全民教育理念的基本内容

① 全民教育的内涵。教育权是联合国的核心使命,也是联合国宪章授权的中心部分。全民教育的核心和灵魂是完全的教育机会平等,保障世界上每一个人的教育权利的实现,也就是说人人接受教育,教育面向一切人。宗迪恩大会明确全民教育不仅是一个国家的教育目标,也是实现政治民主、经济发展和社会进步的基本指标,更是人类文明的共同基础,是联合国国际合作的主要任务。针对当前社会发展水平和经济能力,全民教育应该从普及基础教育开始,逐渐延长受教育年限。在现阶段,全民教育的基本内涵是:普及初等教育、扫除成人文盲,这不仅依靠国家内部力量的强化,也需要国际力量的监督和协助。

② 全民教育的目标。经过 10 年的努力,近 200 个国家和国际组织于 2000 年在塞内加尔首都达喀尔举行了世界全民教育的回顾,发现情况不容乐观,宗迪恩大会提出的“在 2000 年普及基础教育和扫盲的目标”并没有实现。于是经由“全民教育行动论坛”通过了行动纲领,核心内容就是在 2015 年,要求在全民范围内实现免费初等义务教育。达喀尔会议确定了六大目标。目标一:扩大和加强整个幼儿保育和教育工作,尤其是最易受伤害和处境不利儿童的保育和教育工作;目标二:确保到 2015 年所有儿童,尤其是处境困难的女童和少年和少数族裔女童和少年,都有机会免费享受良好的初等教育;目标三:确保所有青年都有机会参加传授实用知识和生活技能的课程;目标四:到 2015 年使成人(尤其是妇女)的识字水平提高 50%,并使他们在接受基础教育和进修教育方面享有平等机会;目标五:到 2005 年消除初等教育和中等教育中的性别差异,到 2015 年实现性别平等,特别要关注确保女童在获得高质量基础教育上具有完全而平等的机会;目标六:全面提高教育质量,使全民教育在认知的、可测量的学习结果上取得重大成效,这主要体现在识字、计数和必要生活技能的掌握上。随后,联合国教科文组织要求世界各国每年提出六大目标 18 个具体评估指标的基础教育监测报告,以监测全民教育目标实施的状况。①

③ 全民教育的本质。第一,全民教育理念不仅是教育问题,更是发展问题。全民教育从宗迪恩大会提出普及初等教育、扫除文盲到达喀尔大会提出包括从幼儿到成人教育的广泛范畴,不仅关注免费初等教育数量的充足而且关注教育质量的良好,不仅关注处境困难者的教育机会保障而且关注所有教育的男女平等,不仅强调教育的发展而且强调政治民主、经济发展和社会文明,表明全民教育的内容已日益丰富。受教育已成为个人生存与社会发展的重要条件和前提基础。第二,全民教育理念不仅是人权理想问题,更是实践法理问题。从天赋人权到世界人权宣言的提出再到全民教育的实践,教育权已经从一种自然权利发展为

① UNESCO.Education for All-EFA[R/OL].http://www.unesco.org/education/efa/ed for all/background document.shtml.

法律权利;从一种不平等的特权发展成为普遍的平权;从个人权利发展成为民族的、国家的乃至全人类的共同权利。全民教育把人人接受教育的理想通过各国签署的全民教育行动纲领和监测指标变成可操作、可监督、可实行的发展指标,把理想的口号转化为各个国家在政治、经济、发展、道德等方面对实现全民教育各个目标的承诺与保障。如 2005 年《中国全民教育国家报告》提出:为了更好地落实《达喀尔行动纲领》确定的各项目标,中国政府对 21 世纪初教育发展进行了全面部署,从加快农村教育发展、推进成人扫盲工作以及消除性别差异等三个方面切实推进了全民教育的发展。2010 年我国的农村地区实现免费义务教育,2015 年全国普遍实行免费义务教育。[①] 第三,全民教育理念不仅是教育普及问题,更是教育公平问题。全民教育理念强调的是保障人人接受教育,普及初等教育和扫除文盲,特别关注处境不利者的教育(这个内容逐渐发展为全纳教育(Inclusive Education),即所有学生应该在同样的学校学习)。其核心是教育公平,包括城乡间的教育公平、地区间的教育公平、学校间的教育公平、学校内的教育公平、男女性别间教育公平,也包括入学机会的公平、教育过程的公平、教育结果的公平,等等。

(3) 对全民教育理念的评价

全民教育理念不仅是国家问题,更是个人问题。全民教育理念首先对国家保障教育机会的提供提出了规范,同时对教育工作者、家长、学生的教育权利实现提出了要求。只有全民教育主体的广泛参与,才能真正实现全民教育的各项目标。对教育工作者而言,更要确立全民教育理念,有教无类,促进教育的普及和质量的提高,使人人接受平等的教育而提高生存与发展能力、政治参与能力、社会适应与改造能力,从而实现广泛的人权,促进国家的发展与社会的进步。

案例链接 2-3

普及到边缘化群体[②]

在《达喀尔行动纲领》中,各国政府保证“有明确对象和能够灵活地满足最贫穷和最受排斥的人的需要与情况”。但许多政府并没有实现这一承诺。不解决与财富、性别、种族、语言、残疾和其他弱势因素有关的结构性不平等和不平等的权力关系,全民教育进程就会受阻,更广泛的社会排斥也会加剧。各国政府都应当把消除教育边缘化或极端和持续弱势问题作为政策的重中之重。

本报告确定了遏制边缘化的三大套政策。这些政策可以视为全纳教育三角图的三个顶点:可获得性与可承受性、学习环境、权利与机会(见图 2-1)。三个顶点的作用主要在于:

---

① 中华人民共和国教育部.中国全民教育国家报告[R/OL].http://www.tjae.cn/show.aspx? id=2332&cid=30.

② 资料来源:联合国教科文组织.2010 年全民教育全球监测报告[R].2010:28-30.

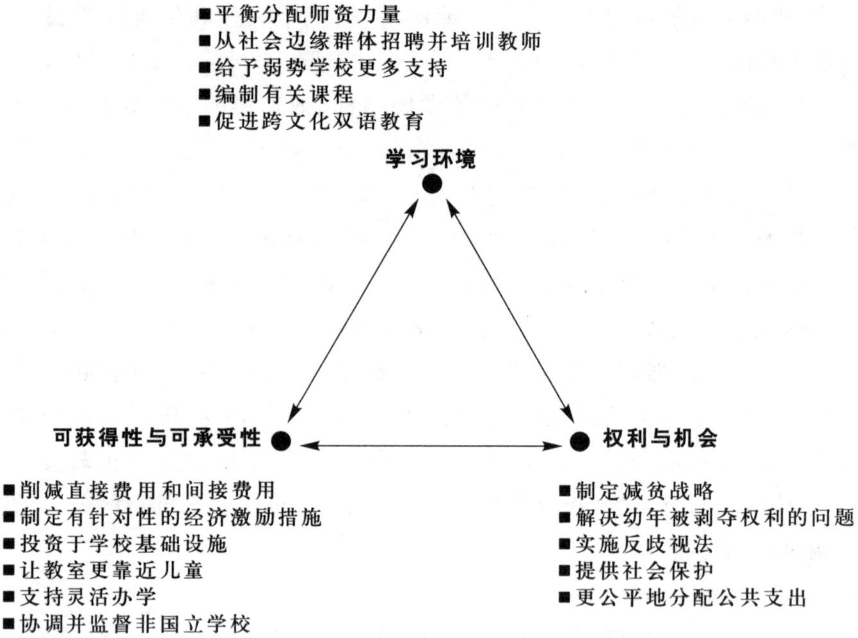

图 2-1　全纳教育三角图

(1) 可获得性与可承受性。在大部分有可能实现不了普及初等教育目标的国家中，拓展教育机会往往意味着降低费用门槛，使学校更贴近边缘化儿童。取消学费是向最贫困群体普及教育的必要措施，但是这还远远不够。各国政府还需要减少校服、课本等方面的间接费用和非正规费用。

(2) 学习环境。让边缘化儿童上学只是第一步。确保这些儿童接受高质量的教育也是对政策的重大挑战。因此各国政府要为边缘化儿童提供一个高质量的教育环境。

(3) 权利与机会。在教育领域能否增进公平，还取决于儿童在校外那种使边缘化久久难除的社会和经济结构中所经历的一切。应尽可能消除社会和经济结构对弱势群体带来的伤害。

案例论坛

1. 你认为实施全民教育的主要阻碍是什么？
2. 除了上述三大政策外，各国政府还可以从哪些方面推进全民教育？
3. 全民教育对我国推进教育公平有何启示？

3. 国际理解教育的理念

随着全球化时代的到来，教育国际化、教育全球化成为教育发展的新趋势，国际理解教育（education for international understanding）越来越作为世界各国教育改革的主要内容而受到广泛重视。

(1) 国际理解教育理念形成的背景

两次世界大战带来的灾难促使世人重新审视国际秩序以及国与国之间的关系,1946 年联合国教科文组织成立之时就首次提出国际理解教育。通过对两次世界大战的深刻反省,认为人类的相互理解和尊重是消解对立和仇视、实现和平的有效方法,由此建议在各国学校教育中实施国际理解教育。联合国教科文组织自身也通过选定和指导国际理解教育合作学校(以下简称"合作学校")、实施教师培训、推行相关教育项目等积极宣传国际理解教育理念。同时,该组织也因应世界局势的发展变化,在各历史时期不断丰富、完善国际理解教育。

联合国教科文组织所倡导的国际理解教育历经三个发展阶段。第一阶段为 1946 年到 1974 年,其主要目标是各主权国家间的相互理解、国际合作、促进国际社会的和平。这个时期尚处于摸索阶段,名称也先后经过世界公民性教育、在世界共同体社会中生存的教育、国际理解与合作的教育、国际理解与和平的教育等诸多变化,而且也未能明确具体的内涵。第二阶段为 1974 年到 1994 年。1974 年,联合国教科文组织第 18 届大会通过《关于教育促进国际理解、合作与和平及教育与人权和基本自由相联系的建议》,提出国际理解教育不应只停留在主权国家间的理解和合作上,必须认识到世界各国在人口、粮食、资源、环境、能源等问题上的相互依赖性,应加强学生的世界共同体意识教育。该建议开始使用"国际教育"(international education)称呼,后被部分国家所采用。此后,超越国家框架、具备全球意识的"世界公民"成为各国国际理解教育的新议题。第三阶段为 1995 年至今。1995 年,联合国教科文组织第 28 届大会通过《和平、人权、民主主义的教育——综合行动纲领》,将民主、人权、自由视为人类必须坚持的价值原则,在此基础上试图探索人类的共同价值。同年,联合国在阐述终身教育中提倡的共同生活(living together)成为国际理解教育的新热点。许多国家成立国际理解教育学会定期召开国际研讨会,国际理解教育也越来越多地纳入各国的教育目标、教育内容、教育形式的改革中。

我国入世之后,对国际理解教育开始重视。自 2003 年起,在全国范围内指定 10 所"国际理解教育示范学校"进行试点,同时要求各市、教育厅积极开发"国际理解教育课程"并制定具体实施方案。

(2) 国际理解教育理念的基本内容

① 国际理解教育的含义。国际理解教育具有多义性,对其下一个理想的定义是比较难的。一般认为,国际理解教育是对呈现某一文化的人类群体的受教育者进行关于不同国家文化及国际组织的教育实践活动,主要通过学校的教学计划、课程或实践活动进行,并通过家庭、文化机构和各种传播媒体等社会教育途径开展,以引导这些受教育者获得丰富而又准确的国际知识,在培养其对本民族主体文化认同的基础上,尊重、了解其他国家、民族、地区文化的基本精神及风俗习惯,养成开放、平等、尊重、宽容、客观、谨慎的国际理解的态度与世界意识,学习、掌握与其他国家、民族、地区人民平等交往、和睦相处的修养与技能,形成有效的国际理解的认知、比较、参照、取舍、传播及外语运用、跨文化沟通等的能力,形成全球整体观、探讨全人类共同价值观念,增进不同宗教信仰和文化背景的民族、国家、地区的人民之间的相互理解与和睦共存,将事实上的相互依赖转变成为有意识的团结互助,促进整个人类及

地球上各种生物与自然和睦相处、共同繁荣与发展。

② 国际理解教育的基本观点。虽然联合国教科文组织致力于在世界范围内传播国际理解教育理念，但很少对其内容进行具体、系统的梳理。这一方面表明联合国教科文组织希望各会员国根据本国国情及其对国际理解教育的认识找到适合于本国的教育模式，另一方面也说明找到世界所公认的国际理解教育原则和内容并非易事。联合国教科文组织自创立以来，颁布了无数的国际规范，包括宣言、建议、决议、计划等，虽然在不同阶段有不同重点，但从中仍可以看到一些价值贯穿始终。亚太地区国际理解教育研究院就将国际理解教育的内容归纳为三大方面：一在知识领域，包括和平、人权、发展、环境、国际理解和不同文化理解、对国际机构的了解；二在态度领域，包括自我尊重，对他人的尊重，对生态环境的责任意识，对正义、和平的责任意识，开放的心态，同情的态度，共同体意识等；三在技能领域，包括批判性思维能力、解决问题的能力、合作能力、想象能力、自我主张能力、解决矛盾的能力、参与意识、沟通交往能力。

具体而言，国际理解教育理念主要涉及教育目标和教育内容的改革，包括以下基本内容：

第一，形成对本民族文化的认同，促进对多元文化的理解与尊重。国际理解教育首先要求学生对本民族文化的认识、理解、认同、弘扬，这是任何个人和民族在历史长河中了解自己从哪里来、往哪里去的终极关怀，增强民族文化的认同感和民族自豪感，塑造一种自信开放的民族心态，使学生认识本民族在世界发展中的地位以及与其他文化和民族的相对关系，在此基础上广泛了解、深刻理解并欣赏接纳各国文化的历史与文明，理解和尊重东西方文化之间的差异。

第二，形成全球化的胸怀与视野，促进人类和平与发展。国际理解教育要求拓宽学生的国际知识，了解全球的生态状况，认识世界，养成开放、平等、尊重、理性、谨慎的国际理解的态度，从而跳出狭隘的国家主义和民族主义观念，树立起“我是世界公民”的观念，始终把民族与国家的发展与人类的文明与进步紧密相连，最终促进人类和平与发展。

第三，理解世界各国相互依存的关系，提高共同生活的能力。在当今这个开放的信息世界，全球化进程进一步加深，“地球村”正在形成。国际理解教育就是要使青少年确立起人类相互依存、相互促进、共同提高的相互依存意识，使他们了解各国政治、经济、文化等的不同和联系及其对本国的意义，形成全面、准确地认知国外民族文化、进行跨文化对话交流的能力，理性地比较本民族文化与国外民族文化的能力，合理地参照、学习、引进外国文化、促进本民族文化发展的能力，有效地传播本民族文化的能力，提高与其他文化者和平共处、平等交往、相互促进的能力。

第四，尊重国际组织和国际基本法则，提高遵守国际公共秩序的意识。国际理解教育要培养青少年从小了解各种公认的国际组织，形成遵守国际基本法则和公共秩序的意识。人类历史的发展存在着一个从无规则到有规则、从无秩序到基本有秩序的过程。国际和平共处的前提就是每个人具有国际意识与规则意识。要使我们的国家和民族在地球村里有所作为，就必须使国民培养起了解、遵守国际组织及其规则的意识，学习按照国际规范程序积极参与国际规则和秩序的制定、维护、修改、运用，形成在一个国际环境中行使合法权利、获得合法权益的能力。

第五，关注人类生态等重大问题，促进人类的可持续发展。社会的可持续发展需要一个和平的国际环境，需要国际社会的沟通与合作。全球性环境的破坏、生态失衡、核毁灭的威胁、贫富差距等重大问题非一国之力可以解决，全人类必须携起手来保护共同享有的生存环境。通过教育来消除各国人民之间的偏见、失信和敌意的心理因素，建立起对和平、人权、公正、开发、环境等这些世界面临的共同、重大问题的积极态度与行为，促进人类的可持续发展。

(3) 对国际理解教育理念的评价

尽管联合国教科文组织在推行国际理解教育的过程中力求在全球范围内确立某些共同价值，但作为国际理解教育实施主体的各国，都从本国的政治经济制度、国际社会中的地位、实施国际理解教育的需要等角度出发，确定国际理解教育的目标与内容。随着近年全球化进程的加快，国际理解教育成为世界各国教育改革的新热点。例如通过教育培养具有国际意识和国际竞争力的国民、促进新移民与原居民之间的相互理解、保障国内公民的权利等。各国纷纷将这些新使命赋予国际理解教育，使国际理解教育更呈现出明显的多样化特征。尽管国际理解教育发展迅速，内涵不断扩展，但一直未能解决以下争议：是遵循联合国教科文组织精神，还是应对本国的国际化需要而展开？应将全球问题，还是国内的国际化问题作为其出发点？应该培养全球公民，还是合格国民为目标？应该关注留学生教育、异文化教育使之了解本国文化，还是注重广大本国学生理解外国文化和国际规则？应该注重将本土文化国际化，还是注重将国际文化本土化？这些争议一直是国际理解教育发展的困扰。

入世大大加速了中国的世界化进程，开始在各级教育中广泛开展国际理解教育，以期让中国走向世界、让世界了解中国，使中国在全球化环境中发展。教育在世贸组织中被列为服务行业，不论从中国人的世界化角度来看还是从教育行业本身的世界化步伐来说，我们都有必要树立国际理解教育的理念，积极探索中国特色的国际理解教育①。

4. 交往教育的理念

20 世纪初期杜威提出以学生为中心、作业为中心、活动为中心开始改变以教师为中心、教材为中心、课堂为中心的传统教学理论之后，师生谁为中心在理论和实践中的争论一直未曾中断。20 世纪中后期对教育关系的深入研究产生了交往教育的理念。

(1) 交往教育理念提出的背景

第二次世界大战后，随着第三次科学技术革命的发展，教学论中的技术主义倾向日益严重，但教学改革和教学成效并未有大的改观。为了弥补传统教学过于注重模式、方法、手段的缺陷，20 世纪 70 年代德国教学论专家舍勒和舍费尔、温克尔等首次探讨了侧重于师生关系的，或者说师生交往的教学论思想，引起其他一些教学论专家关注，逐渐系统化为交往教

① 温恒福.探索 21 世纪中国教育教学先进理念引论[J].教育探索，2002(1)：5-9.

育理论，又称为批判的交往教育学①。该理论迅速受到世界教学改革理论者与实践者推崇，成为指导世界教学改革的基本理念。

（2）交往教育理念的基本内容

① 交往教育理念的理论基础。交往教育理念吸收了批判哲学、交往心理学以及保罗·弗莱雷《被压迫者教育学》等批判传统师道尊严压迫学生、传承社会不公平的思想，把“解放”作为教学目标与手段，视教学过程为一种交往过程，提出了人际交往的永恒性、交往角色的确定性、交往地位的对称性与补充性、交往耗费的经济性、信息传递的可控性、交往价值的工具性与目的性等一系列交往公理。在此基础上提出了民主、平等、合作等师生交往原则。在这些交往公理和原则的指导下，交往教学论的信奉者与实践者建立了和谐、融洽的师生关系，有效地实现了他们所期望的人性解放与个性自由之目标。②

心理学对“交往”的研究，主要是一种事实研究，即弄清“交往”与发展的关系。维果茨基提出：人类所特有的心理机能不是从内部自发产生的，只能产生于人们的协同活动和人与人的交往中，人所特有的思维根植于社会的、历史的、文化的和物质的过程，教学这一特殊的交往形式引起、唤醒、启发了一系列内部发展过程。加德纳的多元智能理论，就单独把交往能力划分为一种智能。哲学对“交往”的研究，主要是一种价值研究，即强调人与人之间的一种应然的人道关系。哈贝马斯则赋予交往以全新的内涵：人并不仅仅是具有主体性的存在，而且也是具有“主体间性”的存在，“主体间性”正是在人与人的交往中形成的。③ 交往是人类活动的最基本形式，也是人最基本的精神需要之一。

② 交往教育理念的内涵。教育是在教育目的的规范下，师生围绕教与学进行的一种双边活动。教学交往具有以下含义：第一，教育交往是在教学过程中进行的，以具有一定意义的语言为中介的师生之间的相互影响、相互促进的活动，服务于教育目标。第二，教育交往的主体是教师和学生，它以人为对象，通过载有精神价值和情感态度的信息交流来实现师生之间的相互作用。第三，教育交往的内容既包括知识信息，也包括情感、态度、需要、兴趣、价值观念等方面的信息以及生活经验、行为规范等信息。第四，教育交往的功能是通过信息的交流实现双方互动，达到双方共识、共享、共进的。第五，教育交往的媒介有言语和非言语两种方式，又分为显性交往和隐性交往。

③ 交往教育理念的基本观点。交往教育理念的基本观点是：第一，交往教育批判了传统的教育观，强调教育的本质是交往。本真的教育是人与人之间灵与肉的交流活动。学习的过程并不仅是个体认识发生发展的过程，而是不断地与教师、与同学、与人类历史不断进行精神交往达成共识的过程。教学是人类交往的特殊形式。第二，交往教育批判了传统师生二元对立的师生观，强调师生的平等交往。师生关系是平等的人格关系，师生具有同等的人权，过分强调教师中心或学生中心都会造成不平等的师生关系。师生只有在民主的交往

① Critical Communication Pedagogy[OL].http://mingo.info-science.uiowa.edu/~stevens/critped/terms.html.

② 杨四耕.师生关系也是一种教学资源[J/OL].http://blog.cersp.com/17822/39900.aspx.

③ 兰玉萍，王有升.关注交往：教育学视界的转换[J].上海教育科研，2001(2):4.

中,才能解放人性,促进共同成长,形成适应民主社会的基本人格。第三,交往教育批判了传统师传生受的教学观,强调学生的主体性。学生的学习是通过一定的情境,借助教师或同学的帮助,利用必要的学习资源,通过主动的意义建构而获得的。良好的教学交往就是充分发挥学生的主体作用和教师的主导作用,使二者达到最完美的结合。第四,交往教育批判了传统的单向交往观,强调师生互动,更突出生生互动。以往的教学观念视教师是教学信息的发出者,学生是被动的信息接受者。交往教育不仅强调教师教与学生学的反应与合作的交互影响,更强调教学中学生的主动学习过程和学生同伴间的合作交往过程。第五,交往教育批判了单一的知识传授观,强调丰富的交往内容。教学过程是在继承和传播人类文化科学知识和智慧成果的同时,师生在互动与交往中实现着多种多样的视界融合,包括品质修养、智慧才能、情感体验、社会观念、人生价值和行为规范都是交往信息。第六,交往教育批判了传统的知识媒介观,强调丰富的交往媒介。师生双方的交往既包括显性交往(言语交往),又包括隐性交往(非言语交往)。师生的交往不仅只是信息的传递,更通过共同的活动、情感的交流、身体语言的感受等,达到知识和精神的丰富。第七,交往教育批判了传统的教育目的观,强调个体的独立性与交往能力。传统的教育目的观强调培养独立人或培养社会人。在教育交往实践中,一方面,个体在交往实践中学习知识,增长才干;另一方面,个体通过交往实践,学会与不同的人合作共处,感受人世间的真善美。

(3) 对交往教育理念的评价

交往教育理念在批判理论和交往理论的指导下,重新全面审视教育中的交往问题,是对交往哲学等现代社会科学知识的主动回应,也是对新的教学实践经验的科学总结;它针对传统教学模式中交往缺失与阻隔、教学目标单一等状况,以师生的生活世界为基础,提出"教学过程是一种交往过程",强调教学的教育性,把"解放"作为学生的最高目标,在教学过程中把师生关系作为一种重要的教学资源来认识和开发,解放每一个人的束缚,促进每一个人的主动发展,关注具体教学过程中如何加强师生、生生互动交往,强化学生经验、重构知能结构、学会社会交往方式,走向终身学习的道路。

拓展阅读

1. 于建福.基础教育新概念:素质教育[M].北京:教育科学出版社,1999.
2. 顾明远,孟繁华.国际教育新理念[M].海口:海南出版社,2001.
3. 王策三,孙喜亭,刘硕.基础教育改革论[M].北京:知识产权出版社,2005.
4. 扶斌.国际教育新理念及实践[M].成都:四川大学出版社,2006.
5. 袁振国.教育新理念[M].北京:教育科学出版社,2007.

专题三 学校教育:教育系统的主体构成

问题导读

1. 学校的产生和教育的产生有哪些共同之处和不同之处?
2. 如何认识学校教育的基本矛盾?
3. 正确理解我国基础教育学校的培养目标,应该把握哪些要素?
4. 当前我国学校教育制度的基本结构是怎样的? 存在的主要问题有哪些?
5. 学校文化的内涵包括哪些方面?
6. 如何看待我国当前的基础教育学校文化建设热潮?

学校是人类创设的有目的、有计划地传递社会文化的专门教育机构,是人类社会发展到一定阶段的产物。学校的出现,标志着人类教育活动开始进入一个自觉的历史时期。随着社会的不断进步,学校日益发展壮大为相对独立的教育系统,学校教育开始在三种教育形态中占据主导地位,学校文化也成为社会文化的重要组成部分。本专题首先从发生学的角度探讨学校教育的基本矛盾,介绍学校教育的培养目标,然后阐述学校教育系统的组织结构,最后讨论学校文化及其建设问题,为学习者提供相对完整的关于学校和学校教育的基本理论。

一、学校教育的基本矛盾与培养目标

自从学校产生之后,人类的社会生活便没有离开过这种专门的教育机构。然而,人们对"学校教育的基本矛盾是什么?"这一问题的认识至今仍是"仁者见仁,智者见智"。这种状况,又影响着人们对学校教育培养目标的理解。要正确认识学校教育的基本矛盾和培养目标,应该从分析学校的产生与发展入手。

（一）学校的产生与发展

学校的产生与人类知识的不断丰富之间有着直接的联系，也是人类社会生产和生活状况发生巨大改变的反映。

在原始社会末期，人类积累的知识日益丰富，原来的以口耳相传、手把手教为主的教育方式，已不能满足传递社会生活知识和社会生产知识的需要。这时，便产生了“胚胎形式”的学校，如母权制末期的“青年之家”、中国虞舜时代的“庠”、中国夏朝的“校”等。虽然这些机构有教育的功能，但却还不是专门的教育机构。严格地说，它们还不能被称为学校。

上述学校萌芽，伴随着人类社会经过了长期的发展，到了奴隶社会，才演变为真正意义上的学校。一般认为，学校的产生需要以下几个条件：①

第一，社会生产力水平的提高，为学校的产生提供了必要的物质基础。特别是随着生产力的发展而出现的剩余产品，使社会上的一部分人可能脱离生产劳动而专门从事教与学的活动。这是学校产生的前提条件。

第二，脑力劳动与体力劳动的分离，为学校的产生提供了专门从事教的活动的知识分子。这是学校产生的必要条件。

第三，文字的产生和知识的记载与整理达到了一定的程度，使人类的间接经验传递成为可能，为学校教育活动的开展提供了有效的教育手段和充分的教育内容。

第四，国家机器的产生需要专门的教育机构来培养官吏和知识分子来为统治阶级服务。

根据上述条件，一般认为，在公元前 3000 年左右，在世界上最早出现文字的地方，如中国、埃及、两河流域等地区，先后出现了最早的学校。但是对于学校出现的具体时间，研究者的见解并不完全一致。国外有人认为，世界上最早的学校是产生于公元前 2500 年的苏美尔学校，②而我国研究者认为，在我国的商朝，“学校已经产生也有确凿的证据”③。

以上所述，是指学校作为一种专门的教育机构的实体出现而言的。至于这种实体的称谓，在不同的历史时期则各不相同。在我国夏商周三代，“设为庠序学校以教之。庠者，养也；校者，教也；序者，射也。夏曰校，殷曰序，周曰庠；学则三代共之，皆所以明人伦也。”④从秦朝统一中国一直到清末，中国古代的学校经历了一个不断发展和完善的漫长时期，其发展概况如表 3-1 所示。

---

① 柳海民.现代教育原理[M].北京：人民教育出版社，2006：46；马健生.现代教育制度与思想[M].第 2 版.北京：高等教育出版社，2009：54-56.

② 【美】克雷默.最早的学校[G]//瞿葆奎，沈剑平.教育学文集・教育与教育学[M].北京：人民教育出版社，1993：256-262.

③ 毛礼锐.我国学校是怎样产生的？[G]//瞿葆奎，沈剑平.教育学文集・教育与教育学[M].北京：人民教育出版社，1993：266.

④ 刘俊田，林松，禹克坤.四书全译[M].贵阳：贵州人民出版社，1988：442.

表 3-1 中国古代学校发展概况①

<table>
<tr><th>朝代</th><th colspan="3">学校类型</th><th>教师</th><th>学生</th><th>学习内容</th></tr>
<tr><td>夏</td><td colspan="3">校、庠、序</td><td></td><td></td><td>以习射为主</td></tr>
<tr><td>商</td><td colspan="3">庠、序、学、大学(右学)、小学(左学)、瞽宗</td><td></td><td></td><td>六艺,教育初具形貌</td></tr>
<tr><td rowspan="4">周</td><td rowspan="3">国学</td><td colspan="2">小学</td><td rowspan="3">大司乐、乐师、师氏、保氏、大胥、小胥、大师、小师等</td><td>招收 10~15 岁的贵族子弟</td><td rowspan="4">“六艺”为基本教学内容,特别重视礼乐道德教育</td></tr>
<tr><td rowspan="2">大学</td><td>天子设立(辟雍、东序、成均、瞽宗、上庠)</td><td rowspan="2">招收 15~20 岁的贵族子弟</td></tr>
<tr><td>诸侯设立(泮宫)</td></tr>
<tr><td colspan="3">乡学(包括校、庠、序、塾等)</td><td>大司徒、小司徒、乡师、乡大夫、州长、党正、父师、少师等</td><td>招收奴隶主和庶民子弟</td></tr>
<tr><td>春秋</td><td colspan="3">官学衰落,私学兴起</td><td>士</td><td>贵族及平民子弟</td><td>形式多样,其中儒家主张学习六艺</td></tr>
<tr><td rowspan="3">汉</td><td rowspan="2">官学</td><td colspan="2">中央官学(大学、鸿都门学和宫邸学)</td><td>太学中的教师是五经博士,博士首席称仆射,东汉改为祭酒</td><td>西汉太学生称“博士弟子”,东汉称“诸生”或“太学生”;鸿都门学招收豪强子弟;宫邸学招收贵胄子弟</td><td>太学以儒家“五经”为主要教学内容;宫邸学教授儒学;鸿都门学教授辞学、小说、书法和绘画</td></tr>
<tr><td colspan="2">地方官学(郡国学)</td><td>经师</td><td></td><td>以推行道德教化为主,学习儒经,注重礼教</td></tr>
<tr><td>私学</td><td colspan="2">书馆(又称书舍)
经馆(又称精舍、精庐,相当于太学)</td><td>书师
经师</td><td>8、9 岁入学
及门弟子及著录弟子</td><td>前期主要是识字和书法教育,后期接触儒学基础知识</td></tr>
</table>

① 马健生.现代教育制度与思想[M].第 2 版.北京:高等教育出版社,2009:59-62.

续表

<table>
<tr><th>朝代</th><th colspan="2">学校类型</th><th>教师</th><th>学生</th><th>学习内容</th></tr>
<tr><td rowspan="3">魏晋</td><td rowspan="2">官学</td><td>太学、国子学、专科学校（史学、文学、书学、律学、道学等）</td><td>国子祭酒、博士、助教</td><td>弟子、门人、寄、学、散生</td><td rowspan="2">以儒家（古文）经学为主要内容，后期出现玄学化的经学</td></tr>
<tr><td>地方官学</td><td></td><td>本乡地方阶级子弟</td></tr>
<tr><td colspan="2">私学</td><td></td><td></td><td></td></tr>
<tr><td rowspan="3">隋唐</td><td rowspan="2">官学</td><td>中央官学（国子学、太学、四门学、书学、算学、律学、医学、崇文馆、弘文馆）</td><td rowspan="2">祭酒、博士、助教</td><td>入学年龄14～25岁，入学资格有严格的等级限制。学生称生徒、贡生、俊士等。一般修业年限为九年</td><td>因形式多样，学习内容各不相同。四门学以上为《周礼》《礼记》《仪礼》等；书学学《说文》《字林》；算学学《九章》《孙子》等；律学学律令；弘文馆学书法、经史等；医学学《本草》《脉经》等</td></tr>
<tr><td>地方官学（京都学、都督府学、州学、县学）</td><td>庶民子弟</td><td>地方学校主要修习经学、医学</td></tr>
<tr><td colspan="2">私学</td><td></td><td></td><td></td></tr>
<tr><td rowspan="3">宋</td><td colspan="2">官学（与隋唐基本相同，增设了画学、武学和宗学，并出现“小学”）</td><td>祭酒、司业、博士、助教等</td><td>小学入学年龄8～12岁，其余14岁以下</td><td>《三经新意》《内经》《道德经》等</td></tr>
<tr><td rowspan="2">私学</td><td>蒙学（蒙馆、家塾、冬学）</td><td>私家设置或私人聚徒教学</td><td>8～12岁</td><td>初步的道德行为训练和基本的文化知识技能学习</td></tr>
<tr><td>书院</td><td>理学家或学者</td><td>无明确年龄限制</td><td>经书（重义理阐发）</td></tr>
</table>

续表

朝代	学校类型		教师	学生	学习内容
元明	国学(元代称国子学,明代称国子监)		博士、助教等		四书五经
	地方官学	地方乡学	教授、学正、教谕	统称为生员	
		社学	社师	8~15岁民间子弟	三字经、百家姓、千字文
	书院(书院的官学化)				
	私学(蒙学)			8~15岁民间子弟	初步的道德行为训练和基本的文化知识技能学习
清	国子监		祭酒、博士、助教、学正、学录	地方阶级的子弟都可以入学,学生有监生、贡生和蒙生之分	五经、四书、性理和习字
	(地方)府州县学		教授、学正、教谕	统称为生员	经、史、性理及时文
	社学		社师	12~20岁的当地子弟	三字经、百家姓、千字文
	书院(书院的官学化)				

需要指出的是,在我国,古代社会的“学校”和近现代意义上的“学校”意义不完全相同。关于这一点,《辞海》中关于“学校”的定义给出了清晰的解释:①

有计划、有组织进行系统教育的机构。起源于奴隶社会中国的古代学校,据《孟子》所载:“设为庠、序、学、校以教之。”学校开始产生时,往往不都是专门的教育机构,而兼为习射、养老的场所。其后学校一般称为“学”。清末举办近代教育,在1902年(清光绪二十八年)的《钦定学堂章程》中称为“学堂”。在1912年的学制中改称“学校”。

可见,今天我们视之为专门教育机构的“学校”,是近代的产物,而且是从西方移植到中国的。

在西方,“学校”的内涵也是随着历史的变迁而变化的。“学校”一词的词源是拉丁文schŏla,意思是“闲暇、休闲”,后来才将之引申为“教学的场所”。在古希腊和古罗马时期,西

① 陈桂生.学校教育原理[M].长沙:湖南教育出版社,2000:12-13.

方的学校就有了快速的发展。而“自西罗马帝国灭亡到17世纪英国资产阶级革命爆发的1000多年,是西方古代学校发展、成熟和完备的时期。”①经历了这一时期后,才有了现代意义上的学校。西方学校的发展概况如表3-2所示。

表3-2　西方学校发展概况②

历史群或时期	教育目标	学生	教育方法	课程	有影响的人和场所	对教育的影响
希腊(公元前1600—前300)	雅典:培养市民的责任心和对城邦国家的认同,培养全面发展的人 斯巴达:训练成武士和军队的领导者	公民中的男孩,年龄7—20岁	初级学校:训练、记忆、背诵;高级学校:演讲、讨论和对话	雅典:读、写、算术、戏剧、音乐、体育教育、文学、诗歌。 斯巴达:训练、军事歌曲和战术	雅典:私人教师和学校、智者派、哲学家。 斯巴达:军官	雅典:全面发展的概念,自由的受教育者。 斯巴达:为军事国家服务的概念
罗马(公元前750—450)	培养对共和国和帝国的公民责任感;培养管理和军事技能	公民中的男孩,年龄7—20岁	文法学校:训练、记忆、背诵;修辞学校:作慷慨激昂的演说	读、写、算术、《十二铜表法》、法律、哲学	私人学校和教师;修辞学校	在教育上强调实际的管理技能;把教育和市民的责任联系起来
阿拉伯(公元700—1350)	培养对伊斯兰教信仰的宗教承诺;发展数学、医学和科学上的专业知识	上层等级中的男孩,年龄7—20岁	低级学校:训练、记忆和背诵;高级学校:模仿和讨论	读、写、数学、宗教文学、科学研究	清真寺;宫廷学校	阿拉伯数字及计算;保存了科学和医学上的经典资料
中世纪(公元500—1400)	培养宗教信仰、知识和仪式;为等级社会培养适宜的角色	上层等级中的男孩或进入宗教生活的人;进入宗教社团中的女孩或年轻的女子;年龄7—20岁	初级学校:训练、记忆、背诵和交流;大学和高级学校:逐字分析和争论	读、写、算术、大学文科;哲学、神学;工艺;军事战术和骑士制度	教区、小教堂和教堂学校;大学;学徒身份;骑士身份	把建立大学的结构、内容和组织作为高级教育的一个重要制度;知识的制度化和保存

① 马健生.现代教育制度与思想[M].第2版.北京:高等教育出版社,2009:63.

② 【美】阿伦·奥恩斯坦,莱文·丹尼尔.教育基础[M].第八版.杨树兵,等,译.南京:江苏教育出版社,2003:61-62.

续表

历史群或时期	教育目标	学生	教育方法	课程	有影响的人和场所	对教育的影响
文艺复兴(公元1350—1500)	培养在经典著作(希腊文和拉丁文)方面的一种人文主义专家;培养为王朝的领导者服务的侍臣	贵族和上层等级中的男孩,年龄7—20岁	希腊及罗马的经典著作的记忆、翻译和分析	拉丁文、希腊文、经典文学、诗歌、艺术	古典人文主义教育家和诸如大学预科学校、体育馆、拉丁文学校等教育机构	强调表达在经典文学中的文学知识、优点和风格;学校的双轨制
宗教改革运动(公元1500—1600)	培养对特定宗教教派的一种信奉;培养普遍的识字能力	在方言学校,年龄7~12岁的男孩和女孩;在人文主义者学校,有上层等级背景,年龄在7—12岁的男孩	方言学校:记忆、练习、灌输思想、使用问答方式的教堂;人文主义者学校:古典文学的翻译和分析	读、写、算术、基督教教义问答集、宗教观念和仪式;拉丁文一和希腊文;神学	服务大众的方言初等学校;为上层等级服务的古典学校	一种给大众提供识字的普遍教育的承诺,确保一致性的监督学校教育制度的起源;依据社会经济等级和职业目标的双轨学体制

无论学校的类型和性质在历史上有着怎样的变化,但是其本质属性——专门的教育机构——却是人们的共识。学校的专门性主要体现在以下几个方面:“第一,专门的教育职能;第二,专门的教育人员;第三,专门的活动内容和形式;第四,专门的评价方式;第五,专门的经费支持。”①

(二)学校教育的基本矛盾

在人类出现的最初阶段,一切生活资料都是从大自然中获取的。在扩大生活资料的过程中,我们的先祖以牺牲生命为代价,获得了自从产生之后就与人类的进化和发展密不可分的知识。当时的人们由于生存的需要,要把获得的原始而简单的知识迅速地在群居的人之间进行传播和传递,于是便产生了人类最初的教育活动。后来,随着知识的不断丰富,特别是文字这种记载知识的媒介的出现,学校得以产生。从这个意义上说,教育因知识的出现而出现,学校随知识的丰富而产生。

文字的发明,在学校的产生过程中具有重要的作用。“文字产生后,人们要识字,只能向

① 石中英.公共教育学[M].北京:北京师范大学出版社,2008:9.

识字的人学习,由识字的人教不识字的人。由了解典籍的人教不明典籍的人。人们之所以必须识字,必须掌握书本知识,是由于文字是记录与表达语言的书写符号。鉴于以口头语言为媒介在具体场合的交际有转瞬即逝的缺陷,文字把语言结晶化,可以脱离传播当事人而独立存在。从而比口头语言较少受到时间与空间的限制,通过书本知识可以大量保留与传播间接经验。正是文字的产生使教与学的活动成为必要与可能,导致学校的发生。所以,学校是'教学机构'。教与学是学校的基本活动。现代学校依然如此。"①

作为一种"教学机构",学校自产生之日起,它要完成的一个基本任务是:在规定的学校教育年限内向学生传递一定的文化知识。而这一任务也决定了学校教育首先要解决的一个关系到自身生存的必要性的问题是:如何使学生在接受学校教育期间获得更多更好的知识。在人类社会发展过程中,这一问题显得越来越突出。人类的知识以惊人的速度在不断地增加着,尽管随着社会生产力的进步,人们有更加充足的条件逐步延长接受学校教育的时间(义务教育年限的不断延长就是一个明证),然而,学校教育年限延长的速度远远跟不上知识的增长速度。所以,自古至今,任何一个国家和地区的学校教育都面临着一个根本性的矛盾,即无限增长的知识与有限的学校教育时间之间的矛盾。这就是学校教育的基本矛盾。

学校教育的基本矛盾,要求学校教育工作者任何时候都要把人类文化科学知识的传递和传播作为自己的首要工作。学校的任何其他工作和活动,都要紧紧围绕这一首要工作来展开。联合国教科文组织把教育定义为"有组织地和持续不断地传播知识的工作",充分说明知识(即文化,包括人的行为、见闻、常识、理解力和态度、技能以及人的能力中任何一种可以长久保持,而并不是先天或遗传产生的东西)的传播和传递在教育系统中的中心地位。中外教育发展的历史也证明,任何轻视知识的学校教育,都会给学生、国家和社会带来极大的负面影响。美国20世纪初"进步主义"教育运动的兴起和杜威教育思想的传播,对美国教育、特别是中小学教育产生了巨大的影响。他们轻视科学知识的教育,认为在中小学、特别是小学,不必要也不可能进行科学知识教育,主张代之以儿童经验、生活常识、活动技能,使学生学会生活、适应社会。其影响所及,教育质量下降,美国人自己不得不起来纠偏。20世纪60年代,美国推行新课程改革,想大跨度地提高科学水平。他们追求高级智力,强调态度、方法,忽视具体知识,但也没有成功。此后,他们一直在努力扭转局面。布什政府于2002年公布了《不让一个儿童掉队》的教育报告,突出强调学校责任,通过高标准考试,以及科学有效的教学方法等,用以消除处境不利学生的成绩差距,强调通过阅读来使学生掌握基础的知识及形成基本的能力。他们投资476亿美元用于这项教育改革。苏联20世纪20年代受实用主义教育思想的影响,也轻视甚至否定科学知识的教育,废除教科书,取消课堂教学,代之以生产劳动、社会课堂。20世纪30年代,他们不得不改弦更张。他们此后的教育质量之高是举世公认的,今天还在致力于加强科学知识教育。②

强调知识学习在学校教育中的重要性,并不否认学校的其他育人功能。但是,作为教学

① 陈桂生.常用教育概念辨析[M].上海:华东师范大学出版社,2009:41-42.

② 王策三.认真对待"轻视知识"的教育思潮[J].北京大学教育评论,2004(3):12.

机构,学校育人有其特殊性——通过传授系统组织起来的知识来使人向善。关于这一点,我国的陈桂生教授说得十分明白:"自古以来就存在教学活动与教育活动的区别。'教学'属于知识、技能的传授,'教育'(狭义)则是人格影响,旨在使人向善。虽然说人们要学习文字及书本知识,几乎非'上学'不可,但是人们即使不'上学',亦可能从交往中受到良好的影响。由于未成年人在较长的时间里是在学校中学习,学校也就承担着对学生施加教育影响的责任。学校中的教与学活动是依照课业进行的。课业本身经过选择,是以有一定教育价值的课业影响学生。故这种带有自觉性的教育与日常交往中的自发影响不同。"①

(三)基础学校教育的培养目标

1. 教育目的、培养目标与学校教育目标

教育是一种有目的、有意识的培养人的活动。教育目的是人们根据对一定社会或阶级的需要和受教育者身心发展的需要的认识,在思想上对教育培养的人的质量规格的总体设计。它规定着把受教育者培养成为什么样的人这样一个根本性的问题,体现着一定的教育价值观。

一般来说,教育目的由相互联系的两个方面的内容构成:一是把受教育者培养成为什么样的社会成员,这是对教育培养的人的社会价值做出的规定,反映了教育所培养的人与外部社会的关系;二是在教育对象身上所要形成的各种素质及其结构,反映了教育所培养的人的素质以及它们之间的联系。教育目的的这两个部分是不可分割的。

教育目的对教育活动具有指导意义,是教育工作的出发点和归宿。教育制度的制定、教育内容的确定、教育与教学方法的运用、教育工作的管理、教育质量的评价等,无不受教育目的的制约。

教育具有多种价值,而且人们总是根据一定的利益和需要对教育价值做出选择,所以人们就必然会在教育目的的价值取向上出现不同的观点,其中争论最多、影响最大也最根本的问题就是教育史上的社会本位论与个人本位论之争。到了马克思主义那里,关于教育目的的价值取向问题才得到了合理的解决。

严格来说,培养目标和学校教育目标这两个概念是制度化教育形式产生之后才出现的。它们与教育目的之间存在着包含与被包含的关系,均系教育目的的种概念。

教育目的是根据社会或国家一定历史时期的政治、经济、文化、科技发展的要求以及受教育者身心发展状况确立的。它是一种反映一定时期社会价值观、具有普遍指导意义的育人标准,适用于教育系统中的各级各类教育机构。

培养目标是指一个国家学校教育系统中某一级或某一类教育机构培养人的共同要求和质量规格。它既体现教育目的中确定的总的育人规格的要求,又反映这些学校或专业的特殊的育人规格要求,适用于教育系统中的某一级或某一类教育机构。

① 陈桂生.常用教育概念辨析[M].上海:华东师范大学出版社,2009:42.

学校教育目标是一所学校根据教育目的、培养目标以及本校的实际情况所制定的具体的育人标准。它是教育目的、培养目标的进一步具体化,反映的是一所学校的成员进行共同活动的预期结果,体现的是一所学校教育工作者和领导管理人员的价值选择和价值追求,只适用于某一所学校。

教育目的、培养目标、学校教育目标之间是共性与个性、普遍性与特殊性的关系。在理论研究和教育实践中,常常出现将三个概念混为一谈的现象,这是不对的。

2. 我国学校的培养目标

(1) 我国教育目的的基本精神

新中国教育目的的理论基础是马克思主义关于人的全面发展学说。该学说的基本内容是:第一,指出了人的全面发展的本质含义。从生产力的角度来看,人的全面发展是指人的劳动能力即"体力和智力获得充分的、自由的发展和运用"①;从社会关系的角度来看,人的全面发展即人对社会关系总和的全面占有,对人的本质的全面占有;从全人类得到彻底解放这一最高目的出发,人的全面发展不只是指某一个体或者某些个体的全面发展,而是所有社会成员在各个方面都得到自由充分的发展。第二,分析了人的全面发展的社会历史进程。将人的全面发展的历史阶段分为"原始的全面性"阶段、片面发展阶段和真正的全面发展阶段。第三,指出实现人的全面发展的根本途径在于教育与生产劳动相结合。

新中国成立以来,为了保证我国教育发展与经济发展和社会发展协调一致,我国的教育目的经历了一个复杂而曲折的历史演变过程。这在新中国不同发展阶段的教育方针中得到了充分的体现。

1957 年 2 月,毛泽东在《关于正确处理人民内部矛盾的问题》中明确地提出:"我们的教育方针,应该使受教育者在德育、智育、体育几方面都得到发展,成为有社会主义觉悟的有文化的劳动者。"②这是新中国成立以后党的最高领导人首次对教育方针直接发表见解,实际上也是新中国教育目的的表述。这一表述为新中国以后各阶段教育目的的确立奠定了基础。

1958 年,中共中央和国务院发出《关于教育工作的指示》,规定"党的教育方针,是教育为无产阶级政治服务,教育与生产劳动相结合"。③ "教育的目的,是培养有社会主义觉悟的有文化的劳动者"。这是新中国成立以后党和国家对教育目的的第一次明确的规定和定位。

"文化大革命"期间,教育事业偏离了方向,成为阶级斗争的工具。"文化大革命"结束后,国家的重心从"以阶级斗争为纲"转移到经济建设上来,教育领域也拨乱反正,重新步入正轨。

1981 年,中共中央在《关于建国以来党的若干历史问题的决议》中对教育目的的表述放弃了"教育为无产阶级政治服务"的说法,改为教育为社会主义现代化建设服务,"坚持德智

① 马克思恩格斯选集(第 3 卷)[M].北京:人民出版社,1972:322.
② 刘英杰.中国教育大事典(1949—1990)(上)[Z].杭州:浙江教育出版社,1993:6.
③ 刘英杰.中国教育大事典(1949—1990)(上)[Z].杭州:浙江教育出版社,1993:7.

体全面发展、又红又专、知识分子和工人农民相结合、脑力劳动和体力劳动相结合的教育方针”①。在1981年11月的五届全国人大政府工作报告中指出，教育目的是“使受教育者在德育、智育、体育几方面都得到发展，成为有社会主义觉悟的有文化的劳动者和又红又专的人才，坚持脑力劳动和体力劳动相结合，知识分子和工人农民相结合”。

1982年，第五届全国人大第五次会议通过的《宪法》中规定：“国家培养青年、少年、儿童在品德、智力、体质等方面全面发展。”

1985年，《中共中央关于教育体制改革的决定》中指出：教育要为社会主义现代化建设培养各级各类合格人才，“所有这些人才都应该有理想、有道德、有文化、有纪律，热爱社会主义祖国和社会主义事业，具有为国家富强和人民富裕而艰苦奋斗的献身精神，都应该不断追求新知，具有实事求是、独立思考、勇于创造的科学精神”②。人们把这段话简化为“四有、两热爱、两精神”。

1986年颁行的《中华人民共和国义务教育法》规定：“义务教育必须贯彻国家的教育方针，努力提高教育质量，使儿童、少年在品德、智力、体质等方面全面发展，为提高全民族素质，培养有理想、有道德、有文化、有纪律的社会主义的建设人才奠定基础。”③这是首次在法律层面上把提高全民族素质纳入教育目的。

1993年2月，中共中央、国务院印发的《中国教育改革和发展纲要》提出，各级各类学校要认真贯彻“教育必须为社会主义现代化建设服务，必须与生产劳动相结合，培养德、智、体全面发展的建设者和接班人”④的方针。

1995年颁行的《中华人民共和国教育法》第一章第五条规定：“教育必须为社会主义现代化建设服务，必须与生产劳动相结合，培养德、智、体等方面全面发展的社会主义事业的建设者和接班人”⑤。和以前相比，1993年和1995年对教育目的的表述出现了一个明显的改变，即用“社会主义事业的建设者和接班人”代替了“有社会主义觉悟的有文化的劳动者”的提法。

1999年6月，中共中央、国务院《关于深化教育改革全面推进素质教育的决定》中把教育目的表述为：“以培养学生的创新精神和实践能力为重点，造就有理想、有道德、有文化、有纪律的德智体美等全面发展的社会主义建设者和接班人”⑥。

2001年6月，国务院颁布《关于基础教育改革与发展的决定》，其中明确提出“坚持教育必须为社会主义现代化建设服务，为人民服务，必须与生产劳动和社会实践相结合，培养德智体美等全面发展的社会主义事业建设者和接班人”⑦的教育方针。

2002年11月，党的十六大报告中提出全面建设小康社会时期党的教育方针是“坚持教

① 刘英杰.中国教育大事典(1949—1990)(上)[Z].杭州：浙江教育出版社，1993：8.
② 刘英杰.中国教育大事典(1949—1990)(上)[Z].杭州：浙江教育出版社，1993：8.
③ 刘英杰.中国教育大事典(1949—1990)(上)[Z].杭州：浙江教育出版社，1993：9.
④ 国家教委政策法规司.中华人民共和国教育法规实用要览[Z].广州：广东教育出版社，1996：379.
⑤ 国家教委政策法规司.中华人民共和国教育法规实用要览[Z].广州：广东教育出版社，1996：43.
⑥ 国家教育发展研究中心.2000年中国教育绿皮书[M].北京：教育科学出版社，2000：4.
⑦ 袁振国.中国教育政策评论2001[M].北京：教育科学出版社，2001：381.

育为社会主义现代化建设服务，为人民服务，与生产劳动和社会实践相结合，培养德智体美全面发展的社会主义建设者和接班人”①。

纵观60多年以来我国教育方针的演变可以发现，各个时期不同的教育方针的表述既有一定的连续性和稳定性，又体现了时代特征。通过这些教育方针，我们可以把新中国的教育目的的基本精神概括为以下几点：

第一，坚持中国教育的社会主义方向。教育具有社会制约性，中国的社会主义制度，决定了我们的教育必须坚持社会主义方向，必须为巩固和发展社会主义服务。新中国成立以后，尽管在不同的历史时期社会发展对教育的要求不一样，但坚持社会主义方向却始终没有改变。

第二，坚持培养受教育者在德、智、体等方面全面发展。我国教育目的的这一基本精神，明确了我们的教育培养人的质量规格的基本要求。尽管在不同的历史时期我国教育目的对人的质量规格的表述有诸如“德育智育体育”“德智体美”“德智体美劳”等不同的表述，但是德、智、体是人的三个基本素质，在新中国的宪法中做出了明确的规定。

坚持使受教育者在德、智、体等方面全面发展，并不是说将人的发展仅仅局限在德、智、体三个方面。实际上我国的教育目的在对人的素质发展的要求上也是与时俱进的，主要表现在两个方面：一是根据社会发展的要求，在“培养受教育者在德、智、体等方面全面发展”这一要求的基础上，明确提出要“提高全民族素质”；二是切合国际社会教育改革与发展的趋势以及我国教育发展状况，提出要培养学生的创新精神和实践能力。

第三，坚持为社会主义建设培养各级各类人才。不管是“有社会主义觉悟的劳动者”，还是“社会主义事业的建设者和接班人”，都是社会主义建设的人才。新中国教育目的的这一基本精神，体现了我国政府对社会主义中国新生代的期望和要求，指出了我国各级各类教育培养出来的人的社会地位和社会价值，也明确了新中国教育的基本使命。

第四，坚持教育与生产劳动相结合。教育与生产劳动相结合，是马克思主义关于人的全面发展学说在新中国教育运用的具体体现，也是新中国教育坚持遵循的原则之一。只有坚持了这一基本原则，我们才能够确保教育的社会主义性质，落实培养受教育者在德、智、体等方面全面发展的精神，培养出社会主义建设所需要的各级各类人才。

(2) 我国普通中小学的培养目标

教育目的是培养人的质量规格的总要求，具有概括性、整体性和指导性，但是由于它不能照顾到教育系统中每一类或者每一个教育机构的具体情况，其操作性就比较差。因此，教育目的一定要具体化为某一级或某一类教育机构的培养目标，才能够使教育目的中的各项要求具有可操作性。之后，各个教育机构根据培养目标和本单位的实际情况，制定更加具体的育人标准，将这一标准再进一步细化为具体的教育工作的目标（如教学工作目标、德育工作目标、管理工作目标等）并加以逐步实施，教育目的才能够最终实现。

我国普通小学教育的培养目标是：

---

① 中共中央文献编辑委员会.江泽民文选（第3卷）[M].北京：人民出版社，2006：560.

① 初步具有爱祖国、爱人民、爱劳动、爱科学、爱社会主义的思想感情,初步养成关心他人、关心集体、认真负责、诚实、勤俭、勇敢正直、合群、活泼向上等良好品德和个性品质,养成讲文明、讲礼貌、守纪律的行为习惯,初步具有自我管理以及分辨是非的能力。

② 具有阅读、书写、表达、计算的基本知识和基本技能,了解一些生活、自然的社会常识,初步具有基本的观察、思维、动手操作和自学的能力,养成良好的学习习惯。

③ 初步养成锻炼身体和讲究卫生的习惯,具有健康的身体,具有较广泛的兴趣和健康的审美情趣。

④ 初步学会生活自理,会使用简单的劳动工具,养成爱劳动的习惯。

我国普通初中教育的培养目标是:

① 热爱集体,热爱家长,热爱中国共产党,热爱社会主义祖国;讲究文明,遵纪守法,了解公民的权利、义务和基本的国情、国策。

② 具有语文、数学、外语和其他文化科学的基础知识,有阅读、表达、计算的能力和初步的实验、自学能力;努力学习,善于提出问题,有良好的学习习惯和学习方法。

③ 具有健康的体质和良好的卫生习惯,有一定的兴趣爱好和审美能力,初步具有自制、自理能力,有积极进步的精神。

④ 具有正确的劳动态度,养成良好的劳动习惯,掌握简单的劳动技能,初步了解社会职业分工和择业知识。

我国普通高中教育的培养目标是:

① 初步形成正确的世界观、人生观、价值观。

② 热爱社会主义祖国,热爱中国共产党,自觉维护国家的尊严和利益,继承中华民族的优秀传统,弘扬民族精神,有为民族振兴和社会进步作贡献的强烈愿望。

③ 具有民主与法制意识,遵守国家法律和社会公德,维护社会正义,自觉行使公民的权利,履行公民的义务,对自己的行为负责,并具有强烈的社会责任感。

④ 具有终身学习的愿望和能力,掌握适应时代发展需要的基础知识和基本技能,形成收集、判断和处理信息的能力,具有基本的科学与人文素养、环境意识、创新精神与实践能力。

⑤ 具有强健的体魄、顽强的意志,形成积极健康的生活方式和审美情趣,初步具有独立生活的能力、职业意识、创业精神和人生规划能力。

⑥ 正确认识自己,尊重他人,学会交流与合作,具有团队精神,理解文化的多样性,初步具有国际视野和参与国际交往的能力。

不同层级的普通基础学校教育的培养目标,既是我国教育目的的具体化,又体现了各个层级的普通基础学校教育的独特价值,同时也为各个中小学建构自己的学校教育目标提供了依据。

案例链接 3-1

学校教育的目的①

因为教育的目的在于增进人类的幸福，因为教育即生活的准备，也因为教育在目前越来越多地占据了青年人的生活，所以学校的目的应该囊括更为广泛的人类所关注的事物，它们应该反映普通生活的重要方面。因为教育发生在人们生活的前期而不是后期，所以应该强调为将来的生活做准备。但也必须强调现在，因为学生不仅应该拥有将来的幸福，也应该拥有现在的幸福，而且也因为他们现在的经验对将来的作为具有重大影响。

现在让我们对几个教育目的作一番考察。这里列举的目的虽不求详尽，但是，若学校要完成我们一直在讨论的那个广泛的使命，那么这里所列举的目标就应包括那些特别重要，或曾经受到忽视和必须加以强调的目标。

（一）基本技能的学习和（二）精通学业。这些目标过去曾得到广泛关注，显然十分重要，应该继续为学校所重视。可是，我们可能注意到，迫切需要的是扩大我们对这些目标的理解，从而支持其他教育目标。例如，“基本技能”应该包括社会和道德能力，也包括三 R 在内。如历史、文学之类的传统普通文化课程应该以这样的方式去学习，即它有助于政治、文化和宗教问题的解决，也有助于审美能力和精神的发展。

（三）审美能力的发展。人们可能认为，审美能力发展目标在目前的文学、艺术和音乐课程中受到关注，然而文学独特的审美功能层面常被忽略，而且随着过分强调实用性的读写能力和以读写技能术语所表述的“语言艺术学科”，忽视文学独特审美功能的现象也显得日益严重。……就音乐和美术而论，它们经常被降低到学校里可有可无的地位，而不是课程主要的有机组成部分，我们也可能注意到，学校常常没有利用具有审美情趣和审美引力的学校环境之类的机会，来获得非正式的审美教育。

（四）精通道德与政治。为了使人们做出健康的道德和政治判断，这应该包括对社会和经济环境的充分理解，而且，这一领域的核心问题既是全球性的，也是地域性的和民族性的，所以一个人应该估计到他的行为的广泛后果和责任。非常奇怪的是，生活中的这些主要方面在学校课程里却几乎没留什么余地。应该承认，生活的主要方面很容易引起争议，所以在喜欢保护年轻人不受这些易引起争议的问题影响的学校社团里，就很难向年轻人提出这些问题。可是，这些问题十分重要，它们不应该被忽略，这应该是很清楚的。道德教育和为参与民主生活做准备是传统学校口口声声所致力的目标，现在认真而全面关注这一问题的时刻终于到了。

① 【加拿大】克里夫·贝克.优化学校教育：一种价值的观点［M］.戚万学，等，译.上海：华东师范大学出版社，2003：7-10.有删节。

（五）生活技能。生活技能与道德和政治的精通有关，但在某些方面又超过了后者。生活技能包括许多领域的能力，诸如个人生计、家庭生活、职业选择与转换、卫生保健、压力调节甚至还有诸如家政和家务管理方面的问题。在我们这个多少有点浪漫和完美主义的文化中有一种贬低教育在生活中的那些实用方面的作用的倾向。他们认为，生活各方面的能力是偶然"获得"而不是"教会"的，人们认为生活中的这些技能太琐碎，太具体，难以在学校逐个进行处理。然而，只要学校占据学生过多的时间，它就有责任来关注这些最基本的学习领域，而且，我们不应扩大所谓的"具体"问题和文学、历史、政治以及社会研究中所处理的"更有分量"问题之间的差距。关于生活目标和社会本质的观念甚至对事业计划、压力调节之类问题都能产生重大意义。

（六）精神发展。精神发展包括宗教信仰的发展，从更加广泛的意义上说，但也不必要包括。我所说的精神发展是指这样的一类品质的发展，如明智、胸怀宽广、合作精神、好奇心、勇气、爱和仁慈，这些品质部分地可以通过宗教知识问答和参与宗教仪式来获得，但从传统意义上说，许多具有较高品性的人并非都是宗教信仰者。再者，这也如道德和政治领域一样是一个易引起争议的领域。还有，很清楚，讨论中的这些品质很重要，学校不应该忽视，事实上我们也深知这些品质的实质，也多少知道如何培养这些品质。

（七）社会参与和社会性发展。学校应该比现在更加主动地去提供社会经验和社会性学习，在教室，学习气氛和学习过程应尽量是交互式的，而在学校，应该有更多的时间和更好的设施去参与社会活动。教育的社会性已深深扎根于学生心中，而对于许多学生来说，它是使他们上课出勤的主要特征，不管制度怎样，这种社会性还是明显地显现出来。学校一定是学校生活领域中最自觉、最具创造性的支持者。尤其是现在，年轻人大部分时间都在学校度过，我们不能借口学生在别处仍有充分的机会而貌似有理地贬低社会生活的作用。

（八）教育和社会的平等。由于受到社会制度的限制，教育和社会平等可能是学校唯一能在有限的程度上做出贡献的理想。然而，如果不是在理论上，它至少也是过去在实践上曾经受到忽视的主要教育目标。

正如对儿童保育需求的增长是学校必须全力对付的现实一样，对传输基本技能和传统普通文化科目内容的持续要求，也同样是学校必须全力面对的现实，而当我们从根本上越来越强调上述列举的许多目标时，我们如何才能满足这种需求？第一，我们必须找到获得协同作用的办法，即一次实施多个目标。第二，我们需要把各种水平的学校教育，学前教育、初等教育、中等教育等更加全面地整合在一起。目前，在低年级，我们常常低估儿童的能力，在高年级，我们常常忽视了他们的作为。尤其是在初等学校里，智力较高的儿童对普通文化科目的学习具有强烈而浓厚的兴趣，他们能够涉猎相当数量的目前只在高中阶段才处理的材料。第三，我们需要完全澄清我们想在教育上达到什么目的，从而更加有效地去实行这种教育。

案例论坛

1. 本案例提出的学校教育的目标与我国中小学培养目标之间的异同之处在哪里？为什么会有不同？
2. 我们应该如何理解中小学教育要促进学生的精神发展？

3. 要实现学校教育如此众多的目标，你的良策是什么？

二、学校教育体系

“一般认为，以学校的出现为标志，教育在其形态上出现了形式化教育和非形式化教育的分化，以班级授课制的出现为标志，教育又出现了制度化教育和非制度化教育的分化。”① 制度化教育出现于19世纪下半叶。自它产生之后，便成为现代教育的基本形式。学校教育在现代生产力、科学技术、政治经济制度、受教育者的身心发展等因素的作用下，日益发生着地位、作用和形式的变化，最终成为现代社会教育的主导形态，自身也构成了相对独立和完善的学校教育制度，并成为制度化教育的典型特征，而学校内部的组织结构也经历着不断的改进。

（一）学校教育制度

1. 学校教育制度概述

学校教育制度简称学制，主要是指一个国家或地区各级各类学校的系统。它规定着不同学校的性质和任务、学生的入学条件和受教育时限、学校教育的分段以及不同阶段学校之间的衔接与联系等。

学校教育制度在教育制度中居于核心地位。科学而完备的学校教育制度不仅对教育方针和教育目的的贯彻、对整个教育事业的发展起着重要的保证作用，有利于国家早出人才、快出人才、出好人才，而且对青少年身心发展和整个国民素质和社会发展具有非常重要的意义。

学校教育制度的建立和完善同教育发展水平一样，除了受学生身心发展规律的制约之外，还受整个社会的制约。学生的身心发展规律制约着学制的纵向分段的设置及其他许多方面。但是，学校教育制度的性质及发展趋势，则主要是由多种社会因素所决定的，主要包括社会生产力发展水平和性质、特定的政治经济制度、科技发展水平，以及特定国家或地区的文化传统等。

学制的性质和状况，最终受制于包括科学技术在内的社会生产力的性质和水平。古代学校制度结构比较简单，层次和类型都不完善，未形成完整的学校教育体系，其原因就在于受古代社会低下的生产力水平的局限。商品经济生产的发展，特别是现代工业生产的迅猛发展，科学技术的进步，自然科学的发展、分化，以及各种应用科学和技术的兴起，要求学校培养各种层次、各种类型的人才。这样，就出现了不同级别和不同类别的学校，从而促使学制的发展变化。可以说，学制是随着社会的发展和科学技术的进步，不断确立和完善起来并

① 马健生.现代教育制度与思想[M].第2版.北京：高等教育出版社，2009：68.

逐步形成较为完整的学校教育体系结构的。随着全球经济一体化的不断达成,现代国家的教育制度在某种程度上具有共通性,其原因就在于它们有着性质相同和水平相近的生产力。即使在社会主义国家与资本主义国家之间,虽然二者政治经济制度有差异,但其教育制度上的共同点也远远多于现代学制与古代学制之间的共同点。而细究生产力水平相近和政治经济制度相同国家的学制之所以表现出了差别,则是由于它们的历史、文化等不同造成的。

2. 我国的学校教育制度

我国古代的学校系统在西周时期就已有了古代学制的雏形。在有历史记载的三千多年间,官学与私学并存,后来还出现了亦官亦私的书院。1902 年,清政府颁布了《钦定学堂章程》,也称“壬寅学制”,是我国第一个颁布但未实施的现代学制。1904 年,清政府又颁布并推行了《奏定学堂章程》,亦称“癸卯学制”。“癸卯学制”主要是仿效日本学制拟定的,体现了清政府“忠君、尊孔、尚公、尚武、尚实”的教育宗旨。除了蒙养院和通儒院之外,该学制将基础学校教育分为 3 段 5 级:初等教育段时长 9 年,分初等小学堂(5 年)和高等小学堂(4 年),与高等小学堂平行的有初等实业学堂、实业补习学堂、艺徒学堂等;中等教育段为中学堂,不再分级,时长 5 年,与其平行的有初级师范、中等实业学堂等。

1912 年 1 月 1 日,中华民国南京临时政府成立,教育总长蔡元培积极改革封建教育制度,革新教育内容,使各级学校教育逐步走上正规化。1912 年 9 月,中华民国政府教育部公布了《学校系统令》;次年,又陆续颁布了《学校令》,后经过调整和综合,制定了一个统一的学制系统,通称为“壬子癸丑”学制。该学制将学校分为 3 段(初等教育段、中等教育段、高等教育段)4 级(初等小学级、高等小学级、中学级、大学级),包含了普通教育、师范教育和实业教育三大系统。

1922 年,中华民国政府教育部公布“新学制系统”。这就是“壬戌学制”,又称六三三学制。新学制的改革指导思想是发挥平民教育的精神、谋个性的发展,分 3 段 5 级:初等教育段时长 6 年,分初小(4 年,为义务教育性质)和高小(2 年)两级;中等教育段时长 6 年,分初中(3 年)和高中(3 年,实行普通、师范、职业教育分科制);高等教育段。“壬戌学制”标志着中国资产阶级新教育制度的确立。

中华人民共和国成立之际,我国实际上存在两个学校系统,一个是老解放区的学校系统,它是依据教育为工农服务、为革命战争服务的原则建立起来的。另一个是从国民党和教会手中接管过来并经过初步整顿了的旧学校系统,为了确立原有的和新创的各类学校的适当地位,使不同程度的学校互相衔接,以利于广大劳动人民科学文化水平的提高、工农干部的深造和国家建设事业的发展。1951 年 10 月 1 日,中央人民政府政务院颁布了《关于改革学制的决定》并建立了新学制。它的系统分为幼儿教育,初等教育(包括小学、青年和成人初等教育),中等教育,高等教育,各级政治学校和训练班。此外,还设有各级补习学校,函授学校及聋哑人、盲人等特殊教育学校。1951 年学制是新中国成立以来唯一正式公布施行的学制,标志我国教育制度进入了一个新的历史阶段。

1985 年,中共中央、国务院发布了《关于教育体制改革的决定》,指出:必须从教育体制入手,有系统地进行改革。通过改革,加强了基础教育,开始有计划、有步骤地实施九年义务教育;调整了中等教育结构单一化的倾向,大力发展职业技术教育,使中等职业技术学校招生人数和在校学生人数占高中阶段学生人数的比例均已超过 50%;改革高等教育招生与分配制度,扩大高校办学的自主权;对学校教育实行分级管理。通过改革,初步形成了多层次、多种形式、学科门类基本齐全的体系,为确立与国民经济体制和现代化建设相适应的教育制度奠定了基础。

1999 年《中共中央国务院关于深化教育改革全面推进素质教育的决定》提出:高等学校和中等职业学校要创造条件实行弹性的学习制度,放宽招生和入学的年龄限制,允许分阶段完成学业。大力发展现代远程教育、职业资格证书教育和其他继续教育。完善自学考试制度,形成社会化、开放式的教育网络,为适应多层次、多形式的教育需求开辟更为广阔的途径,逐渐完善终身学习体系。

我国现行学制系统经过不断改革和发展,现已基本确立形成。从纵向衔接系统来说,可分为如下系统:

(1) 幼儿教育

幼儿教育指对入小学前的学龄儿童所进行的有目的、有计划的教育。其主要任务是通过游戏和活动,发展幼儿的身体、智力、培养他们的良好行为习惯,为小学教育在各方面做好准备。

(2) 初等教育

初等教育主要指小学教育,招收 6—12 岁儿童入学。其主要任务是向学生进行德、智、体、美、劳全面发展教育,使学生具有读、写、算基本能力,良好的道德品质和健康的体魄,为接受中等教育打好基础。成人初等教育也属于这个范围。

(3) 中等教育

中等教育指在初等教育基础上实施的中等普通教育和职业教育。它包括普通、中等职业学校、中等专业学校、技工学校、职业中学、农业中学,以及相当于中等教育水平的各种业余教育。全日制普通中学学制年限,有的为 5 年,有的为 6 年,其他类型的中等教育学制年限各不相同。中等教育的任务具有双重性,即准备性升学和终结性就业。

(4) 高等教育

高等教育指在中等教育基础上进行的专业教育,包括全日制大学、专门学院、专科学校、研究生院和各种形式的业余大学。大学和专科学校招收高中毕业生或同等学力者。专科开设低学位课程,修业年限为 2~3 年,大学和专科学院修业年限为 4~5 年,结业考试合格者可授予学士学位。在条件具备的大学设立研究生院或研究生处,研究生院也可单独设置。研究生分硕士和博士两级,修业年限为 5~6 年。各种业余大学学习年限不同,学完规定课程后,经过考核合格者,承认其学历。高等教育担负着培养各类高级专门人才和发展科学研究事业的双重任务,与国家现代化建设具有更为直接的关系。由初等教育、中等教育和高等教育构成了现代学制的多层次纵向结构,一般呈宝塔形状。

3. 现代学校教育制度改革的主要趋势

(1) 终身教育日益成为各个国家和地区的共识

传统的各级学校主要以学龄儿童为教育对象,现代教育的趋向是把教育的起点从学龄儿童延至学龄前儿童,把教育的终点从未成年人下延至成年人。使人们可以充分开发和利用各种各样的教育资源,在漫长的一生中接受各种训练和培养。终身教育理念的提出和实施对于当代世界教育体系的变革与发展有着十分重要的意义。终身教育的思想始于 20 世纪 20 年代,在国际上流行于 20 世纪 60 年代。特别在《终身教育引论》(保罗·朗格朗著,1970 年)《学会生存》(联合国教科文组织编著,1972 年)两书出版后,成为指导未来教育的时代理念。此后所出现的"学习化社会""教育化社会""回归教育"等思潮和实践,正是在这种指导思想影响下产生的。

终身教育主张教育应该贯穿于人的一生中的各个年龄阶段,而非仅在儿童和青少年时期。因此,这种教育包括了各个年龄阶段的各种方式的教育,既有正规教育也有非正规教育,既有学校教育也有社会教育。简而言之,终身教育既是一个贯穿现代一切教育的理念,更是构建未来教育体系的一种制度实践。终身教育的目的在于培养新型的和完善的人。终身教育并不是一个教育体系,而是建立一个体系所根据的原则,这个原则又贯穿在这个体系的每个部分的发展过程之中的。到现在,终身教育这个概念,从个人和社会的观点来看,已经包括整个教育过程了。终身教育的目的首先关心儿童教育,帮助儿童过着他应有的生活;同时是培养未来的成人,为他们未来从事各种形式的自治和自学做准备。

(2) 学制越来越具有弹性

传统的各级学校系统要求学校与学校的严密衔接,使从低级到高级的学校系列成为一个自我封闭的连续系统。为使多数人受教育的连续性得到保证,这就需要用开放的教育系统代替封闭的教育系统。这将使得一个全面的开放教育体系辅助学习者在这个体系中扩大他们的可选择范围,这样对于任何一个想受教育的人来说,如果他离开这个教育体系,他也不至于终身放弃利用各种教育设施的权利。为了以开放的教育系统代替封闭的教育系统,需要重新衡量教育与选拔人才的标准。传统的教育制度体系倾向于选择性和竞争性,它主要依靠这个体系内部规定的标准来决定和允许谁学习、在什么年龄和阶段学习。其实一个人应该接受哪种教育,应该从事哪种专业,只应取决于这个人的知识和才能,而不应该取决于他在学校里所获得的知识是高于还是低于他在职业中或自学中的实际经验。所以开放的体系倾向于不要选择性、竞争性和规定性,主要根据自己的旨趣选择学习什么科目和内容以及用什么方法去学习。

(3) 初等教育制度的结构将不断分化

一方面,学前教育将逐渐纳入义务教育体系,另一方面,一体化的教育结构将有所发展。一些国家设立覆盖义务教育阶段的"一贯制"学校,六年制小学将逐步走出一统天下的格局,有缩短的趋势。或实施"九年一贯制"以更好地与中学衔接,或推行"五四三制"来实现新的转变。

(4) 中等教育结构更加完善

普通高中、职业高中、中等技术专业学校以及社会文凭考试等多轨运作现象将会形成;多层次的高中教育形式将适应不同社会和青年人的教育要求。

（5）高等教育制度将更加多元化

以四年本科制为主轴的高等教育将更加灵活地兼容多种学制，如二年制的社区学院、三年制的专科学院，乃至独立的研究生学院。在可能的情况下，允许学生中途休学，在规定的年限中可重返校园。成人教育和社会教育的方法和手段也将更加完善，并且与正规教育相互配合。

（二）学校内部的组织结构

在制度化教育视野下，学校已成为一种现代社会的正式组织机构。而学校效能的发挥程度，直接受制于其内部的组织结构。

1. 学校组织结构的概念

学校组织结构是指为了实现学校的教育目标和管理目标，学校组织系统内部各构成部分或各组成要素之间按照一定的原则建构起来的有机整体。

学校组织结构包含的内容主要有：学校的组织架构、处于学校组织架构中不同岗位的人员组成及其岗位职责和权力、保证学校组织正常运行的学校规章制度等。

2. 我国普通中小学学校的组织架构

总体而言，我国普通中小学校的组织由学校行政组织和非行政组织构成。它们有机组合，构成的中小学学校内部组织结构可用图 3-1 表示。

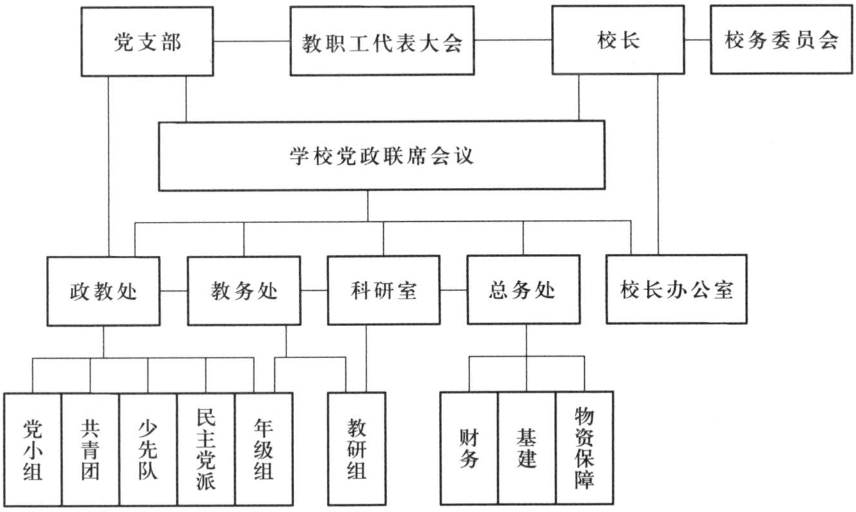

图 3-1　我国中小学学校内部组织结构的一般模式①

学校行政组织是为了完成正常的教育教学任务、维持正常的学校运转而设立的，主要包括校长办公室、学校行政会议、校务委员会、教务处（教导处）、政教处（德育处）、总务处、科

① 王德清.学校管理学[M].重庆：西南师范大学出版社，2011：91.

研室(教科室)、教研组、年级组等。其中校长办公室是校长领导下处理日常校务的机构,直接对校长负责。教务处(教导处)是学校教育教学的组织管理机构,协助校长具体管理学校各教研组、年级组的业务工作,同时兼管学校中与教学业务相关的科、室,如实验室、图书馆等。政教处(德育处)是学生思想教育工作的主管机构,负责学校各种德育活动,并管理学校的体育、卫生工作,负责审定年级组、班主任等的工作计划及其实施情况。在有些学校中,政教处(德育处)并非常设机构,而是把这一管理机构的职责统一归入教务处(教导处)。总务处负责组织和管理学校的后勤工作,包括学校的基建、校舍的维修、设施的采购、账务管理、学校的食堂和学生宿舍、学校的安全保卫等的管理和实施。科研室是近年来中小学重视学校教育科研的产物,协助校长组织和推动学校的教育科研工作。教研组和年级组是学校的基层单位。前者负责组织某一具体学科的教学,开展教学研究活动,提高教师业务能力;后者为同一年级的班主任和任课教师的集体组织,协调班主任与任课教师之间的关系,组织本年级师生开展各项文体活动、校外活动等。

学校非行政组织的目的在于监督、保证学校教育教学活动的正常实施以及学校的正常运行,主要包括学校党支部、工会、教代会、共青团、少先队、学生会,以及一些研究性团体。

在学校的组织架构中,对学校的管理和运行起重要的决策指挥作用的是学校领导管理体制。新中国成立以后,普通中小学曾先后实施过军管制、校长负责制、党支部领导制、地方党委和教育行政部门领导的校长负责制、革命委员会制、党支部领导下的校长分工负责制等。1993 年 2 月发表的《中国教育改革和发展纲要》对学校内部的领导管理体制做了明确规定:“中等及中等以下各类学校,实行校长负责制。”

校长负责制的基本内涵是:① 校长全面负责。校长是学校的法人代表,处于学校的中心地位,按有关规定行使职权、履行职责。对外代表学校,对内全面领导和负责教育、教学、科研和行政管理等工作。校长的权力包括决策权、指挥权、人事权、财经权等。② 党支部监督保证。在校长负责制中,中小学的党组织由过去对学校的直接领导转变为对学校工作的保证监督——保证监督党的路线、方针、政策在学校的贯彻落实;学校办学坚持社会主义方向;学校各项工作能够正常实施和顺利完成。同时,做好学校内党的组织建设和思想建设,发挥政治核心作用。③ 校务委员会审议和教职工民主管理。校务委员会是学校的审议机构,负责审议学校的重大决策,但它本身不是决策机构,也不是学校的行政管理机构。此外,学校还建立教职工代表大会制度,让全体教职工对学校的决策提出意见和建议,对学校工作实行民主管理、民主监督。此外,学校还要接受上级党委和政府的领导以及教育主管部门的检查督导。

3. 学校规章制度及其建设

学校规章制度是学校以条文的形式,根据国家相关的法律、法规和教育主管部门的授权,按照教育教学规律,结合本校的实际情况,对师生员工在工作、学习、生活等方面制定的系统的行为规范。这些规范对于学校组织架构内的各种关系具有调控作用,对于学校各个部门及个人的行为具有导向和制约作用,在维持学校正常的工作秩序方面发挥保障作用。学校规章制度既有全校性的,如学校行政会议制度、全校教职工学习制度,也有部门性的,如教育教学制度、教研活动制度、学校卫生保健制度等。总体而言,它是一个涉及学校方方面面的规章体系。

学校规章制度的建设主要包括学校规章制度的制定、执行和监督等。

制定学校规章制度要遵循以下基本原则:① 目的明确——制定学校规章制度是要通过对学校人员的行为进行规范来教育人、培养人、发展人,而不是对人的思想、言语和行为进行约束和禁止。② 科学可行——制定学校规章制度要符合中小学教育教学的规律以及学校的实际情况,具有前瞻性;文本要具体、详细、简明,便于理解和实施。③ 系统完善——学校的规章制度由一系列相关的文本组成,各种规章之间相辅相成。制定学校规章制度时要考虑其全面性、系统性,使它们之间能够互相补充,各有侧重;同时,要根据学校的发展变化对规章制度进行不断的修改和完善。④ 发扬民主——为了使学校规章制度能够真正地得以落实,学校在制定规章制度时就要多方面地征求学校师生员工的意愿,坚持民主集中制的基本原则,集思广益,使大家的意愿都能够得到体现。

学校规章制度在执行之前,要通过各种有效途径做好宣传、阐释工作,使全体师生员工理解制度的内容、实施要求、实施步骤等;在执行过程中,要做到严格有力、公平公正;对于执行规章制度的情况要进行检查和考核,并辅之以相应的奖惩机制,以确保学校规章制度的严肃性。

三、学校文化及其建设

(一)学校文化的概念与构成

学校文化是一所学校在社会文化的影响下,由学校师生员工在长期的办学和学校教育实践中创造、积淀、认可并遵循的价值观念、制度体系和行为规范,以及承载学校价值观念的学校物质环境和风貌。

学校文化由以下三个层次构成:①

第一,学校文化的外显层,主要指对象化了的物质形态(如校园、校舍布局设计、校园绿化景观、教学设施、娱乐场所、图书馆建设等),以及显现在外的学校主体的活动形式(如丰富多彩的文体活动,各种各样的竞赛、比赛、公益劳动和实践活动等)。这是学校的物质文化,是学校文化的"外壳",也是学校文化"内核"的载体。这一层面的文化主要是通过一种情趣、意向、准则等,对校园人产生着潜移默化的作用。这些文化元素的构建不是突击进行的,而是作为现代教育改革的一个部分,踏踏实实贯穿在全部学校生活中的。

第二,学校文化的中间层,主要指学校中特有的规章制度、学生守则、管理方式,以及各

① 俞国良,王卫东,刘黎明.学校文化新论[M].长沙:湖南教育出版社,1999:31-32.

种社团和组织机构及其职能范围等。这是学校的制度文化,是学校文化的保障体系。这一层面的学校文化主要是通过直接的制度约束以及体现在制度中的观念意识、行为准则等对学校师生员工产生影响的。

第三,学校文化的内隐层,主要指学校内师生认可的价值观念、学校教育目标和管理目标以及相关的教育教学思想认识等,表现为学校的风气、师生员工的审美趣味、道德情操、思维方式等。这是学校的精神文化或价值文化,是学校文化的核心。这一层面的学校文化是无形的,内隐于学校物质文化和制度文化之中,并以其为载体,对学校成员的思想、认识、道德乃至整个精神面貌和人格形成产生着直接的影响。

学校文化对学校成员具有价值导向、教育规范、激发动力、提升审美情趣等作用。生活在学校之中的人,会不知不觉地接受学校文化的熏染,并内化为个体的价值认识和行为习惯,带上特定的学校文化的烙印。学校文化是对社会历史文化的选择性的传承以及在此基础上的创新,对于整个社会文化的发展也具有重要的价值;良好的学校文化还可以辐射到其周边的社区,在创建社会精神文明和社区文化建设方面具有示范和引领作用。

(二) 中小学学校文化建设

1. 中小学学校文化建设的概念

学校文化建设,是指学校主体(由学校领导管理人员、教师、学生和职工组成的学校所有成员)根据社会和学校的未来发展趋势,在充分调查研究学校生存和发展的社会大环境和学校自身小环境现状的基础上,通过对现有学校文化进行整理和总结所进行的学校文化创新活动。

作为整个社会文化系统中的一种亚文化,学校文化一方面要不断接受社会文化的渗透与影响,反映社会文化发展的趋势;另一方面又会对社会文化产生一定的作用,在社会文化发展中体现出自身的价值。而要使学校与社会之间保持良好的互动,学校就必须做好自身文化的建设和完善问题。

中小学学校文化建设的根本目的在于优化青少年学生的学习生活环境,使他们在奋发向上、崇尚个性和勇于创造的学校精神影响下,在和谐、宽松、友好的人际关系和公正、宽容、理解的集体舆论熏陶下,健康、快乐地获得发展。

2. 学校文化建设的基本内容

根据学校文化的构成层次,中小学学校文化建设也包括三个方面:

(1) 学校物质文化的建设

如学校图书馆的建设、食堂的建设、学生宿舍的建设、体育文娱活动的丰富多彩、校际体育比赛、音乐会和演讲会等。这是一种直观的影响力,良好的教育环境,有利于提高教师教育行为和管理行为的有效性,提高青少年学生学习行为的智能性、参与文化活动的积极性;同时,使学校行为具有继承性。师生员工可以根据学校教育需要,设计和建设标准化、规范化的教育环境,如民主和谐的政治环境、治学严谨的学习环境、生动活泼的文体环境、清洁卫生的生活环境、幽静宜人的自然环境等，使学校教风、学风、班风及优良传统世代相传，从而形成这个学校的特色文化。在学校校园的创建布局方面，应在实现功能效果的同时，赋予校园以艺术美的效果，讲究章法布局，以教学科研为中心，把功能区域、文化景观合理进行规划，布置在适宜的地方，体现秩序感、韵律感和节奏感，同时呈现出社会主义学校庄重、严整、活泼的局面，寓情于物，寓教于景，注重学校文化的综合效益。形成整洁、明朗、舒适、处处充满生机和活力的教学科研环境，赋予社会主义学校以高雅文明的气质。同时还要使校园的建筑与绿化和谐协调，主次分明，构建一种良好的学习、生活环境，在人们的视觉上产生和谐、舒适的感觉，使师生员工在学习工作之余能得到美的乐趣和享受。另外，学校教育环境还必须是一个渗透了感情色彩的公共生活环境，在这种教育环境中的理性因素，诸如学校传统、校风、学风、教风、规范、舆论等，都在个人身上得到体现，既接受着环境的教化，又在影响感染他人。因此，这种环境的每个人既是受教育者，又是教育者，形成了一个“社会的人的环境”。个人在这种环境中不知不觉地受到教育，达到于“渐于礼义而不苦其难，入于中而不知其故”的境界。在优化教育环境的过程中，教育者还应当精心组织学生的各种组织活动，特别是要把学校文化建设与社会实践紧密结合起来，广泛开展社会调查与实践活动，使学到的知识能及时、直接地与实际联系起来，有助于学生不断了解社会，不断接收来自社会的反馈信息，从而改变自己不切实际的思想和行为，把社会责任内化为自己的思想意识。还有，如庄严的仪式、隆重的授奖大会、严肃的学术报告和政治报告、丰富多彩的艺术体育活动、诱人的科学普及活动和广泛的学生社团活动，一方面能使学校文化人互相交流，取长补短，另一方面也能发挥集体的力量，活跃学校文化，鼓励青少年学生和教育者奋发向上。

（2）学校制度文化的建设

这是学校教育活动得以顺利开展的保证。从社会大环境来说，要完善文化政策，改革教育制度和教学方法，并注意使之与社会改革配套进行，以激发学生和教师的竞争意识，使师生员工都感到有压力，并将压力转化为动力，从而使学校文化充满生机与活力。从学校内部来说，学校所特有的各种规章制度，如作息制度、请假制度、饭厅宿舍公约、图书馆阅览室会场规则、学生守则、教师公德等，有力地约束着学校师生员工的言行举止，保证学校各项工作的顺利开展，并构成了一所学校所特有的文化氛围。因此，很有必要加强制度层面的学校文化建设，规章制度要科学化、系统化，并且要大力宣传普及，使每个师生员工对此心中有数，这样在实际教育活动中就可使师生员工有规可循、有章可依。为了保证这些规章制度的贯彻实施，学校还必须有一定的纪律，即校纪。校纪是一种要求全体师生员工在学校集体生活中严格按规章制度去执行命令和履行自己职责的带有强制性的规则，它关系到学校全体师生员工的切身利益，是学生成才的重要保证。对于学校中存在的纪律松弛、迟到、早退、旷课、考试作弊等歪风，应按照校纪进行严肃处理。同时，要健全学校行政、党团组织的建设，分工明确，职责分明，以身作则，正常活动，民主决策，发挥模范带头作用。在平时的工作中，行政和党团组织要紧密配合，同心协力，把温暖和爱心送给每一位师生。另外，学校还要加强学生社团的组织建设，特别是基层学生组织的建设，把重点放在班委、班团支部及各种兴趣小组的建设上，因为他们作为大多数学生的集合体，是学校文化的主干力量，许多学校文化活动只有依靠全体学生的努力才能完成,学校文化的价值也只有依靠全体学生才能得以体现。因此,加强以班级为基本单位的各种学生社团组织建设,对于发挥学校文化的正向功能至关重要。

(3) 学校精神文化的建设

如果说物质性文化(学校文化中的“硬件”)对师生员工的作用是直观取胜的话,那么,精神文化(观念形态,即学校文化中的“软件”)对师生员工的作用则是在全面渗透中实现的。这样才能建立起一套为广大师生员工所一致认同的学校文化。应转变旧文化观念,树立新文化观念,建立符合时代发展要求的价值体系。精神形态的学校文化建设是一个长期而艰苦的系统工程。社会主义学校的性质决定了进入这里的青少年学生经过几年的陶冶,在知识、才能、思想等方面会发生深刻的变化,成为社会所期待的角色。因此,在学校教育中,要强调正面教育、说理教育,消除青少年学生的模糊认识,抵制不良思想的影响,改变学校思想教育“理论不灵、队伍不稳、工作不好、效果不大”的局面,使青少年学生把一定的社会思想、价值观念和道德规范等纳入自己的人格体系内,完成文化人格的自我塑造,建立起坚定正确的政治方向与价值目标取向,并在日常行为方式中得以体现。教育者的重要任务是对此进行强化,使其自行终止。在这个过程中,充分发挥已形成的学校文化的背景作用,让个人的文化价值观、个人的积极性受到充分重视,共同创造的价值观受到充分尊重,让学校文化植根于师生员工的心田里,并实现学校文化的螺旋式上升。

通过学校文化建设,中小学校要致力于将学校创办成具有独特的学校哲学和办学理念、取得较高的办学水平和显著的育人效果的特色学校。

案例链接 3-2

南通一中“品位教育”特色文化的建设①

江苏省南通第一中学创建于 1919 年。近年来,学校明确提出了“实施品位教育,奠基幸福人生”的办学理念,打造“品位教育”这一闪亮的特色名片。

实施仁爱教育　诠释品位真谛

仁爱教育作为南通一中的教育传统和德育特色,是一中人经过近百年的艰苦跋涉,不断积累,代代相传,厚积而成。它涵盖了“仁”的四个层次:

爱身:仁爱教育,首先要做的就是爱身。所谓爱身就是爱自己,即自尊、自爱、自重。学校积极开展的学生形象设计系列活动,从师生的行为习惯、精神风貌、情感取向、做人准则四

① 资料来源:于金秋,王亮.用智慧飞扬的思想 办品位卓越的教育:江苏省南通第一中学积极开展“品位教育”塑造学校特色品牌纪实[N].中国教育报,2011-12-12(6).有删节.

个层面展开讨论,通过征文、演讲、主题班会和风采大赛等活动,让师生多方位设计定位自我的美感与智能形象;学校每月开展仁爱师生评选,鼓励并引导师生在多种活动中崭露头角,展示自我,深刻领悟仁爱的内涵,并在日常行为规范中体现仁爱思想,成为同龄人中的楷模,促进师生相互欣赏。

亲亲:学校继承并弘扬中国"孝"文化的精髓,引导并鼓励学生发起"亲情、沟通"系列活动,让学生每学期回忆生活中最令自己感动的父爱母爱一件事,列举自己最让父母伤感的一件事,两相比照让学生动容、感恩。除此之外,一中还积极开展家长学校活动,为广大学生及家长共同开展"走进孩子的心灵世界""在校做一名好学生,在家做一个好孩子""孩子与父母互写一封信"等活动,让学生更加懂得了珍惜血缘亲情。

仁民:学校将"仁民"思想作为学校德育工作的重心,开展丰富多彩的爱心帮扶活动取得了丰硕的成果。自 1995 年起,高一(3)班全体师生发起并成立了"爱心社",以孤寡老人和身边因病因祸造成的特殊同学为主要关心对象。如今,这一活动已经拓展为全校性的"爱心接力"活动。学校开展的另一个爱心典型活动叫"情系高原"。十多年来,一中师生将温暖和希望送往雪域高原的同时,也收获了喜悦和幸福。

爱物:就是对人类之外的宇宙万物施以爱心。学校利用这一思想教育学生热爱自然、关爱地球、保护环境、珍惜成果、爱护公物。一直以来,学生从节约水电等日常生活中的细微之处做起,从小树立环保意识,养成良好的行为习惯。每学期初的校园安全隐患排查、学校安全守则等,从各个层面体现了"爱人、爱己、爱公物"的崇高内涵,使每一位师生都能够由内向外地提升道德素养,升华"仁爱"精神。

打造高效课堂　提升教育内涵

在"轻负高效"的背景下,南通一中从学生学习的"权利"、教师教学的能力、课堂的教学行为、追求课堂高效的原则四个维度出发,成功构建起以"任务驱动·学程导航·能力见长"教学策略为实现路径的"四五"高效课堂教学模式。

所谓高效课堂"四五"模式即以"一书三案"为载体,即任务书、教案、学案和练习案;以"一课三段"为特征,即任务细化阶段、互动研讨阶段、总结反馈阶段;以"四维五有"为要义,即原先所提"四五模式"的表述为内涵。学生具有"五有"权利的课堂,即学生有创新生成的学习欲望、有选择方式的学习自由、有可以参与的学习小组、有足够活动的学习时间、有自我衡量的学习标准;教师具有"五定"能力的课堂,即教师对教学现状要合理定位、对教学内容要科学定性、对教学对象要准确定向、对教学训练要适度定量、对教学结果要谨慎定评;实施"五导"行为的课堂,即创设情境、设计任务要实施诱导,探究发现、尝试解决要实施引导,突破难点、学教同步要实施疏导,信息交流、深化规律要实施指导,实践反馈、方法提炼要实施辅导;遵循"五结合"方针的课堂,即师徒结对与集体备课相结合、任务驱动与学程导航相结合、达成目标与特殊人群相结合、课堂诊断与点评交流相结合、课堂实践与教学反思相结合。

通过高效课堂"四五"模式的实施,有效促进了教师的专业发展和学校教育科研水平的提升;大面积提高了学生的学业成绩,促进了每个学生的全面健康发展,使学校的教育教学质量不断提升，教育品牌愈加闪亮。

案例论坛

1. 你认为什么是特色学校？特色学校建设与学校文化建设之间的关系是怎样的？

2. 当前我国中小学校在建设特色学校方面存在哪些主要问题？为什么会产生这些问题？你解决问题的良策是什么？

拓展阅读

1. 石中英.公共教育学[M].北京:北京师范大学出版社,2008.

2. 李永生.学校效能建设[M].北京:教育科学出版社,2012.

3. 余清臣,等.学校文化学[M].北京:北京师范大学出版社,2010.

4.【美】沃尔特·范伯特,乔纳斯 F.索尔蒂斯.学校与社会[M].第 4 版.李奇,等,译.北京:教育科学出版社,2006.

5.【美】Koetzsch,R.E..学习自由的国度:另类理念学校在美国的实践[M].薛晓华,译.上海:华东师范大学出版社,2005.

专题四 当代教师：以育人为天职的专业人员

问题导读

1. 你如何理解教师专业化的内涵？
2. 你认为自己是专业人员吗？理由是什么？
3. 教师专业发展的目标和内容是什么？
4. 影响教师专业发展的主要因素有哪些？它们在教师专业发展中发挥着怎样的作用？
5. 作为教师，应该如何促进自身的专业发展？

教师是人类社会最古老的职业之一。由于其担负的社会任务的特殊性，古今中外的人对教师在道德、知识和能力等方面都提出了很高的要求。然而，教师的社会地位和作用问题，却在相当长的时间内没有得到合理的解决。20世纪60年代中叶，教师专业化运动的兴起，使得教师的专业地位得到了国际社会的一致肯定，教师专业发展问题也成为一个热点问题。本专题首先简要回顾教师职业的历史，阐述教师专业化的内涵，然后分析当代教师的专业地位和多元角色，以及教师自身的专业发展的问题，以帮助教师更好地把握自己的专业地位和作用，不断提升自身的专业素质。

一、当代教师从普通职业向专门职业的转型

教师职业源于远古时代人类的社会生活，伴随着人类社会的进步而经历了不同的发展阶段。20世纪60年代以后，全球范围内兴起了教师专业化浪潮，这促成了当代教师从普通职业向专门职业的转型，同时也赋予教师与时代要求相适应的社会地位和多元角色。

（一）教师职业的产生和发展

社会经济、政治、文化等因素的共同作用，推动着教师职业的发展。总的来说，教师职业的发展可以划分为三个阶段：

1. 兼职教师阶段

在远古时代，人类为了自身的生存和社会的延续与发展，必须通过教育向年轻一代传授劳动知识技能和社会生活经验，并进行道德教育和宗教教育。这时的教育活动由全体劳动者参加，并在劳动中和生活中进行。氏族部落的首领、长者，以及后来家庭中的父母兄长均负有将生产劳动技能和社会生活经验传递给其他幼小社会成员或家庭子女的责任。长者、能者为师，养老与育幼相结合是当时教师职业的典型特征。教师工作就是简单的口耳相传，或手把手地传授技艺，无需专门的职业训练。

中国发展到西周时期，政教合一、学在官府、以吏为师，政府官员是当然的教师，官学中设有从事专职教育的官师氏，有大师、小师，择优聘请。这种吏师制度一直沿用到我国封建社会结束。如我国唐代的教职设有祭酒、司业、博士、助教、学正、学录、监丞、典簿、典籍、掌馔等。这些人既是政府官员，又是官学教师。他们教职的大小，以他们在政府所任职位的高低为标准。

西方古希腊的“智者派”中产生了最早的教师职业。在中世纪，教会学校中的教师大多由僧侣、神父、牧师等兼任。“19 世纪以前，欧洲各国初等学校的教师大多由教堂的唱诗人、旅馆的掌柜以及‘坐着的手艺匠(裁缝、鞋匠等)’兼任。直到 19 世纪，……许多手工业者兼任教师，把教育儿童当作获得补充工资的工作。”①而“在美国工业化之前，教学工作只是那些认识一些粗浅知识的人，为了谋生所做的短暂的工作，……勉强称其为教书匠或混生活的人，绝对无法称其为教师”②。

这一阶段对教师的教学专业性要求不高，因而，不存在专门的教师职业训练和专门的教师培养机构。

2. 专职教师阶段

我国春秋战国时期的孔子和墨子开了私人讲学的先河。在一定程度上说，他们是中国最早的专职教师。但严格来讲，中国专职教师的产生是伴随着近代中国的现代化进程而产生的。1896 年 2 月，盛宣怀在上海创办南洋公学，内设师范院，这是中国师范教育的滥觞。此后，师范学堂在我国陆续建立。这些学堂为当时的中国培养了第一批近代意义上的教师。1904 年，清政府颁行癸卯学制，其中正式设置了师范教育系统——初级师范学堂和优级师范学堂。清末民国时期，中国师范教育发展迅速。专职教师地位很高，举世罕见。新中国成立后，我国的师范教育得到了长足发展，专职教师队伍建设也跨入一个新的历史时期。

在西方，班级授课制和义务教育的实施，使得教师职业培训问题越来越受到重视。1681 年，法国的拉萨尔创立了世界上第一所师资培训学校，成为世界师范教育的开始，也标志着西方专职教师职业阶段的到来。

这一阶段，教师职业逐渐脱离经验化、随意化而走向科学化，职业水平不断提高。但是教师的培养方式主要还是班级授课制，不太重视教育专业的训练。另外，对教师的在职培训

① 马健生.现代教育制度与思想[M].第 2 版.北京：高等教育出版社，2009：345.

② 马健生.现代教育制度与思想[M].第 2 版.北京：高等教育出版社，2009：346.

缺乏足够的认识和必要的措施。

3. 专业教师阶段

从世界范围来看,教师专业化是20世纪后半叶以来,随着人们对教师地位和教育质量的关注而不断得到重视的。1955年召开的世界教师专业组织会议率先研讨了教师专业问题。1966年,联合国教科文组织和国际劳工组织发表《关于教师地位的建议》,其中写道:"教育工作应被视为一种专业。这种专业要求教师经过严格且持续不断的研究,才能获得并维持专业知识和专门技能,从而提供公共服务;教育工作还要求教师对其教导之学生的教育和福祉具有个人的和共同的责任感。"①这是对第二次世界大战以后国际社会关于教师职业性质问题讨论的一个谨慎总结。自此,教师专业化运动首先在西方国家逐渐推行开来。这应是专业教师阶段的真正开始。

20世纪80年代,面对新的社会发展要求,世界各国十分重视教育质量的提高,先后掀起了教育改革的高潮。在此过程中,社会各界达到的共识是:教育改革成功与否,关键在于教师质量。1996年,以雅克·德洛尔任主席的国际21世纪教育委员会向联合国教科文组织提交的题为《教育——财富蕴藏其中》的报告中对此总结道:"要提高教育质量,首先必须改善教师的招聘、培训、社会地位和工作条件。教师只有在具有所需的知识和技能、个人素质、职业前景和工作动力的情况下,才能满足人们对他们的期望。"②为此,世界各国都采取了推进教师专业化的行动。1986年,美国的卡内基工作小组和霍姆斯小组相继发表《国家为培养21世纪的教师做准备》《明天的教师》两个重要报告,强调确立教师专业性为教师教育改革和教师职业发展的目标。1997年,日本教员养成审议会第一次报告再次强化了对于教师职业专业性的认识。1998年,英国教育与就业部颁布了新的教师教育专业性认可标准《教师教育课程要求》。

中国也及时地顺应了这一教育改革新潮浪。1986年,原国家教委下发《关于中小学教师考核合格证书试行办法》,要求中小学教师必须获得教材教法考试合格证书和专业合格证书。这一文件确认了教师工作在学科和教育两个方面的专业性。1994年1月起正式施行的《中华人民共和国教师法》明确规定:"教师是履行教育教学职责的专业人员",第一次从法律的角度确认了教师的专业地位。1995年国务院颁布《教师资格条例》,2000年教育部颁布《教师资格条例实施办法》,教师资格制度在我国全面实施。1999年,我国出版的第一个对职业进行科学分类的权威性文件《中华人民共和国职业分类大典》中,首次将教师职业归并为"专业技术人员"一类。③ 同时,在教育理论界也兴起了研究教师专业发展问题的热潮。我国的香港地区和台湾地区也分别从20世纪80年代后期开始加大教师专业化教育制度的改革。

这一阶段,教师职业被普遍视为一种专门职业,教师专业化运动也开始全方位开展,主

① 【美】Bruce Joyce,Beverly Showers.教师发展:学生成功的基石[M].唐悦,周俏纨,译.北京:中国轻工业出版社,2005:Ⅲ.

② 雅克·德洛尔.教育:财富蕴藏其中[M].联合国教科文总部中文科,译.北京:教育科学出版社,1996:134-135.

③ 刘微.我国教师专业化的现状[N].中国教育报,2002-01-04.

要表现在师资人才高学历化、教师资格制度化、教师发展专门化、教师培养培训一体化和终身化等方面。

(二)教师专业化的内涵

1. 职业与专业的区别

所谓职业,是指一个人赖以谋生的社会劳动岗位和必须承担的社会角色及其社会责任。职业须具备下列特征:(1) 目的性,即职业活动以获得现金或实物等报酬为目的;(2) 社会性,即职业是从业人员在特定社会生活环境中所从事的一种与其他社会成员相互关联、相互服务的社会活动;(3) 稳定性,即职业在一定的历史时期内形成,并具有较长生命周期;(4) 规范性,即职业活动必须符合国家法律和社会道德规范;(5) 群体性,即职业必须具有一定的从业人数。

专业是社会发展到一定阶段,随着社会分工、职业分化而出现的。

1933 年,社会学家卡尔·桑德斯和威尔逊首次将"专业"定义为:一群人在从事一种需要专门技术之职业,这种职业需要特殊的智力来培养和完成,其目的在于提供专门性的社会服务。① 之后,许多研究者都尝试着界定"专业",出现了"有多少个研究专业这个课题的学者,便有多少个专业的定义"②的局面。针对这种状况,有学者指出:"倘若要给专业寻找定义,那么我们的目标应是对专业群体共同性的宽泛概括。"③"专业群体共同性"概念的提出,引发了学者对专业特征的研究。1956 年,利伯曼提出专业应该具有八大特征:(1) 范围明确,垄断地从事于社会不可缺少的工作;(2) 运用高度的理智技术;(3) 需要长期的专业教育;(4) 从事者无论个人、集体均具有广泛的自律性;(5) 在专业的自律性范围内,直接负有做出判断、采取行动的责任;(6) 非营利性,以服务为动机;(7) 形成了综合性的自治组织;(8) 拥有应用方式具体化了的伦理纲要。④ 这一观点受到国际社会的普遍认可。我国学者研究认为,专业是由专门人士从事的职业,专业要求从业人员受过长期的专门训练,具备专精化的知识和技能,有自己的专业团体和明确的职业道德,工作上具有权威性及独立自主权,具有为公众服务第一位的信念、高度自律和自我提高的精神,以及专家管理和严格的专业选拔。⑤

职业与专业之间的联系表现为:职业与专业都是以社会分工为基础的,而且职业是专业的基础,当某一职业专门化以后,它就逐渐具有了"专业"的意蕴,而被称为专业。二者的主要区别表现为:(1) 从事专门职业需要以掌握系统的专业知识和技能为前提,按照科学的理论和技术行事;而从事普通职业无需专门的知识和技能,只需按例规行事。(2) 专门职业的从业人员需要接受长期的专业训练,而且这种训练是在大学里进行的,是以是否接受过高等

---

① 教育部师范教育司.教师专业化的理论与实践[M].北京:人民教育出版社,2001:13.

② Morris I. Cogan.Toward a Definition of a Profession[J].Harvard Educational Review,1953(23):33.

③ R.S.Downier.Professions and Professionalism [J].Journal of Philosophy of Education,1990(24):147.

④ 【日】筑波大学教育学研究会.现代教育学基础[M].钟启泉,译.上海:上海教育出版社,1986:442.

⑤ 柳海民.现代教育原理[M].北京:人民教育出版社,2006:215.

专门教育为标志的；而普通职业的从业者无需接受长期的专业训练，主要通过个人体验和个人工作经历而积累工作经验。(3) 专业与职业相比，更多地提供一种特有的、范围明确的、社会不可或缺的服务，在自主的范围内对于自己的专业行为与专业判断负有责任，以高质量的服务获得报酬，并且把服务置于个人利益之上。(4) 专门职业把服务和研究融为一体，即专业人员不仅要提供优质的专业服务，为了保证服务品质和服务水平的不断提高，还要在服务中不断进行研究，通过研究提高专业水平，并且对专业人员而言，这种研究是一种自觉的行为；而普通职业仅提供一种服务，没有研究的意识。(5) 在专业问题范围内，有明显的内行和外行的差异，非专业人员对专业内的事物了解极为浅薄，正如隔行如隔山；而普通职业无内行和外行之别。(6) 专门职业的从业人员把工作看作一种事业，是一种生活方式。不同专业的从业人员有不同的生活方式；而普通职业的从业人员仅仅把工作当作一种谋生的手段。(7) 专业人员一般具有较高的职业声望，在社会职业声望的排位中处在最高层。①

2. 教师专业化的内涵

社会学认为，专业化是指一个职业群体在一定时期内，逐渐符合专业标准，成为专门职业并获得相应的专业地位的过程。

教师专业化是职业专业化的一种类型。简而言之，它是指教师职业从普通职业向专门职业转型的过程。在这个过程中，教师要达到两个基本指标，一是逐渐符合教师专业标准，二是获得相应的专业地位。对于教师专业化的具体内涵，人们给出了许多不同的解释。有人将“教师专业化”理解为教师“个人成为教学专业的成员并且在教学中具有越来越成熟的作用这样一个转变过程”②；也有人认为，“教师专业化是指教师在整个专业生涯中，依托专业组织，通过终身的教育专业训练，习得教育专业知识和技能，实现专业自主，表现专业道德，逐步提高自身从教素质，成为一个良好的教育专业工作者的专业成长过程”③。

目前，我国教育界比较认可的对“教师专业化”的诠释是：

教师专业化是指教师职业具有自己独特的职业要求和职业条件，有专门的培养制度和管理制度。教师专业化的基本含义是：第一，教师专业既包括学科专业性，也包括教育专业性，国家对教师任职既有规定的学历标准，也有必要的教育知识、教育能力和职业道德的要求。第二，国家有教师教育的专门机构、专门教育内容和措施。第三，国家有对教师资格和教师教育机构的认定制度和管理制度。第四，教师专业发展是一个持续不断的过程，教师专业化也是一个发展的概念，既是一种状态，又是一个不断深化的过程。④

这一概念包含如下要点：第一，明确了教师职业的专业地位。教师专业是双专业，既包括教师任教的学科专业，又包括教育专业。这是教师专业与其他专业的不同。第二，教师教育要专业化——设立专门的教师教育机构、规定专门的教育内容和教育方式。第三，教师专业化要

---

① 教育部师范教育司.教师专业化的理论与实践[M].北京：人民教育出版社，2001：18-19.

② 【澳】邓金.培格曼最新国际教师百科全书[Z].教育与科普研究所，编译.北京：学苑出版社，1989：553.

③ 金忠明.教师教育的历史、理论与实践[M].上海：上海教育出版社，2008：215.

④ 袁贵仁.加强和改革教师教育 大力提高我国教师专业化水平[G]//教育部师范司.教师专业化的理论与实践.北京：人民教育出版社，2001：1.

制度化。我国实施教师资格制度、教师教育机构认定制度等，并加强对这些制度的管理。第四，教师专业化要常态化。教师专业化是一个不断持续的过程，而不是一个阶段性的工作。这意味着应该通过各种途径和方式，不断提高教师个体的专业素质和师资队伍的整体水平。

教师专业化的目标有二："其一是把教师视为社会职业分层中的一个阶层，专业化的目标是争取专业的地位与权力及力求集体向上流动。……其二，把教师视为提供教育教学服务的专业工作者，专业化的目标是发展教师的教育教学的知识和技能，提高教育教学的水平。"①与此相应，教师专业化的内容，也可以分为两个方面："一是关注教师职业成为专门职业并获得应有的专业地位的过程；二是关注教学的品质、职业内部的合作方式，教学人员如何将其知识技能和工作职责结合起来，整合到同事关系以及与其服务对象的契约和伦理关系所形成的情境中。"②教师专业化又可以分为教师群体专业化和教师个体专业化。前者是指教师职业在自身的发展过程中，逐渐符合专业标准，成为一种专门职业，以及群体成员的社会地位、经济待遇和专业自主权等方面得到整体提升的过程。后者是指教师个体在整个职业生涯中，不断学习专业理论知识，进行专业技能训练以及不断提升专业素养，促进专业发展，由非专业人员变为专业人员的过程，即教师由一般的职业从业人员成长为专业人员的过程。教师专业化是教师群体专业化和教师个体专业化相互作用的结果，教师专业化是教师群体专业化发展的必然结果，教师个体专业化是教师专业化的基础和源泉，是教师专业化的根本方向。

（三）专业化视角下教师地位的分析

教师的地位是指社会给予教师的政治经济待遇以及社会对教师工作的认可程度，它受一定社会政治、经济、思想和文化传统的制约，并反映着教师的社会作用。

美国人类学家拉尔夫·林顿认为，地位是权利和义务的一种直接集合，而角色则是体现着地位的动态方面，即角色是围绕地位而产生的权利、义务和行为规范、行为模式，是人们对处在一定地位上的人的行为期待。③ 林顿的观点说明，我们可以通过分析教师的权利、义务和角色，明确教师的地位。

1. 教师的权利

所谓教师的权利，就是指教师依法行使的权利和享受的利益。

从教师专业的角度来探讨教师的社会地位，必须考虑教师的双重身份——教育专业人员和一般社会公民。据此，教师的权利应该包括两个方面的内容：

其一，教师作为社会公民所应享有的宪法、法律规定的基本权利。这种权利是基于教师的宪法地位而产生的，是教师最根本的权利。依据我国宪法规定，教师的基本权利包括：① 平等权。② 参与社会活动和政治活动的权利。③ 人身不受非法拘禁、逮捕、搜查及侵

① 教育部师范教育司.教师专业化的理论与实践[M].北京：人民教育出版社，2001：28.

② 教育部师范教育司.教师专业化的理论与实践[M].北京：人民教育出版社，2001：26.

③ 【英】迈克尔·曼.国际社会学百科全书[Z].袁亚愚，等，译.成都：四川人民出版社，1989：581-582.

害，人格尊严、住宅及通信自由和通信秘密不受侵犯。④ 宗教信仰自由。⑤ 向国家机关及其工作人员提出批评、建议、申诉、控告或检举的权利。⑥ 社会经济权。⑦ 文化教育权。⑧ 妇女平等权利及婚姻、家庭、儿童受国家保护的权利。此外，如果教师是华侨、归侨和侨眷，还依法享有国家保护他们正当权益的权利。

其二，教师作为教育专业人员所应享有的特殊的教育权利。这种权利是由教师的专业人员地位所决定的，反映教师专业的特点。根据《中华人民共和国教师法》的规定，这些权利包括：① 进行教育教学活动，开展教育教学改革和实验。② 从事科学研究、学术交流，参加专业的学术团体，在学术活动中充分发表意见。③ 指导学生的学习和发展，评定学生的品行和学业成绩。④ 按时获取工资报酬，享受国家规定的福利待遇以及寒暑假期的带薪休假。⑤ 对学校教育教学、管理工作和教育行政部门的工作提出意见和建议，通过教职工代表大会或者其他形式，参与学校的民主管理。⑥ 参加进修或者其他方式的培训。

2. 教师的义务

教师的义务，从法律意义上来说，就是指教师依法应尽的责任。根据权利与义务对等的原则，教师的义务也可以划分为一般义务和特殊教育义务。

教师的一般义务，就是教师作为社会公民，依据宪法或其他法律的规定应尽的责任。根据我国《宪法》的规定，这些义务包括：① 维护祖国的统一和民族的团结。② 遵守宪法和法律，保守国家机密，爱护公共财产，遵守劳动纪律，遵守公共秩序，尊重社会公德。③ 维护祖国的安全、荣誉和利益。④ 保卫祖国，依法服兵役和参加民兵组织。⑤ 依法纳税。⑥ 劳动和受教育。⑦ 计划生育。

教师作为专业人员，还要履行教育义务。按照《中华人民共和国教师法》的规定，这些义务包括：① 遵守宪法、法律和职业道德，为人师表。② 贯彻国家的教育方针，遵守规章制度，执行学校的教学计划，履行教师聘约，完成教育教学工作任务。③ 对学生进行宪法所确定的基本原则的教育和爱国主义、民族团结的教育，法制教育以及思想品德、文化、科学技术教育，组织、带领学生开展有益的社会活动。④ 关心、爱护全体学生，尊重学生人格，促进学生在品德、智力、体质等方面全面发展。⑤ 制止有害于学生的行为或者其他侵犯学生合法权益的行为，批评和抵制有害于学生健康成长的现象。⑥ 不断提高思想政治觉悟和教育教学业务水平。

3. 教师角色

“角色”原指戏剧舞台上演员扮演的剧中人物。20 世纪 20 年代，美国社会心理学家米德首先将角色概念引入社会心理学理论中，用“社会角色”这一概念来说明在人们交往中可以预见的互动行为模式以及个人与社会的关系。[①] 一般认为，角色是“处于一定社会地位的个体或群体，在实现与这种地位相连的权利与义务时，表现出符合社会期望的行为与态度。”[②]教师角色就是教师在学校教育中，在实现与其身份、地位相对应的权利和义务时所表

① 郑杭生.社会学概论新修[M].北京：中国人民大学出版社，2003：106-107.

② 顾明远.教育大辞典·增订合编本（上）[Z].上海：上海教育出版社，1998：843.

现出来的符合社会期望的态度和行为模式的总和。

传统教育中,教育被视为一种"工具",教师也被视为一种"工具"。教师扮演的角色主要是知识的传授者。而实际上,教师的角色定位应该是多元的而不是单一的,在现代社会中更是如此。在我国,随着知识化社会的到来,以及新一轮基础教育课程改革的推进,人们对教师的多元角色问题也开展了广泛的研究,提出了许多不同的观点。我们经过文献分析发现,得到研究者较多认同的教师角色主要有六个:学生学习的指导者和促进者、课程研制者、教育研究者、学生的心理保健员、终身学习者、信息资源的设计者和制作者。①

(1) 学生学习的指导者和促进者

以前,教师是知识传授者,学生是知识的接受者。今天,人类进入了信息网络时代,学生很容易从多种渠道获得信息和知识,学习方式正在由接受式学习向自主探究式学习转变。教师也不再是单纯的知识传授者,而成为了学生学习的指导者和促进者。

教师在这方面的角色行为主要有:① 帮助学生决定适当的学习目标和最佳学习途径;② 帮助学生养成良好的学习习惯和终身学习的能力;③ 创设适宜、多样的教学环境,激发学生的学习动机;④ 和学生一道探索新知。

(2) 课程研制者

长期以来,我国教师是课程计划的执行者。新的基础教育改革要求课程应该是生成的、开放的和体验的。这使得教师不仅能够执行既成的课程计划,而且要成为课程的开发者、设计者和执行者;教学也不仅仅是忠实地执行课程计划,而是课程内容持续生成与转化、课程意义不断建构与提升的过程。

教师在课程研制过程中担负的重要任务包括:① 将教育行政部门颁布的课程计划、课程标准和审定的教学材料等具体化。② 组织实施教学,将自己备课产生的方案付诸实施。③ 开发、研制校本课程和地方课程。④ 评价课程计划是否科学、可靠并达到了课程目标的要求,是否能使学习者感兴趣和满足学习者需要等。②

(3) 教育研究者

教师成为研究者,意味着教师在教育实践中遇到新情况、新问题后,不再将问题交给其他的专业理论研究者去研究,而要在自己的教育教学实践中进行主动的研究,寻求答案。

教师的教育研究可以使课程、教学与教师真正融为一体。我国基础教育新课改的目标,不仅改变了学生的学习生活,也改变了教师的专业生活。在新课程实施中,教师要对新课程充分理解、接受、认同,不断检验和完善,这些都需要教师进行研究。教师的教育研究还可以促进教师专业发展,促使教师素质的自我更新和提升,增强教师职业的乐趣和价值感、尊严感,使教师真正成为有思想、有道德、有知识、有能力的教育实践主体。

教师的教育研究主要是在教育教学实践层面开展的。教师工作在教学第一线,可以获得第一手鲜活的资料,其研究成果可以丰富或改革教育教学实践。主要方法包括正统的"学

---

① 王卫东.教师专业发展探新:若干理论的阐释与辨析[M].广州:暨南大学出版社,2007:41-46.

② 黄甫全.新课程中的教师角色与教师培训[M].北京:人民教育出版社,2003:68-69.

科规训”、新兴的“质的研究”、国外引进的“行动研究”以及“建构性试验”等。①

(4) 学生的心理保健员

随着社会的发展,生活、学习节奏的加快,竞争加剧以及网络的负面影响,学生心理问题的发生率越来越高,也越来越趋于低龄化,已成为影响学生成长的主要因素之一。因此,教师应当充当起学生心理健康的维护者,为那些有心理困扰的学生提供及时有效的指导和帮助。

教师成为学生心理保健员,首先要求教师要认真地研究当代学生,了解他们的思想、学习、交往和生活的情况;其次要具有对学生进行心理健康教育的意识,并将这种意识融入到自己日常的教育教学活动中去;最后还要具备心理保健方面的相关知识和技能,能够帮助有困难的学生摆脱困扰,健康成长。

(5) 终身学习者

教师成为终身学习者,要求教师必须不断学习先进的教育科学理论,及时了解国内外教育教学改革与发展的动态,优化知识结构,提高文化素养,并具有终身学习的意识和能力,做终身学习的典范。

终身学习已成为一种重要的现代教育理念。这一理念要求每一个社会成员都应成为终身学习者,教育者也不例外。教育者要保持知识的领先,就要终身不断地学习,接受继续教育,丰富自己的知识储存。另外,身教重于言教。教育者只有先当好学生,才能当好先生。在终身学习体系中,自学成为学习的主要形式,自我教育成为教育的主要途径。

(6) 信息资源的设计者和制作者

教学过程是一个由教师、学生、教学内容、教学媒体等要素构成的复杂系统。今天,要提高教学效率和效果,教师应该能够运用现代教育技术为学生创设学习情境,由单纯的知识传授者转变为教学信息的制作者、加工者和处理者。这就要求教师具有较高的信息素养能力,能够掌握多媒体技术,开发和利用先进的教学资源,并将之融于教学活动中。此外,教师还要参与多媒体与网络课件的设计和制作,包括编写网络与多媒体课件脚本、协助教育技术人员制作网络与多媒体课件等,以支持学生自主学习。

案例链接 4-1

关于教师地位的建议

联合国教科文组织和国际劳工组织,1996

Ⅰ. 定义

1. 为本建议之目的:

(a)“教师”一词涵盖在学校里负责教育学生的所有人;

① 黄甫全.新课程中的教师角色与教师培训[M].北京:人民教育出版社,2003:86-90.

(b)所使用的教师“地位”这一表达方式既指赋予教师的身份或对他们表示的尊重，正如社会对教师职能的重要性及其行使职能水平的肯定，也指与其他职业群体相比给予教师的工作条件、报酬及其他物质利益。

……

Ⅲ. 指导原则

……

4. 应该认识到教育进步在很大程度上取决于广大教师的资格和能力，取决于每个教师的人文、教学和技术素质。

5. 教师的地位应该与根据教育宗旨和目标估计的教育需要相称；应该认识到教师的适当地位以及公众对教师职业应当给予的尊重对于这些宗旨和目标的全面实现至关重要。

6. 应该把教学工作看作一种专门职业：它是公共服务的一种形式，需要教师通过严格的和持续的学习获得和保持专业知识和专门技能；它还要求个人和集体对于教育以及他们所负责的学生的福利有一种责任感。

7. 教师在培训和就业的方方面面都不应受到基于种族、肤色、性别、宗教、政治观点、民族血统、社会出身或者经济条件的任何形式的歧视。

8. 教师的工作条件应尽可能促进有效的学习并使教师能够集中精力搞好本职工作。

9. 教师组织应被看作能够大力促进教育进步的一种力量，因此应与教育政策的制定相关。

……

Ⅷ. 教师的权利和责任

职业自由

61. 教师职业应享有履行职业义务中的学术自由。由于教师特别有资格判断最适合自己学生的教学设备和方法，因此，应该在经核准的方案的框架内，在教育主管部门的帮助下，让教师在选择和改编教材、挑选教科书以及应用教学方法中发挥重要作用。

62. 教师及教师组织应参与新的课程、课本和教学设备的开发。

63. 任何检查或监督制度的目的应是鼓励和帮助教师承担其专业任务，而不是限制教师的自由、积极性和责任。

64. (1) 当需要对教师工作进行某种类别的直接评估时，评估应该是客观的，并且应该让教师知情。(2) 教师应有权对其认为没有道理的评估提出上诉。

65. 教师应有权自由使用其认定对衡量学生的进步有用的评价方法，但应确保其方法不会导致对个别学生的不公平。

66. 主管部门应适当考虑教师关于个别学生是否适合某种课程或继续学习的建议。

67. 努力促进教师与家长为学生利益而进行密切合作，但对于基本属于教师职权范围内的事务，应保护教师不受家长不公平的或无理的干涉。

68. (1) 欲投诉某学校或某教师的家长应首先与该学校校长和有关教师进行讨论，随后其向上级主管部门提出的投诉应采用书面形式并向当事教师提交副本。(2) 对投诉进行调查时应让教师有公平的机会为自己辩护并且不公开调查程序。

69. 教师应尽量小心避免学生发生事故，但在学生在学校或学校场地以外的有关活动中受伤的情况下，教师的雇主应保护他们避免被要求进行损害赔偿的风险。

教师的责任

70. 鉴于教师的职业地位在很大程度上取决于教师自己，所有教师应力图在本职工作中尽可能达到最高标准。

71. 应该在教师组织的参与下制定和保持有关教师表现的职业标准。

72. 为了学生、教育部门和整个社会的利益，教师和教师组织应寻求与主管部门通力合作。

73. 教师组织应制定道德准则或行为准则，因为这样的准则非常有助于确保职业声望以及按照议定原则履行职业义务。

74. 为了学生和成人的利益，教师应为参加课外活动做好准备。

……

教师的权利

79. 为了教师的自我发展、教育事业和全社会的利益，应鼓励教师参与社会生活和公共生活。

80. 教师应自由行使其普遍享有的公民权利，并且有资格担任公职。

81. 在公职需要教师放弃其教学职责的情况下，为资历和养老金之目的，教师应保留职业并且在公职任期结束后应该能够返回以前的岗位或者获得一个相当的岗位。

82. 应该通过教师组织与教师雇主之间的谈判程序确定教师的工资和工作条件。

83. 应建立法定的或自愿的机制，确保教师通过其组织与他们的公立或私立雇主谈判的权利。

84. 应建立适当的联合机制，以解决教师与其雇主在任期和就业条件方面出现的纠纷。如果已经穷尽为这些目的而确定的手段和程序或者如果在当事人之间的谈判中存在障碍，那么教师组织应有权采取其他组织为维护自己的合法权益一般可以采取的其他步骤。

……

案例论坛

1. 以上从《关于教师地位的建议》中节选的内容中涉及教师的哪些地位？
2. 试结合这一建议书中的内容，对中国相关的教师政策进行简要的评述。
3. 你认为中国在提高教师地位方面还存在哪些主要问题？应如何改进？

二、教师专业发展

教师专业化最初的“组织发展”阶段强调教师群体的专业化，谋求教师专业社会地位的提升以及教师入职的高标准，然而，收效并不理想。人们经过反思认为，教师是一个个具体的教育工作者，他们必须以提高教学水平和发展个人的知识和技能为发展方向。教师专业化应该从强调教师职业群体的专业化转身强调教师个体的专业发展。于是,自20世纪80年代起,教师专业发展(professional development of teachers)成为教师专业化的新发展趋势。

(一) 教师专业发展的概念

教师专业发展的概念是人们对“什么是教师专业发展”这一问题的理性认识的反映。我们可以通过对教师专业发展的定义、特征、类型等问题的认识来全面地把握教师专业发展的科学内涵。

1. 教师专业发展的定义

教师专业发展是以教师个体在专业领域内的自我发展为核心,以教师个体的经验反思为媒介,不断习得教育专业知识技能,实施专业自主,表现专业道德,逐步提高自身从教素质,成为一个良好的教育专业工作者的成长过程。

这一定义包含以下三个基本要点:第一,教师专业发展是教师成长的结果,也指教师成长的过程,即教师的专业素质不断发展和成熟的过程。这一过程存在于教师职业生涯的完整历程之中,伴随着这一历程的是教师专业素质的持续改变。它包括多个不同的阶段,各阶段教师专业发展的侧重点、目标和速度各异,从而使得教师专业发展处于非线性的动态过程中。第二,教师专业发展的内容包括教师从事教育专业工作应有的专业理念、专业道德、专业知识、专业能力等。第三,教师专业发展既有与其他专业人员共性的发展规律,也有教师职业独特的发展特征。教师专业发展表现出一种较为强烈的自主意识,要求教师制定适合于自己的学习目标,选择自己需要的学习内容,成为自身专业发展的主人。它强调并尊重教师个人已有的经验,把一般的教育教学理论知识与教师个人的实践性知识加以整合,并融入具体的应用场域和个人的个性特征之中。

2. 教师专业发展的基本特征

(1) 自主性

教师职业的特殊性决定了教师的专业发展带有明显的个人特征,是一个与主体性密切相关的复杂过程。它有赖于教师以自身的经验和智慧为专业资源,在日常的专业实践中学习、探究,形成自己的实践智慧。教师只有具有了主体自主性,专业发展才能得以实现。因此,自主发展是教师专业发展的本质所在。

(2) 阶段性

作为一个过程,教师专业发展包括了多个不同的阶段,并且不同的阶段有不同的发展速度和侧重点。一般来说,教师专业发展大多要经过准备期、适应期、发展期和创造期,最终成为专业的教育人员。

(3) 终身性

教师专业发展的终身性一是体现在专业发展伴随着教师职业生涯的整个时间历程,二是表现为教师专业内涵的不断拓展。一个教师接受了完整的职前教师教育,取得教师资格证书,仅仅意味着教师专业发展的开端。在任教过程中,教师仍然需要持续的学习和发展,在整个职业生涯中不断获得自身的发展与完善。

3. 教师专业发展的主要类型

教师专业发展可分为自主性教师专业发展和合作性教师专业发展两大类型。

自主性教师专业发展是指教师具有自我发展的意识和动力,自觉承担专业发展的主要责任,通过不断的学习、实践、反思、探索,使自己的教育教学能力不断提高,并不断向更高层次的发展。自主性教师专业发展强调对教师个体自主发展权利的尊重,对教师个体教育实践知识与智慧的认同,突出表现了教师在教育教学活动、教改探索、科学研究以及促进学生发展的各个方面不甘于单调的重复,不断学习、研究、创造,不断自我完善、自我超越,提升个人的自我价值,满足自我的高层次需要。

合作性教师专业发展是指教师通过彼此合作,平等互助,资源共享,互相商讨,达到集思广益、共同提高的发展目的。教师的专业发展依赖于他所处的教学环境,受影响于他的同事。通过合作,不同教育能力和不同知识结构的教师可以达成互补,有效地改善个体的学习能力与学习方法,从而提高教育教学效率。在专业发展过程中,每一个教师专业素质的提高,都不单是教师个人努力的结果,在很大程度上需要教师之间的合作,教师要实现专业发展就必须加强合作。

(二)教师专业发展的内容与阶段

1. 教师专业发展的内容

教师专业发展的内容,也就是教师专业素质,它是教师从事教育专业工作应该具备的道德规范、文化知识、技能技巧等综合的品质特征的概括。它往往以一种结构形态而存在,是在教师具有优良的先存特性的基础上经过正确而严格的教师教育所获得的。①

关于教师专业素质,很多研究者都有论及,研究成果如表 4-1 所示。

表 4-1 不同学者对教师素质结构的分析研究②

研究者	教师素质结构
艾伦	1. 学科知识;2. 行为技能;3. 人格技能
林瑞钦	1. 所教学科的知识;2. 教育专业智能;3. 教育专业精神
饶见维	1. 教师通用知能;2. 学科知能;3. 教育专业知能;4. 教育专业精神
叶澜	1. 专业理念;2. 知识结构;3. 能力结构
姚志章	1. 认知系统;2. 情意系统;3. 操作系统
唐松林等	1. 认知结构;2. 专业精神;3. 教育能力
扈中平等③	1. 教育家的意识、创新精神和改革意识;2. 教育科学研究的意识和能力;3. 获取和处理信息的能力、运用现代教育技术的技能等;4. 健康的心理素质

① 郑燕祥.教育的功能与效能[M].香港:广角镜出版有限公司,1991:122-123.

② 教育部师范教育司.教师专业化的理论与实践[M].北京:人民教育出版社,2003:54.

③ 扈中平.现代教育理论[M].北京:高等教育出版社,2000:198-204.

2012 年 2 月，我国正式颁布了《中学教师专业标准（试行）》《小学教师专业标准（试行）》和《幼儿园教师专业标准（试行）》。这三个标准，均从专业理念与师德、专业知识和专业能力方面对教师的专业素质做出了规定。

（1）专业理念与师德

教师专业理念是指教师在对教育工作本质充分理解的基础上形成的关于教育的理性信念，它在教师的专业素质结构中处于较高层次，对教师的专业成长和教育教学行为产生着重要的影响。教师专业道德是教师从事教育教学工作所必须遵循的道德规范和行为习惯的总和。

在我国试行的教师专业标准中，专业理念与师德维度确定了职业理解与认识、对学生（幼儿）的态度与行为、教育教学（幼儿保育与教育）的态度与行为、个人修养与行为等四个领域，并提出了相应的基本要求，其内容大致相同，但也考虑到了不同阶段教育的独特性。中小学教师在专业理念与师德方面的具体要求如表 4-2 所示。

表 4-2　中小学教师的专业理念与师德的基本要求

领域	基本要求
（一）职业理解与认识	1.贯彻党和国家教育方针政策，遵守教育法律法规。 2. 理解中学教育工作的意义，热爱中学教育事业，具有职业理想和敬业精神。 3. 认同中学教师的专业性和独特性，注重自身专业发展。 4. 具有良好职业道德修养，为人师表。 5. 具有团队合作精神，积极开展协作与交流。
（二）对学生的态度与行为	6. 关爱中学生，重视中学生身心健康发展，保护中学生生命安全。 7. 尊重中学生独立人格，维护中学生合法权益，平等对待每一个中学生。不讽刺、挖苦、歧视中学生，不体罚或变相体罚中学生。 8. 尊重个体差异，主动了解和满足中学生的不同需要。 9. 信任中学生，积极创造条件，促进中学生的自主发展。
（三）教育教学的态度与行为	10. 树立育人为本、德育为先的理念，将中学生的知识学习、能力发展与品德养成相结合，重视中学生的全面发展。 11. 尊重教育规律和中学生身心发展规律，为每一个中学生提供适合的教育。 12. 激发中学生的求知欲和好奇心，培养中学生学习兴趣和爱好，营造自由探索、勇于创新的氛围。 13. 引导中学生自主学习、自强自立，培养良好的思维习惯和适应社会的能力。
（四）个人修养与行为	14. 富有爱心、责任心、耐心和细心。 15. 乐观向上、热情开朗、有亲和力。 16. 善于自我调节情绪，保持平和心态。 17. 勤于学习，不断进取。 18. 衣着整洁得体，语言规范健康，举止文明礼貌。

（2）专业知识

教师专业知识是教师专业区别于其他专业的理论体系与经验系统。教师在专业知识方面的发展，主要包括三个方面："首先是量的拓展，即教师要不断地更新知识，补充知识，扩大自己的知识范围。其次是知识的质的深化，即从知识的理解、掌握到知识的批判，再到知识的创新。……再次是知识结构的优化，以广泛的文化基础知识为背景，以精深的学科知识为主干，以相关学科知识为必要补充，以丰富的教育科学知识和心理科学知识为基本知识边界的复合性的主体知识结构，是专业性教师追求的目标。"①

我国的教师专业标准对中学教师和小学教师在专业知识方面的规定有一定的差异。《中学教师专业标准（试行）》从中学分科教学的实际出发，依据中学生身心发展的规律以及中学教育教学的本质特征，确立了中学教师知识构成的四个领域，即一般教育知识、学科知识、学科教学知识、通识性知识，提出了有关中学教师专业知识的 18 项基本要求。而《小学教师专业标准（试行）》从小学生发展知识、学科知识、教育教学知识、通识性知识四个领域对小学教师的专业知识提出了 17 项具体要求。其具体内容分别如表 4-3 和表 4-4 所示。

表 4-3　中学教师应具备的专业知识

领域	基本要求
（一）教育知识	1. 掌握中学教育的基本原理和主要方法。 2. 掌握班集体建设与班级管理的策略与方法。 3. 了解中学生身心发展的一般规律与特点。 4. 了解中学生世界观、人生观、价值观形成的过程及其教育方法。 5. 了解中学生思维能力与创新能力发展的过程与特点。 6. 了解中学生群体文化特点与行为方式。
（二）学科知识	7. 理解所教学科的知识体系、基本思想与方法。 8. 掌握所教学科内容的基本知识、基本原理与技能。 9. 了解所教学科与其他学科的联系。 10. 了解所教学科与社会实践的联系。
（三）学科教学知识	11. 掌握所教学科课程标准。 12. 掌握所教学科课程资源开发的主要方法与策略。 13. 了解中学生在学习具体学科内容时的认知特点。 14. 掌握针对具体学科内容进行教学的方法与策略。
（四）通识性知识	15. 具有相应的自然科学和人文社会科学知识。 16. 了解中国教育基本情况。 17. 具有相应的艺术欣赏与表现知识。 18. 具有适应教育内容、教学手段和方法现代化的信息技术知识。

① 全国十二所重点师范大学.教育学基础[M].北京:教育科学出版社,2002:119.

表 4-4 小学教师应具备的专业知识

领域	基本要求
(一)小学生发展知识	1. 了解关于小学生生存、发展和保护的有关法律法规及政策规定。 2. 了解不同年龄及有特殊需要的小学生身心发展特点和规律,掌握保护和促进小学生身心健康发展的策略与方法。 3. 了解不同年龄小学生学习的特点,掌握小学生良好行为习惯养成的知识。 4. 了解幼小和小初衔接阶段小学生的心理特点,掌握帮助小学生顺利过渡的方法。 5. 了解对小学生进行青春期和性健康教育的知识和方法。 6. 了解小学生安全防护的知识,掌握针对小学生可能出现的各种侵犯与伤害行为的预防与应对方法。
(二)学科知识	7. 适应小学综合性教学的要求,了解多学科知识。 8. 掌握所教学科知识体系、基本思想与方法。 9. 了解所教学科与社会实践的联系,了解与其他学科的联系。
(三)教育教学知识	10. 掌握小学教育教学基本理论。 11. 掌握小学生品行养成的特点和规律。 12. 掌握不同年龄小学生的认知规律。 13. 掌握所教学科的课程标准和教学知识。
(四)通识性知识	14. 具有相应的自然科学和人文社会科学知识。 15. 了解中国教育基本情况。 16. 具有相应的艺术欣赏与表现知识。 17. 具有适应教育内容、教学手段和方法现代化的信息技术知识。

(3)专业能力

教师的专业能力是教师在从事教育教学活动过程中所形成的并直接影响其活动过程和效果的各种能力的总和。这是教师专业素质中的核心因素。

我国教师专业标准对中学教师和小学教师在专业能力方面的规定也有一定的差异。《中学教师专业标准(试行)》从教学设计等六个领域,提出了 25 项有关中学教师专业能力的基本要求,涵盖了中学教师应有的四方面的基本能力,即教学能力、开展班级管理和其他教育活动的能力、人际交往能力和自我发展能力。而《小学教师专业标准(试行)》从教育与教学设计、组织和实施、激励与评价、沟通与合作、反思与发展五个领域对小学教师的专业能力提出了 23 项具体要求。其具体内容分别如表 4-5 和表 4-6 所示。

表 4-5 中学教师应具备的专业能力

领域	基本要求
(一)教学设计	1. 科学设计教学目标和教学计划。 2. 合理利用教学资源和方法设计教学过程。 3. 引导和帮助中学生设计个性化的学习计划。
(二)教学实施	4. 营造良好的学习环境与氛围,激发与保护中学生的学习兴趣。 5. 通过启发式、探究式、讨论式、参与式等多种方式,有效实施教学。 6. 有效调控教学过程。 7. 引发中学生独立思考和主动探究,发展学生创新能力。 8. 将现代教育技术手段渗透应用到教学中。
(三)班级管理与教育活动	9. 建立良好的师生关系,帮助中学生建立良好的同伴关系。 10. 注重结合学科教学进行育人活动。 11. 根据中学生世界观、人生观、价值观形成的特点,有针对性地组织开展德育活动。 12. 针对中学生青春期生理和心理发展特点,有针对性地组织开展有益身心健康发展的教育活动。 13. 指导学生理想、心理、学业等多方面发展。 14. 有效管理和开展班级活动。 15. 妥善应对突发事件。
(四)教育教学评价	16. 利用评价工具,掌握多元评价方法,多视角、全过程评价学生发展。 17. 引导学生进行自我评价。 18. 自我评价教育教学效果,及时调整和改进教育教学工作。
(五)沟通与合作	19. 了解中学生,平等地与中学生进行沟通交流。 20. 与同事合作交流,分享经验和资源,共同发展。 21. 与家长进行有效沟通合作,共同促进中学生发展。 22. 协助中学与社区建立合作互助的良好关系。
(六)反思与发展	23. 主动收集分析相关信息,不断进行反思,改进教育教学工作。 24. 针对教育教学工作中的现实需要与问题,进行探索和研究。 25. 制定专业发展规划,不断提高自身专业素质。

表 4-6 小学教师应具备的专业能力

领域	基本要求
(一)教育教学设计	1. 合理制定小学生个体与集体的教育教学计划。 2. 合理利用教学资源,科学编写教学方案。 3. 合理设计丰富多彩的班队活动。

续表

领域	基本要求
（二）组织与实施	4. 建立良好的师生关系，帮助小学生建立良好的同伴关系。 5. 创设适宜的教学情境，根据小学生的反应及时调整教学活动。 6. 调动小学生学习积极性，结合小学生已有的知识和经验激发学习兴趣。 7. 发挥小学生主体性，灵活运用启发式、探究式、讨论式、参与式等教学方式。 8. 将现代教育技术手段渗透运用到教学中。 9. 较好使用口头语言、肢体语言与书面语言，使用普通话教学，规范书写钢笔字、粉笔字、毛笔字。 10. 妥善应对突发事件。 11. 鉴别小学生行为和思想动向，用科学的方法防止和有效矫正不良行为。
（三）激励与评价	12. 对小学生日常表现进行观察与判断，发现和赏识每一个小学生的点滴进步。 13. 灵活使用多元评价方式，给予小学生恰当的评价和指导。 14. 引导小学生进行积极的自我评价。 15. 利用评价结果不断改进教育教学工作。
（四）沟通与合作	16. 使用符合小学生特点的语言进行教育教学工作。 17. 善于倾听，和蔼可亲，与小学生进行有效沟通。 18. 与同事合作交流，分享经验和资源，共同发展。 19. 与家长进行有效沟通合作，共同促进小学生发展。 20. 协助小学与社区建立合作互助的良好关系。
（五）反思与发展	21. 主动收集分析相关信息，不断进行反思，改进教育教学工作。 22. 针对教育教学工作中的现实需要与问题，进行探索和研究。 23. 制定专业发展规划，不断提高自身专业素质。

2. 教师专业发展的主要阶段

20 世纪 60 年代，美国学者弗朗斯·富勒、鲍恩等人以其编制的著名的《教师关注问卷》揭开了教师职业发展理论研究的序幕。他们认为："个人成为教师的这一历程是经由关注自身、关注教学任务，最后才关注到学生的学习以及自身对学生的影响这样的发展阶段而逐渐递进的。"①他们的研究结果如表 4-7 所示。

表 4-7　富勒和鲍恩的教师专业发展四阶段说②

阶段名称	主要特征
1. 从教前关注阶段 （preteaching concerns）	职前阶段的学生只是想象中的教师，仅关注自己

① 王俊生，陈大超.教师个体职业生涯发展阶段初探[J].辽宁教育研究，2004(12)：67.

② 全国十二所重点师范大学.教育学基础[M].北京：教育科学出版社，2002：120.

续表

阶段名称	主要特征
2. 早期求生阶段 (early concerns about survival)	学习教师主要关注的是自我胜任能力(self-adequacy)以及作为一个教师如何"幸存"下来,关注对课堂控制、是否被学生喜欢和他人对自己教学的评价
3. 关注教学情境阶段 (Teaching situation concerns)	教师主要关心在目前教学情境下对教学方法和教材等限制下,如何正常地完成教学任务,以及如何掌握相应的教学技能
4. 关注学生阶段 (concerns about pupils)	教师开始把学生作为关注核心,关注他们的学习、社会和情感的需要,以及如何通过教学更好地影响他们的成绩和表现

之后,西方国家日益关注并研究教师成长周期问题。这里主要介绍费斯勒的"教师职业生涯周期模型"和斯德菲的"教师生涯人文发展模式"。

从1980年起,费斯勒和他的同事历时8年,通过广泛的文献资料研究和对160多位教师的访谈,建构了"教师职业生涯周期模型"。这一模型将教师的职业生涯分为八个阶段:① 职前期——教师专业角色的准备阶段,是指在学院或大学里的初始培训阶段。② 职初期——指教师受雇的头几年,是教师在学校系统中的社会化时期。③ 能力建构期——教师努力提高教学技能和才智的阶段。这一阶段的教师容易接受新观念,积极参与各种学习和交流,视工作为挑战,渴望改进自己各方面的技能。④ 热情与成长期——这一阶段,教师的工作能力已达到较高的水平,但专业能力仍在继续进步。⑤ 职业挫折期——这一阶段教师的工作满足感变弱,开始产生职业倦怠。⑥ 职业稳定期——此时进入教师职业生涯的高原期,教师正处于逐步退出所承担的教学义务过程之中。有些教师开始停滞不前,但也有教师对教学拥有选择的热情。⑦ 职业消退期——这个阶段,教师正准备离开岗位,其持续时间可能长达几年,也可能只有几周或几个月。⑧ 职业离岗期——指教师离开教学工作后的一段时间。此时教师可以退休,也可能选择其他职业,或转岗到教育系统的非教学工作。[①] 费斯勒率先认识到教师的成长是一个曲线发展过程,教师会在漫长的职业生涯中遭遇挫折甚至停滞不前,由此提供了一个较为完整的纵贯教师生涯全过程的理论架构,具有较高的理论价值。

斯德菲依据人文心理学派的自我实现理论,建立了教师生涯发展模式或称为人文发展模式。他将教师的发展分为以下五个阶段[②]:① 预备生涯阶段——主要包括初任教职的教师,或重新任职的教师。② 专家生涯阶段——这一阶段的教师已具有较高水平的教学能力与技巧,对学生抱有很高的期望。同时,也能激发自我潜能,达成自我实现的目的。③ 退缩生涯阶段——包括初期退缩、持续退缩和深度退缩三个阶段。④ 更新生涯阶段——此阶段

① 【美】Ralph Fessler & Judith C. Christensen.教师职业生涯周期:教师专业发展指导[M].董丽敏,高耀明,等,译.北京:中国轻工业出版社,2005:40-42.

② 王俊生,陈大超.教师个体职业生涯发展阶段初探[J].辽宁教育研究,2004(12):67-68.

的教师致力于追求其专业成长，吸收新知，仍需要外在的支持，更需要学校的行政部门的支持与协助。⑤ 退出生涯阶段。到了退休年龄，或由于其他原因而离开教育岗位。斯德菲认为，当教师个体处于发展的低潮时，如果给予其适时、适当的协助与支持，教师个体是可能度过低潮期而继续追求其专业成长的。

国内一些学者根据对我国教师实际情况的研究也对教师专业发展的阶段进行了划分。傅道春把一般教师成长为优秀教师的过程归纳为三个阶段[①]：积累期、成熟期和创造期。积累期是在教师基本适应教育教学工作之后，在教育教学的知识、能力以及教学实践经验方面逐渐积累的时期，也是一个优秀教师区别于一般教师而逐渐成为学校教学骨干，逐渐走向成熟的阶段；成熟期是优秀教师完全适应教育教学工作的时期，也是其完全掌握了教学主动权，各方面都成熟后成为学校教学骨干的阶段；创造期是教师开始由固定的、常规的、熟练化的工作进入到开始探索和创新的时期，是形成自己的独到见解和教学风格的时期。叶澜等人从"自我更新"取向角度，将教师专业发展分为"非关注"阶段、"虚拟关注"阶段、"生存关注"阶段、"任务关注"阶段和"自我更新关注"阶段，其成果如表 4-8 所示。

表 4-8　以"自我更新"为取向的教师专业发展阶段说

阶段名称	时限	主要特征
1."非关注"阶段	正式教师教育之间	无意识中以非教师职业定向的形态形成了较稳固的教育信念，具备了一些"直觉式"的"前科学"知识与教师专业能力密切相关的一般能力。
2."虚拟关注"阶段	师范学习阶段（包括实习期）	对合格教师的要求开始思考，在虚拟的教学环境中获得某些经验，对教育理论及教师技能进行学习和训练，有了以自我专业发展反思的萌芽。
3."生存关注"阶段	新任教师阶段	在"现实的冲击"下，产生了强烈的自我专业发展的忧患意识，特别关注专业活动中的"生存"技能，专业发展集中在专业态度和动机方面。
4."任务关注"阶段		随着教学基本"生存"知识、技能的掌握，自信心日益增强，由关注自我的生存转到更多地关注教学，由关注"我能行吗"转到"我怎样才能行"。
5."自我更新关注"阶段		不再受外部评价或职业升迁的牵制，自觉依照教师发展的一般路线和自己目前的发展条件，有意识地自我规划，以谋求最大程度的自我发展，关注学生的整体发展，积累了比较科学的个人实践知识。

① 傅道春.教师的成长与发展[M].北京：教育科学出版社，2001：42-43.

（三）教师专业发展的保障

教师专业发展受到教师、学校、教育、政府等多方面的影响，每一种因素对于不同阶段的教师专业发展的影响是不一样的。正确认识和处理这些因素的影响作用，才能保证教师专业发展取得良好的预期。

1. 教师保障

教师自身的因素是其专业发展的内因，所以教师保障（又可以称为主体保障）是教师专业发展的首要保障。在这方面，教师应该做到以下几个方面：

（1）树立终身学习、持续发展的理念，自觉提高专业发展的内驱力

在“终身学习”理念的框架下，学校教育不仅仅要传承人类文化知识，更要唤醒和提升学生的学习需求和动力，使他们能够主动学习、自主选择、健康发展。而这就首先要求教师成为终身学习的实践者，为学生树立终身学习的典范。仅仅有终身学习的理念还不够，教师还要做好自身专业发展的科学规划，有计划、有步骤地提高自身专业素质。

（2）加强学习

学习在教师专业发展中起着至关重要的作用，它是教师获得专业发展的必备前提。教师通过各种途径的学习，不断改善自己的知识、能力、态度、教学方法、思想品德和行为习惯，丰富和完善自己的专业知能和专业情意，才能达到专业成熟。这就要求教师首先成为一个学习型教师，将自我实现作为人生的最大需求，有明确的学习目的，能主动地寻找学习的机会，能把学习和工作系统地、持续地结合起来，在学习中发展，在学习中创造，并把自身的学习看作一个持续一生的过程。在教育生活中，教师要做生活的有心人，无所不学、无时不学、无处不学。自主学习、经验性学习、行动学习等都是教师学习的重要方式。

（3）积极从事教育教学研究和教学反思

通过教育科研提高教师的专业素质，是教师专业发展的有效途径。在这方面，最近教育界比较推崇教师的行动研究——把个人研究、反思与个体实践紧密结合起来的研究方式。它是“行动”和“研究”的结合、“理论”和“实践”的统一。研究问题来源于教师的教育教学实践之中，研究者对问题有清晰的把握，也容易解决问题并把研究成果在后续实践中加以应用，而教师也会通过研究和探索，切实地提高自己的专业素质。

教学反思，是教师以自己及自己的教学过程为思考对象，对自己的教学理念、教学设计、教学行为、教学结果进行审视和分析，并不断改进自己的教学实践使之更具合理性的思考过程。“二十年的教学经验也许只是一年经验的二十次重复；除非我们善于从经验中提取教训，否则我们就不可能有什么改进。”①教师只有不断地对自己的教育教学经验进行反思，提升为理性的教育教学理念和理论，然后将它们运用到实践中去，并进行再思考和再提炼，才能形成自己的教育实践知识和教育智慧。

---

① 【澳】斯坦脱姆.怎样成为优秀教师[J].汪琛，译.比较教育研究，1983(1)：16.

(4) 做好教师之间的合作

有效的教师自主发展,不仅仅是教师个体的事情,也要依赖教师群体。因此,寻找有效的教师合作途径,也是教师专业发展的主体保障方面的重要一环。学校常规的集体备课、教研活动,以及新近兴起的教师学习共同体、教师研究共同体、名师工作室等,都是教师合作的有效方式。

2. 学校保障

学校是教师工作和专业生活的主要环境,也是其获得专业发展的最主要场所之一。学校在教师专业发展方面的观念、制度、措施和资源支持等,对教师专业发展影响甚大。

(1) 形成关于教师专业发展的正确观念

教师专业发展涉及对一系列基本问题的认识和理解,其中以学校领导和教师关于教师专业发展及其与学校发展的关系的认识为首要。确立正确的教师专业发展观,才能使学校教师产生自主专业发展的内驱力。此外,学校领导的办学理念、师生员工所信奉的价值观、学校风气、远景目标和专业道德等无一不对教师的专业发展产生深远的影响。

(2) 建立健全相关的规章制度

学校制度是由各种规章、条令、程序所组成的条文及其执行系统,它为人们提供了行为框架,使所有人在这个框架里有序地工作与生活。① 在教师专业发展的制度保障方面,学校要重点解决以下问题:通过学校制度体现学校对教师专业素质的要求;通过制度规范改变教师的专业行为;制订专门的教师专业发展制度,如合理的学习制度、听课评课和研讨制度、教学观摩反思制度、教师专业发展方面的评价、奖惩制度等,以制度来保证教师专业发展的常规性开展。

(3) 组织教师专业发展的相关活动

在这方面,学校的常规举措有集体备课、说课、课堂观摩与研讨等教研组活动,等等。此外,校本培训和学校与高等院校的合作也是重要的措施。

校本培训是指在教育行政部门和师资培训机构的指导与支持下,由学校发起与组织,以学校教育教学发展和改革所面临的各种实际问题为中心,充分利用校内外的各种资源,注重教师教、学、研的时空统一,有效实现教师专业发展的一种教师教育活动或模式。② 目前,我国在这方面进行了大量的探索,创造了许多行之有效的培训方式,如师徒帮带、专题讲座、微格培训、校本研究、校本课程开发、教师学习共同体等。

中小学与高等院校合作以促进中小学教师专业发展的形式是最早在 20 世纪 80 年代中期美国产生的教师专业发展学校(Professional Development School,缩写为 PDS)。PDS 不是一种新式学校,而是在原有中小学的基础上,与高等院校合作培训教师的新形式。其主要目的在于改善师范教育的职前培养计划,使在职教师有机会参加进修,提高其素质,进而改进整个教育质量。在校院合作中,高等教育机构负责理论方面的培训,中小学校提供教育实践

① 陈孝彬.教育管理学(修订版)[M].北京:北京师范大学出版社,1998:417.

② 王卫东.教师专业发展探新:若干理论的阐释与辨析[M].广州:暨南大学出版社,2007:183-184.

的场所,共同完成培训师资的任务。

(4)提供教师专业发展的资源

学校教师专业发展的资源,主要指为实现教师专业发展所需的人力资源、财力资源、物质资源、信息资源等。这些资源是教师专业发展必不可少的保障,学校应该为本校教师提供充足的上述资源。

3. 教育保障

教师职业的专业性,要求教师必须经过专门的长期的专业培训。因此,教育就成为影响教师专业发展的重要因素。目前,我国在这方面的努力在于推行一体化、开放型的教师教育体系。

长期以来,教师的培养都是在师范院校中进行的,并且将教师的职前培养与入职培训、在职培训分为两个不同的系统来进行,是一种"分体式"的师范教育。2001 年,在《国务院关于基础教育改革与发展的决定》中,我国第一次以"教师教育"替代了长期使用的"师范教育"概念,提出"完善以现有师范院校为主体、其他高校共同参与、培养培训相衔接的开放的教师教育体系"。

教师教育是对教师培养和培训的统称,其内涵是在终生教育思想指导下,按着教师专业发展不同阶段,对教师的职前培养、入职培训和在职培训的统合教育,具有开放性、一体化与可持续发展的特征。承担教师教育的机构是现有的各级各类师范院校与教师进修院校,也可以是综合大学和其他非师范类的高等学校。

建立一体化的教师教育体系,是当前我国教师教育改革的重要内容。"一体化"教师教育是针对以前"分体式"教师教育将职前教育与在职教育相分离的弊端,以终身教育为指导,根据教师专业化发展理论,将教师的成长与发展视为一个连续的过程,将职前教育与职后教育有机地结合在一起,成为一个整体,其目的在于不断提高教师的专业素质。有研究指出,"一体化"教师教育的具体目标包括①:① 打破条块分割的师范教育管理体制,理顺各部委与地方对师范院校的领导关系,建立统一协调的领导体制,形成上下结合、内外融通的教师教育网络。② 突破教师职前培养与在职培训割裂、本科教育与研究生教育互不衔接、不同教育机构不相往来的教育模式,建立起职前与在职教育、本科与研究生教育相互贯通的教师教育机构体系。③ 统一规划和设计教师教育内容,即把职前教师培养、新教师入职辅导和在职教师提高这几个阶段的教师教育作为一个完整的过程通盘考虑,确定培养目标,选择教育内容,设置课程结构、培养途径与教学方法等。④ 在统一规划下,重新调整和组合原来分别承担职前培养和在职培训不同任务、相互分割、互不联系的师资力量,建立一支职前、在职既各有侧重又有合作,相互融通合一的教师教育的师资队伍。

综合性大学举办教师教育,是当前我国教师教育改革的又一大举措。1999 年 6 月,第三次全国教育工作会议颁布的《中共中央国务院关于深化教育改革全面推进素质教育的决定》提出:"鼓励综合性高等学校和非师范类高等学校参与培养、培训中小学教师的工作,探

① 谢安邦.中国师范教育改革发展的理论问题研究[J].高等教育研究,2001(4):59.

索在有条件的综合性高等学校中试办师范学院。"这是我国综合性大学举办教师教育的标示。综合性大学规模大，人数多，学科门类齐，学术底蕴好，师资力量强，能够吸引优秀师范生源，提高教师教育的专业性。目前，国内外综合性大学举办教师教育的主要模式有：①"3+1"模式——学生在综合性大学里先用3年时间修完本专业课程，获得学士学位后，再接受为期1年的教育专业训练，获得教育学士学位，并取得教师资格。②"4+1"模式——学生在综合性大学里先用4年时间修完本专业课程，获得学士学位后，再接受1年的教育专业训练，以获得教师资格。③"4+2"模式——学生在4年本科学习期间，完全按照综合性大学的培养模式接受本专业的训练；本科学习结束后，志愿从事教师工作的学生经过一定的筛选程序，进入到教育学院攻读教育学硕士学位。它以培养硕士研究生学历层次的中学教师为目的。④"4+3"模式——学生学完四年的专业课程之后，考取本专业三年制硕士研究生，获得硕士学位和教师资格。此模式为非师范生本硕贯通培养模式。

4. 政府保障

政府在教师专业发展过程中发挥着重要的保障作用。国内外的实践说明，政府主要在以下几个方面为教师专业发展"保驾护航"：

(1) 制定相关的法规和政策，为教师专业发展提供法律保障

现代社会中，很多国家和地区都推行依法治国。政府在推进教师专业发展过程中，常会以法律和法规的形式规定接受专业发展是教师应尽的义务，同时在法律法规中规定教师在专业发展过程中应有的权利。例如，德国于1992年颁行的《教师继续教育法》中严格规定了中小学教师必须不断参加各种形式的研习、讨论和提高性的在职教育。

(2) 制定教师专业标准，为教师专业发展提供方向和要求

教师专业标准是教育行政机构和专家共同研制、用以指导教师教学和发展的指导性文件，具体规定教师在教学和专业发展过程中应掌握的知识、技能和准则等。制定教师专业标准，是每一个国家的政府推进本国教师专业发展的重要举措。例如，美国的国家专业教学标准委员会的国家教师资格认证委员会(National Board Certified Teachers，NBCTs)目前已为多个学科领域的教师提供旨在获得优秀教师资格证书的专业标准；2002年，英国教育标准局与英国教师培训署专门颁发了入职教师标准与在职教师训练标准，以提升教师专业标准，保证教师质量。

(3) 建立相关制度，为教师专业发展提供制度保障

在这一方面，世界各国通行的主要有教师资格证书制度、教师教育机构认可制度、教师在职继续教育制度、教师教育质量评估制度等。

(4) 成立专门机构，规划和推动教师专业发展

目前，世界各个国家和地区都有领导和推进本国教师专业发展的专门机构。这些机构不仅包括国家政府中的教育主管部门，还包括一些专业机构。在美国，最早开始尝试为教师教育提供标准的机构是美国教师教育学院协会。该协会于1951年成为美国国家教师教育认证委员会。1987年，美国成立了美国国家专业教学标准委员会，其主要职责在于为教师应该知道什么和能做什么制定高标准，对达到这些标准的教师进行认证，并推进其他教育改

革来促进学生学习。①

（5）推进相关改革，提高教师教育质量

在教师专业化运动中，许多重大的改革措施必须由政府主导才能取得实质性进展。所以，直接推进相关教育改革，促进教师专业发展，也是政府保障必不可少的部分。例如，2003年，我国教育部集成中国教师教育的优质网络教育资源，成立了“全国教师教育网络联盟”，推行“全国教师网络联盟计划”。从2010年起，教育部和财政部全面实施中小学教师国家级培训计划（简称“国培计划”）。这些改革举措有力地促进了教师专业发展，加快了教师教育的整体改革和质量提升。

案例链接 4-2

嵌在心灵深处的一课②

自从两岁那年一场重感冒夺去了我健康的左腿，小儿麻痹症就开始成为我生活的羁绊。尽管我勤奋好学，成绩在班里乃至全年级都是第一名，但这并不能消除我的自卑和别人对我的歧视，我心灵深处常常自卑和沮丧到极点。直到初三时，一节英语课改变了我的心情——那节课在我心灵深处震荡起惊天动地的雷声。

那节课是很普通的一节英语课。当时我任班里的学习委员，凭着自己的勤奋，早已将老师即将讲解的新课熟读了许多遍了。可那篇课文偏偏是关于一匹瘸骆驼的，那个 lame（瘸子）单词使我的心狂跳不已。我仿佛感到：自己苗条的身躯偏偏摊了条瘸瘸的左腿，就像瘸骆驼。我想象：英语王老师带领全班同学读 lame 这个英语单词时，定会有许多同学把目光投向我这个“瘸骆驼”。我的心惊跳着，甚至在晚上睡觉前都淌出了痛苦的泪水……

令我胆战心惊的英语课终于来临了。未等班长喊“起立”，王老师突然拍了一下脑门：“糟啦，我忘记带备课本了。学习委员、科代表，麻烦你们去我的宿舍，帮我把备课本拿来，好吗？”

我和科代表王颖出了教室，慢悠悠地去王老师的宿舍。王老师的宿舍很乱，我们找了好大一会儿，才在一堆书本中找到他的备课本。

在回教室的路上，我的心又怦怦地跳起来。lame——瘸子，等会儿肯定要读这个单词了，那么多的同学肯定得嘲笑我。王颖拿着备课本，一言不发，我们又慢悠悠地回到教室。

王老师说句谢谢！我坐到座位上，脸热辣辣的，心狂跳不已。我记不起王老师讲了什么，我的心在念叨着：lame，瘸子，我是瘸子。

王老师开始领读单词了。同学们很安静，读得很整齐。单词一个个地读下去，我闭上双

① 荀渊，唐玉光.教师专业发展制度[M].北京：教育科学出版社，2011：17-18.

② 张在军，高振国.感动教师心灵的教育故事（修订本）[M].北京：石油工业出版社，2011：15-17.有删节。

眼,心里在想,到 lame 了,到 lame 了……

王老师和同学们一遍遍地读生单词,除此,教室里没有其他的声音,没有我事先想象的哄笑。我慢慢地抬起头,打量着周围的同学。大家都在专心致志地跟王老师读单词,其他什么都没发生。慢慢地,我也张开口跟王老师朗读单词了。

后来我发现,王老师没有读 lame,每一次他都跳过这个单词,似有意又似无意。

终于,难挨的一课结束了。

第二天的晨读课时,我的心又开始忐忑不安。晨读课上同学们都要读英语,还会有 lame。可是,那天的晨读课上,没有一个同学读英语单词和课文,没有一个人读 lame。

再上英语课的时候,我常常偷偷地凝视王老师,他那么英俊,高大,他那么善良,尤其是他没有读 lame。从此,我的英语成绩牢牢地在年级中排在第一名。不仅如此,我每科成绩都更加出色,甚至,在一节体育课上,我掷铅球的成绩排到了女生第七位。

五年后,我考上了北京那所众所周知的大学。

又过了五年,在一次同学聚会上,我遇到了王颖。这时我已是一所专科学校的英语老师。谈笑间,我们回忆起少年往事,不由得谈到王老师。

王颖说:"你知道吗?那节课是王老师事先安排的。他说,你的肢体残废了,心灵也受到了打击,lame 那个单词肯定会影响你的情绪。在我们去他宿舍取备课本的十分钟里,王老师领着同学们学了 lame,而且约定领读单词时不读 lame,第二天晨读也不要读英语课文……"

呀,原来如此!我的泪水哗哗地淌出来。是王老师,是那节课,那节使我终生难忘的英语课,使我在征服命运时没有扑倒,使我寻回了自信心,抛开了歧视和自卑。

那节课嵌在了我的心灵深处,王老师教我的不仅仅是知识,也赐给了我战胜不幸命运的人格力量!

案例论坛

1. 王老师的这节英语课主要体现了教师的哪些专业素质?
2. 王老师的做法,对你的教学工作有什么启发?
3. 除了王老师的这些做法,你还有什么好的方法解决本案例中的问题?

拓展阅读

1. 教育部师范教育司.教师专业化的理论与实践[M].北京:人民教育出版社,2001.
2. 叶澜,等.教师角色与教师发展新探[M].北京:教育科学出版社,2001.
3. 朱旭东.教师专业发展理论研究[M].北京:北京师范大学出版社,2011.
4. 单中惠.教师专业发展的国际比较[M].北京:教育科学出版社,2010.
5. 荀渊,唐玉光.教师专业发展制度[M].北京:教育科学出版社,2011.
6. 卢乃桂,操太圣.中国教师的专业发展与变迁[M].北京:教育科学出版社,2009.

专题五 当代学生：以发展为己任的学习主体

问题导读

1. 如何理解学生的本质属性？
2. 结合现实，思考当前中小学生的生存状态。
3. 除了本专题列出的学生发展观，还有哪些你认为重要的学生发展观？
4. 如何在教学中合理协调和有效促进学生的全面发展、个性发展和终身发展？

学生是“在各级各类学校或其他教育机构学习的人，按教育阶段分，有小学生、中学生、大学生、研究生等”①。作为教育的对象，学生的属性、地位和作用在不同的时代有不同的内涵。传统的观点认为，教师是教育活动的主导者，学生只是受教育的对象，是被“加工”的存在。而在当代，学生越来越被视为具有主体性、自主性的学习主体，教育活动应当以充分发挥这种主体性和自主性为目标，其目的是促进学生的全面发展。学生作为成长中的个体，其核心任务是通过内外部条件的共同作用获得自身发展。

一、学生的本质属性

促进学生的发展，首先必须对学生有一个清晰、合理的定位，这是教育理念、教育制度、教育内容和教育方法等一切教育活动的基本前提。因此，研究学生问题，我们必须回答一个根本问题：在当代教育中，学生的本质属性是什么？学生是教育活动的主要参与者，是教学活动中最不稳定、最复杂的因素。学生从本质上来看是具有多元特性的个体，不管从哪个层面研究，他们都具有相当显著的特征，而正是这些本质特征，使学生区别于一般意义上的人。

① 顾明远.教育大辞典（增订合编本）[Z].上海：上海教育出版社，1998：1806.

(一)学生是发展的人

发展之于学生具有重要意义,学生是发展过程中的人。学生不仅有发展的需要,还有发展的潜能,更有发展的主体性。

从小学到中学毕业阶段,是一个人生理、心理发育和形成的重要时期,是一个人从不成熟、未定型到成熟、定型的成长发育期。在此期间,学生具有明确的发展需要,这些需要包括心理的和生理的、认知的和情感的、道德的和审美的等诸多方面。学生接受教育获得发展的过程就是人由自然人向社会人转变的过程。人是自然性与社会性的统一,个体在最初阶段更多地表现出自然属性,还是一个自然人,他只有通过教育获得了充分的社会性,才能成为一个社会人。因此,学生从自然人转变为更复杂的社会人的发展任务,也就对社会提出了发展要求。而推动学生由自然人向社会人转变的动力是个体发展需要与个体发展水平之间的矛盾运动,这一矛盾运动是学生个体和客观环境之间相互作用的反映,是通过个体所受的教育活动实现的。学生需要通过教育活动来习得自己所要获得的一切知识,从而获得发展。

学生发展需要的实现并不完全取决于外部影响,最终起作用的是学生自身的潜能。人的潜能是一个很大的资源空间,这些潜能一旦被挖掘,会产生势不可挡的影响力,而小学阶段和中学阶段是学生潜能最为活跃和旺盛的时期,其能量更是不可估量。这一阶段学生的各个方面都处在趋向成熟的发展过程中,尚未到达发展的顶峰和终极,他们潜在的能力是巨大的,他们就是早晨八九点钟的太阳,还没有完全释放出他们的能量。在这一时期,学生生理方面和心理方面都在周围的环境影响下产生着变化,正逐渐地由不成熟过渡到成熟,因此还显得不够稳定。而这种不成熟和不稳定也恰恰反映出学生在很多方面都潜藏着发展的可能性和巨大的可塑性。而"促进学生发展"这一教育的根本任务的完成,其基本途径就是挖掘学生的潜力。

教育通过挖掘学生潜能以满足其发展需要,最终要靠发挥学生在发展中的主体性。人的主体性是人的一种内在属性,它是在社会实践活动中形成和发展的,具体表现为人的自主性、独立性、能动性和创造性等。学生发展的过程既是这种主体性不断形成的过程,也是不断发挥主体性的过程。在教育过程中,学生发展的主体性体现在以下方面:学生的智力和非智力因素的参与程度和性质直接影响教育效果;学生的学习必须通过自身的积极建构,只有内化到已有的认知结构和发展框架内,才能真正获得发展;教师的教育过程应该尊重学生的自主独立性,激发学生的内在学习动力,引导学生成为学习的主人;最终,教育的结果不是传授学生一生所需的全部知识和技能,而是促使学生依靠其主体动力促进自我发展。

(二)学生是丰富的人

学生的丰富性有两层含义,一是学生群体的丰富性,二是学生个体的丰富性。

教育的对象更多时候是群体中的学生，学生存在于群体中，群体构成学生成长的生态，并保留着学生自身的独特性。① 当我们面对一个学生群体的时候，无论这个群体是大是小，都会表现出群体成员个体的差异性，包括性格特征、为人处世方式、学习成绩等，这种群体成员之间的差异性构成了学生群体的丰富性。学生群体的丰富性既会导致教育管理的困难，也是实现良好管理效果的前提。如果教育者无视这种丰富性，以一种简单、划一的方式进行管理和教育，结果只能是学生的逆反和对学生个性的扼杀；相反，如果教育者在教育实践中注意和善于利用这种群体丰富性，则学生之间的差异会成为促进个体成长不可或缺的资源，既能够实现学生群体的良性运转，又能够促进学生个体的充分、独特发展。

学生群体的丰富性源自于学生个体的丰富性。学生个体不是简单的教育对象或单纯的学习者，而是有着丰富个性的完整的人。学生以学习为主要目的来到学校，在学习的过程中，他们的智力、情感、意志和兴趣、价值观念、思想品德等都参与其中，学习过程远不是一个单纯的认知过程，而是一个复杂的、互动的人际交往过程。这个过程中学生的智力因素和非智力因素共同发生作用，使得影响学生学习效果的因素复杂多样。诚如“合作教育学”指出的：“儿童每天来到学校，并不是以纯粹的学生——致力于学习的人的面貌出现的，不，他们是以形形色色的个性展现在我们面前的。每一个儿童来到学校的时候，除了怀有获得知识的愿望外，还带了他自己的情感和感受的世界。”②因此，教育者应该抛弃认识学生的“单向度”视角，以一种“复杂性和多样性”的视角去重新认识和发现学生。

学生个体的丰富性内含着学生的独特性。根据加德纳的“多元智能理论”，人的智能是丰富多样的，并且这些智能在每个人身上的表现是不同的，因此每个学生又表现为丰富性基础上的独特性，即学生的个性特征。由于遗传素质、家庭条件、社会环境和生活经历不同，每个学生的发展道路和发展结果是不同的。他们会形成自身独特的精神世界，表现出不同的需要、动机、兴趣、气质、性格、职能和特长等特征，从而，我们看到的学生是一个个具有独特个性的人，每一个学生在看似与同龄人相似的背景和共性后面，隐藏着与其他学生诸多的差异。学生的独特性是学生发展和完善的内在资源，是创新能力的基础和源头，也是教育的心理基础与发展目标。教育者应当肯定、鼓励并发展学生的个性，以不同的标准去要求和衡量不同的学生，调动学生学习的积极性、主动性和创造性，抹杀任何一个人的独特个性，就等于剥夺了他的创造能力，否定了其存在的个人价值。新世纪的新课程改革，提倡重视学生的独立个性，注重培养学生的独立人格，以使学生能够更自觉、更主动地提高自身的各方面修养，这是新课程改革的核心目的。它将使学生的个性和闪光点得到发现和赏识，激励他们以更积极的心态去面对学习上的难题、生活中的逆境。

---

① 杨小微.教育学基础[M].上海：华东师范大学出版社，2010：81.

② 杜殿坤，朱佩荣.苏联关于教育思想的论争[M].北京：教育科学出版社，1988：17-18.

案例链接 5-1

多元智能理论①

多元智能理论是美国哈佛大学心理学教授霍华德·加德纳于1983年提出的。加德纳教授认为,过去对智力的定义过于狭窄,未能正确反映一个人的真实能力;人的智力应该是一个量度他的解题能力(ability to solve problems)的指标。根据这个定义,他在《心智的架构》一书中提出,人类的智能至少可以分成七个范畴(后来增加至九个),每个人都具有多元智能,尽管每个人在这些智能上的表现各有差异,但只要通过不同的方式进行结合和运用,就能完成不同的工作及解决不同的问题。

加德纳提出的多元智能分别为:

语言智能(verbal/linguistic):能有效运用口头语言和书面文字来表达自己的想法,并能了解他人的能力。

逻辑—数学智能(logical/mathematical):能有效运用数字和推理的能力。这项智能包括对逻辑的方式和关系,陈述和主张,功能及其他相关的抽象概念的敏感性。

视觉—空间智能(visual/spatial):能准确地感觉视觉空间,并把所感觉到的空间表现出来的能力。这项智能包括对色彩、线条、形状、形式、空间及它们之间关系的敏感性,也包括将视觉和空间的想法具体地在脑中呈现出来,以及在一个空间的矩阵中很快找出方向的能力。

肢体—动作智能(bodily/kinesthetic):善于运用整个身体来表达想法和感觉,以及运用双手灵巧地生产或改造事物的能力。这项智能包括特殊的身体技巧,如平衡、协调、敏捷、力量、弹性和速度以及由触觉所引起的能力。

音乐智能(musical/rhythmic):察觉、辨别、改变和表达音乐的能力。这项智能包括对节奏,音调,旋律或音色的敏感性。

人际智能(Inter-personal/social):察觉并区分他人的情绪、意向、动机及感觉的能力;包括对脸部表情、声音和动作的敏感性,辨别不同人际关系的暗示以及对这些暗示做出适当反应的能力。

内省智能(Intra-personal/Introspective):个人自我了解、分析省思的能力,也就是建构正确自我知觉的能力。

自然智能(Naturalist,加德纳在1995年补充):对周遭生活环境的认知与喜好表现,对自然的景物,例如植物、动物、天文等都有诚挚的兴趣、强烈的关怀。

存在智能(Existentialist Intelligence,加德纳后来又补充):人们表现出的对生命、死亡和终极现实提出问题,并思考这些问题的倾向性。

---

① 【美】霍华德·加德纳.智能的结构[M].沈致隆,译.杭州:浙江人民出版社,2013.

案例论坛

1. 多元智能理论对学生观有何影响？
2. 当前社会上对多元智能理论的理解存在哪些误区或误导？
3. 多元智能理论是否适用于各个教育阶段？

（三）学生是自由的人

探讨学生的自由问题，需要尽可能将其限定在“教育”或者“学校教育”这一特别的社会活动中进行。自古以来人们探讨自由的对象仅限于成人，儿童作为未成熟的、能力尚有欠缺的人群，其自由问题的提出比成年人的自由诉求迟缓得多，强调学校教育要尊重儿童的自由，大致是20世纪初“儿童”被发现时才逐步引起关注的。近年来，我们不断听到“给孩子自由”“为了自由呼吸的教育”等响亮的提议，初听可能会感到振奋、欣慰，细读则觉得依然有些流于口号，缺少更多学理性的沉思，比如“学生自由”是什么？给孩子多大的自由最为合适？自由是可以给的吗？怎么给？这些问题都是关系学生自由发展的关键，需要认真回答。

综合多种观点，我们认为，学生自由是指学生（主要指未成年人）免受他人不合教育性的强制的状态；学生拥有一定的自由，意味着不管年龄、性别、智力等区别，他们始终拥有按其自己的决定和计划行事的权利、义务；自由大小取决于其自主行事的能力大小。具体可以从三个层面理解：其一，学生自由以身体自由为起点，其内核与本质则是超越身体的精神自由。与成年人相比，学生年龄越小，就越容易遭遇身体意义的限制甚至强制，因此，保障学生的自由应从身体自由开始。但同时也更应关注学生精神层面的诸权利，保障其拥有足够的精神性自由。其二，学生自由以消极自由为主要表现形态，但积极自由是不可或缺的发展目标。学生作为身心尚未成熟的人，在学校内外均需要得到特别的保护和照料，而保护本身就意味着这种自由是消极的。教育者应充分认识到学生自由的这种“消极”特性，自觉地约束自身的言行，改善教育、管理理念，维护学生自由。当然，学生自由并不只有“消极”的一面，“积极自由”作为更强调自我决定的自由形态，是学生自由的有机组成部分，也是学生自由的发展目标。教育者必须尊重和促进学生人格的发展和自主意愿的增强。其三，学生自由以形式自由为保障，但其实现离不开实质自由角度的考量。在教育领域内，学生自由需要许多形式上的保障措施，必要时应以法律来支撑。而具体到学校教育范畴，与学生最为密切相关的实质性权利和自由则需要教育者细心呵护才能真正得到保障。在我国，中小学生的闲暇权、隐私权等一直遭受着严重的侵扰，在许多教师和家长眼里，孩子的成绩不是隐私，公布排名等侵害儿童自由的现象普遍存在，至于学业负担沉重、闲暇时间过少等问题，已经成为教育改革的老问题，减负也好，素质教育也罢，均没能撼动和改善这个“自由重灾区”的基本面貌。① 因此，认识和保障学生自由任重道远。

---

① 王丽琴.为了学生的精神自由：教学秩序之思[D].上海：华东师范大学，2008：41-43.

对于保障学生自由，R.S.彼得斯在探讨“教育中的自由”问题时，提出了一些可行的原则和方法。他认为，自由原则在应用到具体教育情境中时可能引发很多困难，比如强制入学与儿童就学意愿的矛盾、教室秩序与儿童自由之间的矛盾，等等。所以在教育情境中，自由原则的应用是不那么直接的。尽管如此，彼得斯依然坚持在教育情境下，自由像正义一样是独立的原则，有着支持它的基本假设，不能因为要促进善的事物而完全废除。必须要证明，强加于学生之上的限制，是促进善的事物所必需的，教育肯定意味着限制，但限制应越少越好，所有针对儿童的规则都必须有意义。“管理如果仅仅是为了管理，或表现教师对权力的热爱，那么对任何理性的人来说都是诅咒”。①

案例链接 5-2

渴望自由②

Summer

钢笔已在我手中待了一个多小时，我右手的中指已被压成了一个近似圆形的小包，手快要断了，然而那数不完的作业仍然在等着我去完成。心中好烦！

“你看你又在乱扔东西了，作业没写完就玩……”妈妈又在旁边唠叨个没完没了，我脑中刚刚闪现出来的思路又被妈妈打断了。为什么总是唠叨个没完？为什么我不是一个人生活？心里想得好乱！好想抛开老师布置的所有作业！好想离开这个唠叨个没完没了的家！好想舍弃所有的人，一个人独自怅惘！好想……

心里总在想着，忽然有一天世界上只剩下我一个人了，手里的笔消失了，书桌上的所有作业本和书全都消失了，没有了爸爸的呼噜声，没有了妈妈的唠叨声，没有了一切我讨厌的东西。我终于可以独自生活啦！我终于可以放下一切包袱啦！一下子觉得身体好轻松。突然我的双臂变成了两双天使般的翅膀，我在天空中飞起来了！终于可以离开那充满劳累世界的大地了！我好想飞出大气层，去亲眼看看那神秘的宇宙，探索人类没有发现的空间。可是想着想着，翅膀又变回了双臂，我快速地从天空中坠下。这只不过是一场梦幻而已，梦醒了什么都没变，身边依然堆着那永远做不完的作业，我依然能够听到妈妈的唠叨声，依然能感受模糊世界的不安与恐惧。

想自由那又怎么样？在晚上，我仍可以随时打开电脑干我自己想干的事；我可以不吃我不愿意吃的东西；我可以不做我不想做的事；我可以把妈妈的唠叨当成是一种严厉的教育。……难道我还不够自由吗？像鸟一样能够飞翔又怎么样？到最后还是飞不出蓝天的束缚。能飞向宇宙又怎么样？到最后还是飞不出宇宙，依然被它的无边所束缚着。倒不如珍

① R.S.Peters.Ethics and Education[M].Allen & Unwin,Limited,1966:116-118.

② 资料来源：Summer.渴望自由[EB/OL].http://1111666.bokee.com/3581606.html,2005-11-19.

惜现在的美好时光，做好自己应该做的事，去开拓我们明天的自由。

案例论坛

1. 这是一位来自山东济宁的高三毕业生发布在个人博客中的文章，从他的文字中你窥见了中学生们怎样的精神自由面貌？

2. 整篇文章中最值得人玩味的是最后一句话："倒不如珍惜现在的美好时光，做好自己应该做的事，去开拓我们明天的自由。"什么是"明天的自由"？作者愿意为了"明天的自由"而暂时放弃前面文字中渴望的诸多自由，那么"明天的自由"和"眼下的自由"之间究竟是什么关系？

二、当代中国中小学生的生存状态

"生存状态"是对个体与世界关系的状态描述，即人是怎样生存在这个世界上的。生存状态的具体内容，可以包括个体与世界所形成的多层面、多维度关系，以及个体对这一关系的认识和体验，而这种体验和个体与世界的关系之间又存在着多维互动、互相生成的关系。从其发生过程来看，个体的生存状态是个体与外部世界相互作用下生成的，综合体现着个体现有的综合素养和成长水平，反映着个体独特的生存方式，折射着个体独特的生存环境。它是个体进一步发展的现实基础，是个体借以与外部世界相互作用、实现自我建构的发展平台。① 而在学校教育中，个体的生存状态则表现为学生的生存状态，及学生生存的方式和内容，以及通过这些方式和内容体现出来的水平、程度和现状。学生的生存状态是教育者必须要面对的学生的基础状态。

深入理解学生的生存状态，需要从学生的"生命"形态说起。尽管自古以来的生命哲学对生命的理解存在差异，但都把生命等同于完整的人来理解，强调人是由三重生命构成的具体而完整的生命存在：一是自然生理性的肉体生命，二是关联而又超越自然生理特性的精神生命，三是关联人的肉体和精神而赋予某种客观普遍性的社会生命。② 我们可以以这三个维度为依据来考察学生的生存状态。

（一）自然生命生存状态

面对一个具体的、现实的人，我们首先注意到的是个体的肉体生命。自然的、生理性的肉体生命是人存在的物质载体，是最基本的生命尺度。我们对学生自然生命生存状态的考察，应从学生身体和心理两个方面进行，看这两个方面是否得到全面、健康的发展。身体方面容易理解，而心理方面则更接近精神层面，但我们这里所说的心理状态更侧重于心理健康层面，它是和身体状态紧密联系的存在。

---

① 杨小微.教育学基础[M].上海：华东师范大学出版社，2010：68.

② 冯建军.生命教育论纲[J].湖南师范大学教育科学学报，2004(5)：5-12.

1. 身体健康状况

身体健康状况是学生成长的基础,因此备受家长、学生和社会关注。尤其是随着我国居民生活水平的提升,中小学生健康状况更成为重要的话题。但现实的状况是,学生的身体健康状况与生活水平并不成正比,近年来的一系列体质监测报告显示,我国中小学生的身体素质在很多方面反而是下降的。在《教育部关于2010年全国学生体质与健康调研结果公告》中虽然肯定了中小学生体质发展的成果,但同时也提出了很多问题:中小学生营养过剩的情况较为普遍,超重和肥胖比例城乡都持续增加;视力不良检出率继续上升,并出现低龄化倾向;肥胖检出率继续增加;龋齿患病率出现反弹。① 因此,虽然全国学生体质总体有所提升,但提升效果不明显,某些个别方面还有下降趋势,全国学生体质健康的状况仍旧很严峻。

造成学生身体素质下降的因素包括家庭、学校和社会等诸多方面。在学校方面,应试教育所产生的教育观导致学生学业负担过重,客观上致使学生没有时间锻炼,主观上造成体育在学校教育中被边缘化。虽然有政策"保障"体育课的存在,但不断增加的课业压力却直接压缩了学生们的体育运动时间,没有锻炼时间,锻炼习惯也就无从谈起。更有甚者,一些学校出于所谓"学生安全"的考虑,简化和降低了应有的体育项目,使学校体育大打折扣。家庭因素方面,独生子女政策的实施等因素,使家长对学生的健康状况更加关注,但这种关注更多表现为溺爱,而不是理性和正确的健康理念。独生子女在家庭中的唯一性,导致一些独生子女家长存在"四过"(过分宠爱、过分保护、过多照顾、过高期待)和"四怕"(怕孩子学坏、怕孩子不成才、怕孩子不孝顺、怕孩子出意外)教育心理。② 在这种心理影响下,家长往往心疼和担心孩子在体育锻炼中出现意外,造成体育锻炼的缺乏;再者,家长不正确的营养观念和溺爱心理,纵容了孩子多吃、贪吃的饮食习惯,致使孩子超重和肥胖而影响体质健康。在社会层面,现代社会生活方式的变化,使学生客观上丧失了锻炼的机会:社区环境的复杂化、网络和手机等现代化娱乐方式的发达,大量占据了体育锻炼时间;现代化交通工具的使用,使徒步上学等有益的锻炼方式逐渐消失。

2. 心理健康状况

心理健康是衡量学生自然生命状态的重要指标,它是连接自然生命和精神生命乃至社会生命的中间环节。心理学一般把人的心理分为正常心理和异常心理两种类型,其中正常心理又包括心理健康和心理不健康两种状态,我们这里着重讨论心理不健康的类型之一——"心理问题"(其余为严重心理问题和神经症性的心理问题)。学生心理健康问题是学生在身心成长和发展过程中出现的心理冲突、困惑、挫折、烦恼等心理状态不良,不适应学习、生活和社会的现象。当前我国中小学对学生心理问题非常重视,这是很好的趋势,但同时也表明,在当代中小学生中,心理问题已成为严重威胁学生健康和生存状态的重大问题。这些问题主要包括以下方面:其一,学习方面表现为学习压力过大、考试焦虑等;其二,人际

---

① 教育部.关于2010年全国学生体质与健康调研结果公告[EB/OL].http://baike.baidu.com/view/7010490.html,2013-08-10.

② 风笑天.独生子女政策对青少年教育的影响[J].探索与争鸣,2003(3):38-44.

关系方面表现为同学交往困难、亲子沟通不畅、师生关系障碍等；其三，个性心理方面包括自责倾向、依赖心理、自我中心、意志力薄弱、自卑、自控力差等；其四，成长发育心理方面包括自我形象焦虑、生长发育困惑、异性感情问题等。

上述问题的产生因素包括学生个体、家庭、学校和社会等方面。第一，个体内在的生理因素和心理因素是导致学生心理问题的重要方面。在学生自我意识逐步建立和觉醒过程中，会经常处于依赖与逆反、独立与孤独、开放与闭锁心灵的冲突矛盾之中，如果这些矛盾不能顺利解决，就可能产生焦虑和挫折的情感体验以及反常行为，甚至会形成异常人格。特别是伴随生理发育过程的对自我形象的关注、对异性同伴的爱慕情感的萌芽等，会对学生的心理发展产生重要影响。另外，受外部因素影响，自私、霸道、缺乏同情心，把个人的自我需要、自我满足、自我实现夸大到脱离实际、超越他人的地步，在现代学生的身上不无表现。每一个学生都以自我为中心，造成学生之间激烈的矛盾，也使学生的生活理想与现实之间的矛盾更加激化，导致他们陷入焦虑的困境中。第二，家庭气氛的好坏直接影响学生的情感意志，影响其心理的健康发展。父母的过高期望与溺爱对孩子起着潜移默化的影响，当孩子达不到父母期望时，就容易产生挫败感，丧失自信心，如果再受到批评和责骂，则会导致人格不健全。过分保护、过分干涉、过度惩罚等不当的家庭教育方式，会导致孩子懦弱、自卑、冷酷等个性特征。随着家庭不稳定因素的增加，家庭氛围不和谐成为学生心理问题的重要诱因。容易导致孩子缺乏自制力、适应能力低下、仇视社会、心理压抑等问题。第三，学校教育中的学习负担过重、师生间和同学间人际关系紧张等因素，容易导致学生自信心下降、焦虑、苦闷、压抑、恐惧等不良心境，甚至可能产生心理障碍。第四，社会环境的影响日渐加剧。社会竞争使学生不得不体会到竞争和生活的压力，导致他们对现实充满迷茫和困惑，产生无所适从的心态，从而引起各种心理问题；网络、影视等发达的现代传媒可能对学生的行为产生误导，使其冲动性倾向以不合理的方式表现出来，容易使学生产生与社会的隔离感、孤僻及攻击性行为等心理行为问题。

（二）精神生命生存状态

"精神"与人的身体相对，是一种与观念、意识、思维、理性、灵魂等相一致的概念。对精神的理解有多种尺度，但精神的最终归宿应该是个体的精神生活。因此，所谓精神生命的生存状态，是与生存态度和生存意义密切相关的，其本质是"自由"。黑格尔说"自由是精神的唯一真理。"①在他那里，人的自由与精神的自由是合二为一的，世界精神的自由境界便是人的自由现实，"人作为精神是一种自由的本质"②。因此我们可以说，学生精神生命的生存状态其实就是学生"精神自由"的获得程度和状态。学生的精神自由可以表现在课堂、班级、学校、社区乃至更大的范围，我们就以学校教育层面来探讨学生的精神自由，从而勾勒出当

① 【德】黑格尔.历史哲学[M].王造时，译.北京：生活·读书·新知三联书店，1956:55.
② 【德】黑格尔.法哲学原理[M].范杨，等，译.北京：商务印书馆，1982:29.

前我国中小学生精神生命的生存状态。

1. 身体自由

其实身体与精神从来都不能完全分开,尤其是儿童时代,对儿童身体的束缚,必然带来对其精神上的影响。因此,学生的身体自由是精神自由的重要前提和体现。控制还是保障学生的身体自由,体现着学生是否在最基本的层面获得了精神自由及其基础。在学校教育中,各种规训、强制措施的第一承载者就是学生的身体,最突出的表现就是对坐姿的规范。在我国小学,过去通行的坐姿规则是背着双手听课,现在虽有所放松,但要求依然很多,如双手交叉抱臂平放桌面、双脚平放在地面、腰背挺直、抬头平视等,形象化地描述是"坐如钟"。随着新课程改革的深入,上述坐姿规则有了更多松动,如小组合作开始允许甚至提倡过去视为违纪的"交头接耳"行为。坐姿规则的松动,某种程度上不仅意味着学生身体的解放,更意味着陶行知先生积极呼吁的人脑解放。

其实,从学习活动或教学活动需要角度看,保持良好的坐姿有助于形成良好的学习状态,更容易形成学习必需的宁静平和心态。因此在小学生"学会上课"的阶段,必要的身体规训是不可少的。真正值得我们担心的对学生身体的约束来自课外。随着城市化进程加剧,学生的生活领域被大大压缩,远离田园、远离自然生活,一路被"圈养"直至大学。这才是当前学生"身体不自由"的重大问题。当前中小学管理中存在一种普遍的取向:"安全而不自由",即为了保证学生的绝对安全,不出任何安全事故,而限制甚至取消学生的活动自由。春游、秋游不敢去野外,运动会能简化尽量简化,校园内的学生活动空间也相当窄小。这种精致化、"贵族型"的管理模式其实比原先的粗放型、自然性学校生活更令人担心,因为,当学生的身体被过多地钉牢于教室、课桌面前,缺少必要的放飞机会,他们的精神世界很难获得更多的饱满、舒展,而越来越可能成为精致而安全型教育的"井底之蛙"。①

2. 表达自由

所谓表达自由,是公民的基本自由之一,指公民在法律规定或认可的情况下,使用各种媒介或方式表明、显示或公开传递思想、意见、观点、主张、情感、信息、知识等内容而不受他人干涉、约束或惩罚的自主性状态。② 表达自由是由人的天性决定的,其关键特征是表达的自主性或非强迫性。从这个角度看,学生拥有课堂上的表达自由权,并有不受他人(含老师)强迫而自主决定发言或不发言的权利。但在我国中小学的课堂上,学生的表达自由却是备受争论的话题,例如"插嘴"问题。为了维护课堂秩序,人们确立了"先举手后发言"这一中外课堂通行的课堂规则,以制止随意的"插嘴"行为。而在我国,这一规则似乎被贯彻得更为彻底。

我们同意以下观点,即从班级授课的起点便强化小学生"先举手后发言"的意识,是对集体学习条件下大众自由表达权的保护,也是为了更好地培育学生的社会规则意识与适应能力。如果允许"上课不举手就发言",看似保护了个别学生的表达自由权,但同时却侵犯

---

① 王丽琴.为了学生的精神自由:教学秩序之思[D].上海:华东师范大学,2008:53.
② 甄树青.表达自由[M].北京:社会科学文献出版社,2000:19.

了其他学生的表达自由。问题的核心不是规则，而是制定和执行规则背后的理念和出发点。很多教育者将学生的表达视为教学的工具，而不加区分地要求学生表达或者沉默。其实选择表达或者沉默都是学生的表达自由权。学生在享有自愿表达权利的同时，也有权选择在公开场合保持沉默，他享有在教学对话中一定的“不参与权”，这也是一种表达。但我们经常可以看到教师为了保持教学的顺利进行而不许学生随意发言，或者为了所谓的活跃课堂气氛（尤其是有人听课时）而要求学生“积极”发言。这种强制的方式忽视了儿童的个性差异和实际需求。我们当前的不少课堂规则，要么缺少学生儿童实际体验的支持，要么片面强调行为习惯的训练，使得教师的管理行为更接近于对儿童自由表达权的不法侵占，事实上造成了中国学生“缺乏自由”和“缺乏纪律性”的双重问题。①

3. 思想自由

所谓思想自由，是“人进行思考、分析、判断、推理等精神活动的自由，是不受限制的，不可剥夺的权利”②，亦称精神自由（狭义的）、意志自由、观点自由等，是人的意识的内向领域里的自由，包括独立自主地进行思维和判断的自由，不受干涉地接受、持有某种见解或观点，不受干涉地进行思想交流的自由。③ 中小学阶段处于世界观、人生观和价值观形成时期，因此在小学阶段甚至中学阶段，学生的思想自由发展都可能滞后于表达自由。因此，和前面分析的身体自由和表达自由相比，中小学生获得充分的思想自由可能要更为困难，但不等于说中小学生就不享有思想自由权，或者说其思想自由度就小于成年人，事实正相反，从想象力、创造性思维等与思想自由密切相关的精神现象看，学生的思想束缚更少，更有利于思想的自由驰骋。

在学校教育中，学生思想自由所受的侵害可能来自于“接受式学习”的弊端。虽然接受式学习有利于学生掌握学科知识体系，但不利于培养创造性思维、突出学生自主性，学生长期处于“静听”甚至是被“填鸭”状态，不容易形成批判性思维，自然也就不利于学生思想自由的保护与发展。其实问题的实质不在于教学方法本身，而是一系列被异化了的教学行为左右了教学方法、教育方式的选择。在现实中，应试教育是当前学生思想自由的头号敌人，教育者害怕自由的思想不能适应统一化、标准化的教学评价机制。因此，教师即使很有思想和见解，大多也只能保留，而是选择让学生习惯接受，习惯统一。思想自由在应试训练的强大压力下变得很孱弱和无助，但如果我们再不努力保护这可贵的思想火种，任由应试训练日益猖獗，愈演愈烈，其后果将难以控制，使中国教育陷入彻底的“囚徒困境”而不能自拔，这是值得教育者深思的严峻问题。④

4. 道德自由

所谓道德自由，一般认为就是道德主体的意志自由，在道德活动中，人的意志自由最能充分体现出人的类特性，因为道德从本质上讲是“人自己为自己立法”（康德语）的过程，道

---

① 陈桂生.从“上课不举手就发言”谈起：关于学生“自由”与“纪律”的思考[J].河南教育，2000(8)：6-7.

② 北京大学法学百科全书（宪法学、行政法学）[Z].北京：北京大学出版社，2004：436.

③ 王德志.论思想自由权[J].当代法学，1998(2)：28-31.

④ 王丽琴.为了学生的精神自由：教学秩序之思[D].上海：华东师范大学，2008：71.

德活动中没有外在力量的参与和干涉,道德活动依赖主体内心信念的自觉确立,因而特别强调意志的自由选择。这也代表着道德自由是精神自由的重要表现。关于道德的形成,西方思想家早已指出,人的道德应该建立在人性上,道德一旦变成一种强制约束力,那是它的耻辱而不是它的本质。学生时代作为个体道德形成的重要阶段,他们能否在这一时期毫无限制地成为道德活动的主体,以个人的自由选择来展开自己的道德生活,是体现其精神生命生存状态的重要标志。

皮亚杰的道德认知发展理论,把儿童道德认知发展划分为三个有序的阶段:前道德阶段(0—4岁)、他律阶段(4—8岁)和自律阶段(8—12岁)。皮亚杰认为,只有当儿童的道德判断达到了自律水平时,才称得上是真正的道德。依据这个理论,学生(特别是小学低年级学生)正处在从他律阶段向自律阶段转化的过渡时期,他们中的大多数已经有了获得真正道德的可能性,但教育现实中的很多做法却使其道德判断水平一直停留于由外在的客体性决定的他律阶段,严重影响了他们的道德自由。例如中小学普遍使用的“赏罚”教育方式。赏识和惩罚都是从外部对道德主体施加影响的,属于他律而非自律,不恰当地使用赏罚是一种危险的强制,阻断了学生由他律向自律的转变。目前我国中小学流行的“小红花、小星星”等赏识手法,看似能够激发孩子的学习积极性,其实有效性和道德性令人质疑,它有可能会造成持久的危害,严重点说,是侵犯和损害了学生的道德自由。因为它在某种程度上是把学生降低到鸽子、白鼠和小狗般的道德认知水平,使个人自由日趋萎缩。而“惩罚”更是如此。“惩罚”最大的危险性恰恰就在于其效果的“立竿见影”,它把问题的症结掩盖甚至是深埋,容易让学生在受罚后产生一种“受报复后的坦然”,难以受到“良心”的拷问。长远地看,不利于学生在今后的行动抉择中实现道德自由,形成道德自律。

(三)社会生命生存状态

每一个学生都生活在具体的世界中,都在与世界的交往中生存和发展。学生和外部世界的关系,构成了他们成长的无尽源泉、真实基础和平台。但在当今时代,这种基础和平台带给学生的又是怎样一种生存状态,这是值得深入关注的问题。学生的社会生命生存状态意在衡量社会给学生带来的生存状态,以及学生在这种影响下所产生的社会认知状态。

社会环境对学生生存状态的影响可以从宏观、中观和微观三个层面分析。

1. 宏观环境下的学生生存状态

这里的宏观环境主要是指社会背景及其变迁。从社会发展的特征看,当代中国社会处于一种复杂性极高的社会状态,社会生活的丰富性和发展的不确定性不断增加,社会生活的变数增多,变化速度加快、幅度加大、程度加深,计划经济下缓慢、稳定、封闭和相对单一的社会形态已成为过去,瞬息万变、不确定性、开放多元、互动、市场化正在成为越来越多的中国人必须面对的生存环境。这种环境通过日常工作、生活和学习等方式潜移默化地改变着每一个浸染其中的个体,尤其是青少年学生的生存状态。社会发展与个体发展以前所未有的方式更加直接和紧密地联系在一起。

社会发展对当代学生生存状态的影响主要来自市场经济体制的建立及其带来的社会运行方式的变化,社会运行的各种变化会通过不同的方式在学生身上留下明显的痕迹。处于转型期的中国社会,内含着诸多的优势、机遇和能量,能够为学生提供更加自由、开放、多元、丰富的生活环境,对提升学生的发展意识、竞争与合作意识等有很大帮助。但我们也应该看到社会内含的许多冲突、断裂、矛盾等现象对学生产生的负面影响。最突出的表现莫过于社会阶层分化、社会发展不平衡所带来的城乡差异、社会不同阶层之间生存状态的迥异。这种社会结构状态,直接造成不同发展水平地区学生生存状态和发展水平的极大差异,这是当代中国社会尤其是教育者必须直面的现实。比如近年来备受关注的留守儿童问题、流动人口子女问题、城市中的农民工二代问题、异地高考问题,等等,已成为中国社会转型过程中各种矛盾的集中体现,因为它不仅是一个教育问题,更是社会问题、法律问题、公共问题。处于这些问题中的学生,他们的各种生活和学习境遇较差,这些弱势群体学生的生存状态,标志着一个国家的教育发展水平,标志着一个社会的良知。当然,当前社会环境对学生生存状态的影响多得难以胜数,作为教育者,我们需要有意识地去感受、关注和思考这一问题,并随着时代、教育、学生的发展不断保持对这一问题的敏感性。并且这种关注、思考和研究,是教育者的基础性工作,是开展有效教育的前提。

2. 中观环境下的学生生存状态

中观社会环境是指城市、农村社区等环境,是学生生活其中,能够感受并深受其影响的氛围。在这一层面的环境中,物质条件、基础设施、文化氛围、发展水平等,都潜移默化地影响学生的发展,并且这种影响是直接的和巨大的。在我国社会区域发展失衡、城乡文化断裂、社会物质化倾向加剧等大背景下,城市、农村、城镇化过程中的地区等不同类型的社会环境,都对身处其中的学生产生特殊的影响。

在相对发达的城市地区,学生面对现代化的生活环境、大量的社会信息、开放多元的文化氛围,受影响的程度和广度都是很大的。城市发展所提供的优良教育条件、文化环境,为城市学生发展提供了很好的条件。但同时也应看到,城市中存在的文化冲突、道德缺失、精神荒芜、恶性竞争、环境污染等问题,也给学生的身心发展造成了很大的负面影响,使他们的生存状态处于紧张、压力和浮躁的境况。农村地区的学生面对的社会环境比城市要落后得多,他们面临的主要是农村空心化、发展资源匮乏、教育条件落后、家庭结构变化、家庭抚养方式改变等问题。最典型的代表就是留守儿童问题,缺少父母的关爱,学生的身心健康、家庭教育、学习成绩等都处于不良的状况。而在那些处于城镇化进程中的地区,学生所面对的问题更多的是城乡文化交汇和转型带来的文化冲突、社区环境的复杂化等问题,在这种冲突和转型中,学生的教育、心理成长、心态变化等都是难以控制和把握的,容易导致学生受到社会不良因素影响。还有一个非常值得关注的群体,就是城市中的外来工子女,他们有的是随父母从农村来到城市,有的就是在城市出生和长大。对他们来说,城市既代表着希望,也是难以融入的无奈之地。从某种程度上说,他们摆脱或者失去了农村的根,很难再回到农村,而城市又不能很好地接纳他们,为他们提供必要的生活、学习和成长的条件,他们所获得的教育机会和教育质量相对于城市户籍的孩子要差得多。因此,他们成为城市中被边缘化的群体,未来的发展不容乐观。

案例链接 5-3

关注民工子女的教育成长:城市中心的边缘生活①

目前我国进入城市的农村人口差不多有 1 亿,保守估计,第二代子女占其中的 5%~7%,这已经是相当大数量的人群。这群以农民身份出现在城市的孩子,他们在怎样成长,他们又会长成怎样的人?

新市民

4 年前,北京社科院学者韩嘉玲针对北京市流动人口子女做了一项调查。其中有这样一个问题,你是哪里人?答案有两个,一是老家人,二是北京人。“我后悔当时没有设定第三个选择,即:不知道。”在最后收上来的问卷中,就有不少孩子在问题旁边画了一杠,另写道:中国人。这个结果令韩嘉玲心酸。在接受本报记者采访的时候,她甚至不愿意用“民工第二代”这个词语来称呼这群孩子,取而代之的是一个更阳光的词语:“城市新市民”。

按照韩嘉玲的划分,这部分“城市新市民”分成四类:(1) 从小跟父辈来到城市打工,有的甚至就出生在城市;(2) 守在农村的“留守儿”,长大以后来到城市,投靠父辈;(3) 处于来来回回的状态。小时候在农村待了很短的时间,然后到城市读小学,因受到户籍制度的牵制,初、高中又必须返回农村;(4) 跟父辈进入城市,后来又从农村考回城市,读大学——这是一部分非常少的人群。

但是迄今为止,人们还很难把这些孩子的生活状态和“市民”两字联系起来。城市新市民,听起来更像个美好的希望。

矛盾体

“2003 年 9 月北京有了第一所合法的打工子弟学校——北京明圆学校。北京市教委表示承认一批正规的打工子弟学校将是一种趋势。这个振奋人心的消息使我们迫不及待地来到明圆学校支教……”一个月后,中国农村研究网发表了支教者刘治敏的文章:

“自卑、自尊、差别、迷惘,根植在民工第二代心里,农民工子女正生活在一系列尖锐又集中的差距中,他们经历着其他同龄人不曾经历的压力和挣扎。”面对着繁华的城市,他们只能在简陋的打工子弟学校读书,不能在北京考学,不能有足够的零用钱,甚至不能像北京孩子一样进一些娱乐场所。他们承受着父母的高期望,却很难从父母那里得到关心和指导。事实上,这所学校弥漫着厌学的情绪,有五分之二的孩子在调查题目中选择了“学习是最烦心的事”。一方面,他们庆幸来到北京读书,这使得自己比家乡的同龄人有了更多的见识和生

---

① 资料来源:关注民工子女的教育成长:城市中心的边缘生活[EB/OL].http://edu.sina.com.cn/l/2004-12-03/ba93704.shtml,2013-08-10.有删节。

活经历，但另一方面，他们对城市又敌视而隔膜。这是如此隔膜的两个群体，有些孩子甚至觉得北京人就是靠着租房子赚钱。他们不愿意重复父母的生活，也不认可周围城市人的状态，一方面羡慕崇拜城市人，另一方面又觉得那些都不属于他们。“城市接纳农民工子女不只是个户口问题，文化心理上的因素更为复杂。”

我是谁？

中国社科院社会学所研究员王春光用另一个阳光的词语来指代这群孩子：“城市新生代”。他随后强调，新生代的孩子依然在延续父辈的孤岛化生活。但与上一代不同的是，第二代已经不满足于被当作城市的过客和外来者。他们很难做出和父辈一样的决定：待不下去就回家乡。“这个人群肯定不走了，回不去了。可不像城市人可以规划自己的人生，他们不知道明天，无法、也不敢规划未来。”

《新京报》的一份调查反映出了这一强烈趋势：对于将来是留在城里还是回到农村，77.5%表示想留在北京。事实上，他们也不可能回到家乡了。他们对家乡的乡土认同更多是包含着对亲人的感情，其他方面的依恋在减少。他们普遍对农业、父母这代人持否定的看法。他们在农村的社会交往圈变得越来越小，对农业活动缺乏感情和兴趣，他们会批评农村人“太土，不卫生”。

但是城市并没有给他们提供机会的平台，他们生活在一个小圈子里——随着社会竞争越来越激烈，他们向上提升自己将越来越难。他们只能在彷徨中生活。“既不能融入城市社会，又难以回归农村社会。这会造成对自己身份的不明，我是谁？”王春光说，在这种情况下，社会认同就会趋向游民化，他们会意识到自己被主流社会排斥在外，而这种边缘化的感觉和意识，反过来又会阻碍他们重回主流社会的步伐。

“成长时期是社会化的关键时期，如果无法认定自己，他们就是漂泊的人，何为漂泊？就是自律性降低，无须为自己的行为负责。”王春光曾经在深圳采访过几个农村孩子，对方明确表示：干不好就去抢。

案例论坛

1. 外来工子女问题反映了社会管理和教育政策的哪些问题？
2. 如何理解城市文化与乡村文化对孩子的影响？

3. 微观环境下的学生生存状态

微观环境包含家庭、课堂等环境，课堂环境的影响前面已经论及，这里只探讨家庭环境的影响。家庭环境对学生的影响是多方面的，既包括自然生命和精神生命的生存状态，也包括社会生命的生存状态。随着现代社会的发展，家庭结构、物质条件、家庭教育方式等都发生了巨大变化，这些对儿童的社会性发展产生了深刻影响。当前家庭结构的变化主要包括：独生子女家庭、经济水平差异带来的家庭状态变化、离异等导致的单亲家庭和家庭重组、父母亡故或犯罪等导致的无家庭状态等。

在积极方面，家庭多元化的教育机会和方法使学生的社会知识面拓宽，知识占有量增加；学生意识不断上升，民主、平等的处事原则在现代学生中逐步形成。但不当的家庭教育也造成了严重的后果，使学生的社会性发展在很多方面出现问题。比如：多代长辈的呵护使学生自我照顾的机会减少，独立生活能力低弱；独生子女家庭环境使学生的同伴交往能力减弱，解决人际冲突的能力偏低。① 导致上述问题的原因很多，其中家长的教育方式是重要因素。一种方式是过度关注。父母对孩子期望值过高，对孩子的关爱乃至控制程度很高。“我国独生子女的这一代是‘被设计的一代’。父母的设计导致了儿童发展过程中属于自身天然化、本性化的内容大大减少，而人为化、强制化的内容居主要地位，这使整代人的主要特征呈现出单一化与共性化。”②另一种是缺乏关注。这种情况无论农村还是城市都大量存在，或由父母工作压力导致，或由父母缺乏责任心所致，抑或由父母缺乏主动教育的意识所致。③ 无论是过度关注还是缺乏关注，都会导致儿童社会化发展进程减缓、社会化程度较低等问题，影响儿童正常的社会认知和社会生活方式。

三、学校教育视野下的学生发展观

学生发展观是对学生及其发展的基本认识、看法和态度。在学校教育中，教育者如何看待和认识学生的发展，在面对学生发展时采取何种观念和态度，是决定教育活动方式和最终成效的前提。因此，树立现代的、科学的学生发展观至关重要。

（一）全面发展

“人的全面发展”思想是我国教育目的的理论基础，也是学生发展观的核心内涵。“人的全面发展”本质上是一种不断追求人的完善、丰富与和谐的理想和信念，它既是人性的内在向往和本能追求，也是社会进步和发展的外在要求，是主客观的统一。相应地，人的全面发展的动力也来自内在和外在两个方面。从本能上讲，人都倾向于追求自身的不断完善，追求新奇、挑战、丰富和多元，这是人自我完善和自我超越的强大动力，人在主观上是愿意和乐于全面发展的。而从整个人类社会来看，人类总是在不懈地追求社会的全面发展和完善，这要求人类自身要不断丰富和完善自己。社会的发展性、全面性、丰富性、多元性、流动性等，决定了人的发展将逐步走向全面和丰富。

根据对马克思关于“人的全面发展”学说的理解，全面发展包含完整发展、和谐发展、多方面发展和自由发展四个层面的内涵。“人的全面发展”首先是指人的“完整发展”，即人的各种最基本或最基础的素质必须得到完整的发展，各个方面可以有发展程度上的差异，但缺

① 刘晶波.独生子女家庭教育的特点及其对儿童社会性发展的影响[J].南京师范大学学报(社会科学版)，1999(5)：64-68.

② 上官子木.被设计的一代：当代中国城市儿童的早期教育现状[J].中国青年政治学院学报，2003(1)：1-13.

③ 杨小微.教育学基础[M].上海：华东师范大学出版社，2010：71.

一不可，否则就是片面发展。至于这些必须获得完整发展的基本素质是指哪些方面，似乎不必强求一个统一的界定，这在很大程度上只是一种愿望和价值指向。我们可以把它理解为“身”与“心”两个方面的完整发展，也可以理解为我们通常所说的德、智、体、美诸方面的完整发展。“人的全面发展”同时也指人的“和谐发展”，即人的各种基本素质必须获得协调的发展，各方面发展不能失调，否则就是畸形发展。如果在某一方面的发展上过于低下，一个人的发展就会失衡，就会呈现出畸形状态，这不仅会影响其他素质的发展，也会进而影响人的整体素质的发展。“人的全面发展”还指人的“多方面发展”，即人的各种基本素质中的各素质要素和具体能力在主客观条件允许的范围内应力求尽可能多方面的发展。人的各种基本素质其内部也各自有着丰富的内涵，还可以分解为诸多素质要素，如“德”，就可以分解为道德认识、道德情感、道德意志和道德行为等方面。个人应该在可能的条件下，根据个人发展的需要和社会生活的要求，尽可能地追求个人素质和能力的多方面发展，以避免人的发展的单一。“人的全面发展”还意味着人的“自由发展”，即人自主的、具有独特性和富有个性的发展。“自由发展”的本质就是“个性发展”，“个性发展”的核心就是人的素质构造的独特性。因此，“全面发展”指向的并非是缺乏个性和创造性的“万金油”式的平庸者。“人的全面发展”在不同的历史时期和不同的社会条件下有着不尽相同的内涵和层次，但其实质是相同的，即不断地追求自身的完善。①

在目前的教育实践中，我们对“全面发展”的理解有一定的偏差，比如认为“全面发展”就是学生的“身心”发展。虽然身心健康对人的重要性是毋庸置疑的，但如果将身心发展等同于全面发展似乎欠妥；再比如，认为“全面发展”就是“德智体美劳”诸方面的发展，这一观点现在看来有失之浅表之嫌。根据我们对学生三种生命形态的认识，学生的全面发展应该是以自然生命发展为前提，以精神生命发展为核心，以社会生命发展为条件和归宿的发展。首先，自然生命发展是学生全面发展的前提和基础。人的自然属性的形成和发展主要是人的身心发展过程。身心健康是人发展的首要前提，是人生命存在的重要载体。因此，学生全面发展的“第一要义”是学生拥有健康的身心素质，让学生身心充满阳光，让学生自然生命绽放绚丽的花朵是完美人性的诉求，同时也是学生全面发展的基本前提。其次，精神生命发展是学生全面发展的核心。人发展的最高境界是精神层面的丰富、自由和超越，这是人之为人的重要特征，也是人全面发展的重要标志。精神生命的健康和壮美既是人自身生命丰富的必然要求，也是社会发展走向文明与和谐的必然要求。因此，作为个体成长的关键期，学生时期的全面发展应以精神生命的发展为核心，使学生发展不仅仅停留在自然生命的单一层面，而是呈现出立体的生命特征和发展状态。最后，社会生命发展是学生全面发展的条件和归宿。社会环境是人发展的外部条件和基础，而人发展最终的目标是成为社会化了的人，其重要标志就是社会生命的充分、和谐发展。因此，学生的全面发展应结合自身发展和社会发展的期望和要求，成长为既达到个体充分发展又满足社会发展的全面发展的人。

① 扈中平.“人的全面发展”内涵新析[J].教育研究，2005(5)：3-8.

(二)个性发展

教育者的任务在于"培养一个人的个性并为他进入现实世界开辟道路"①。实施个性教育,发展人的个性,正越来越受到世界各国的高度重视,人的个性发展程度甚至正成为预测和衡量教育价值的基本尺度。中小学阶段是人的个性发展的重要阶段,在此阶段,发展学生个性和促进学生的个性化发展具有重要意义。发展学生的个性既是教育科学的核心问题,又是教育实践的主要问题。我们必须认识到,中小学生,特别是小学低年级的儿童,在智力发展的过程中,是属于智力发展的最佳时期,也是个性发展的重要时期。在这个时期,如果我们不注意发展他们的个性,将会对他们今后的成长和发展造成很大影响。因为儿童的能力如果不在其发达期给它发展的机会,就会一个一个地枯死,其结果就会导致发生儿童能力递减的现象。

谈到个性发展,首先需要了解"个性"的含义。"个性"是一个诸多学科共有的范畴,因此,"在我们对个性下定义时,脑子里出现的第一个问题是:个性似乎是一个捉摸不透、可望而不可即的术语。我们原以为懂得了这一术语,可是当我们试图以一种能为人们接受的形式表达它的意义时,却又往往感到心有余而力不足"②。综合多个学科对个性的定义,我们认为,所谓"个性",是指个体在一定的社会历史条件下,在个体先天因素和个体经验的基础上,通过社会实践活动并经主体内化后形成和发展起来的基本品质,是个体关于世界、社会、人生等的基本价值取向和行为特征的集中表现。因此,个性发展就是个性品质在形成过程中由量变到质变不断丰富和完善的过程。

个性具有自主性(主体性)、独特性、创造性和社会性等特征。因此在学校教育中,学生个性发展的目标包括促进学生自主性、独特性、创造性和社会性的发展。自主性要求学生能够独立自主地支配自己的意识和活动,其具体目标是自我独立、自我选择、自我调控和自我评价;独特性的具体发展目标是培养兴趣、发展特长和开发潜能;创造性是个性自主、独特发展的最高形式,是学生个性化发展的重要目标,其具体目标是创新意识、创造性思维能力和创造性实践能力;个性的形成离不开社会的影响,社会性是个性发展的重要特征,其具体目标是个体的社会化和社会的个体化,即学生作为社会中的人必须经历社会的同化作用,而个体在此过程中也会主动地对社会影响做出选择和改造,体现出自己的风格。

个性发展和全面发展是两个紧密联系的概念。首先,全面发展是个性发展的基础。任何一种创造性才能,都是人的知识、能力、道德、审美、意志和身体等各方面素质的有机组合,是一种"合力"。没有人基本素质的相对完整、和谐的发展,个性及特长发展就只能被迫在一个狭窄的范围内片面、畸形地发展,其结果与其说是个性的凸显,还不如说是个性的扭曲。

---

① 联合国教科文组织国际教育发展委员会.学会生存:教育世界的今天和明天[M].华东师范大学比较教育研究所,译.北京:教育科学出版社,1996:284.

② 肖川."个性教育、人格教育、主体性教育"辨析[J].江西教育科研,1999(5):25-28.

其次,个性发展又是全面发展的动力。人的发展要想真正形成自己突出的个性特点并具有较强的可持续性,就必须使自己的素质达到一定的全面性,特别是在人的那些最基本的素质方面,更是不能缺失。这样,个性发展就成了人追求全面发展的动力。因此,所谓全面发展,就是个性的全面发展;所谓个性发展,就是全面发展的个性;全面发展的个人,同时也应该是有个性的人。

(三)终身发展

全面发展和个性发展虽然也内含着学生纵向的发展,但更主要的还是强调横向的、范围上的发展。而终身发展则着重强调学生的纵向发展。学生的终身发展是基于终身教育和终身学习理念提出的。终身教育理念自 20 世纪 60 年代由保罗·朗格朗提出以来,短短几十年间已在世界范围内产生了广泛而深远的影响。“终身教育是指人们一生中所受的各种培养和教育的总和及其全过程。”①终身学习概念是稍晚于终身教育提出的,1994 年首届世界终身学习会议认为,它“是 21 世纪的生存概念”,“是通过一个不断的支持过程来发挥人类的潜能,它激励并使人们有权利去获得他们终身所需要的全部知识、价值、技能与理解,并在任何任务、情况和环境中有信心、有创造、愉快地应用它们”。② 终身学习更强调个体在接受终身教育并获得终身发展中的主体性和能动性。

从终身教育和终身学习的内涵可以看出,终身发展关乎人一生的发展,因此,其重要的阶段是未成年阶段,其中基础教育阶段是至关重要的时期。基础教育具有“基础性”和“发展性”两个固有特性。这两种特性决定了它是人终身发展的基础阶段。正如保罗·朗格朗所说:“终身教育的概念是循环的,只有当人们在童年就接受了一个好的、合理的教育,终身教育才能名副其实”③。1990 年泰国宗迪恩世界全民教育大会通过的《世界全民教育宣言:满足基本学习需要》也明确指出:“基础教育本身不仅仅是目的,它是终身学习和人类发展的基础,而各国可以在这一基础上系统地建立其他层次、其他类型的教育和培训”④。

终身发展对基础教育提出的内在要求是:“这种教育尽管是传授基本知识,但是它还要人们学习如何感知和理解世界;它必须努力培养人们尤其是儿童具有自学的爱好,而且使他们终身都有这种爱好;在发展人们的观察力、判断力和批判精神的同时,还必须激发他们求知识、提问题和向自己提出疑问的欲望;最后,这种教育还必须使人们感觉到,他是属于一个共同体的成员,而且无论对人对己都负有一种创造性的责任。”⑤但和这种要求相比,我国传统的基础教育存在很大差距和不足,其核心问题是“在我国现行的中小学教育实践中还较普

---

① 汤晓蒙.中国终身教育发展的现实基础与宏观路径研究[M].厦门:厦门大学出版社,2012:4.

② 吴咏诗.终身学习:教育面向 21 世纪的重大发展[J].教育研究,1995(12):10-13.

③ 【法】保罗·朗格朗.终身教育导论[M].滕星,译.北京:华夏出版社,1988:17.

④ 世界全民教育大会.世界全民教育宣言:满足基本学习需要[EB/OL].http://chenlie2005.blog.163.com/blog/static/5584704520076184113438,2007-07-18.

⑤ 联合国教科文组织国际教育发展委员会.学会生存:教育世界的今天和明天[M].华东师范大学比较教育研究所,译.北京:教育科学出版社,1996:243-244.

遍地存在着对基础认识的狭隘化和短期化问题”[1]，以及严重的以分数为标准的智力论倾向，却渐渐忽视甚至丧失了基础教育对于社会发展和青少年发展更为根本和长远的奠基性价值；把学习作为考试升学的功利行为，而忽视学生的心灵充实与个性发展。

从上述问题可以看出，在基础教育阶段，学生终身发展面临的核心问题是理念问题。这个理念既包括政府、社会、教育者和家长对待学生终身发展的理念，也包括如何让学生形成终身学习的理念。作为基础教育的外在实施者，不能仅仅将基础教育作为教育体制和个人成长序列中的一环，还要重视基础教育在人生发展中的独立价值。而对于学生，我们的教育不能只停留在对客观知识世界的关注上，还应当注重对学生主观精神世界的激励；不能仅停留在维持性的学习上，还应该向创造性学习转换，加强创新精神、实践能力及应变能力的培养。因此，“21 世纪的基础教育应把每个学生潜能的开发和健康个性的发展、为适应未来社会发展变化所必需的自我教育、终身学习意识和能力的初步形成作为最基本的任务，基础教育应为社会发展和学生的终身发展服务”[2]，这才是学生终身发展的可能所在。

案例链接 5-4

《上海市中长期教育改革和发展规划纲要(2010—2020 年)》节选[3]

序言：为了每一个学生的终身发展(节选)

教育，关系着每一个人的生存与发展，是民族振兴的基石，是创新进步的源泉。教育成就未来。

……

未来上海教育改革和发展，要以育人为本，把“为了每一个学生的终身发展”作为核心理念：

为了每一个学生的终身发展，就是要求未来上海的教育，更好地公平惠及所有学生——从校园莘莘学子到所有继续学习的成年人，关心所有学生的健康成长，关注社会各个群体的发展需求，提供更为平等、优质、多样的学习机会，努力使学生具有理想信念、公民意识、健康身心和科学人文素养。

为了每一个学生的终身发展，就是要求未来上海的教育，着眼于学生长远发展和社会文明进步的需要，全面实施素质教育，使所有学生的个性特长得到发展，潜能得到激发，创新意识、创新精神和实践能力显著增强，终身学习意识和能力显著增强，为学生的终身发展奠定良好的基础，为经济社会发展培养大量高素质劳动者和大批高水平优秀人才。

---

① 叶澜.更新教育观念，创建面向 21 世纪的新基础教育[J].中国教育学刊，1998(2)：6-11.

② 叶澜.“面向 21 世纪新基础教育”探索性研究理论纲要[J].上海教育科研，2001(2)：2-4.

③ 上海市中长期教育改革和发展规划纲要(2010-2020 年)[N].中国教育报，2010-9-9(5).

案例论坛

1. 比较《上海市中长期教育改革和发展规划纲要(2010—2020年)》与其他省市自治区规划纲要的理念差异,分析其在学生"终身发展"方面的理念创新性。

2. 讨论基础教育阶段学校教育对学生终身发展的意义和作用方式。

拓展阅读

1. 刘良华.新父母学校:刘良华家庭教育讲演录[M].第2版.北京:北京师范大学出版社,2013.

2. 李家成,等."新基础教育":学生发展与教育指导纲要[M].桂林:广西师范大学出版社,2009.

3. 林崇德.教育与心理发展:教育为的是学生发展[M].北京:北京师范大学出版社,2013.

4. 国际21世纪教育委员会.教育:财富蕴藏其中[M].联合国教科文组织总部中文科,译.北京:教育科学出版社,1996.

5. 联合国教科文组织国际教育发展委员会.学会生存:教育世界的今天和明天[M].华东师范大学比较教育研究所,译.北京:教育科学出版社,1996.

专题六 推进教育公平:当代中国基础教育发展的重点

问题导读

1. 从历史的角度,如何客观地理解教育公平的内涵?
2. 当前我国教育公平的现状如何?有哪些问题?
3. 如何从价值、法律、政策层面推进教育公平的真正实现?

教育公平是社会公平价值在教育领域的延伸和体现,包括教育权利平等和教育机会均等两个基本层面,教育公平之所以成为现代教育的基本价值追求,成为各国教育政策的基本出发点,是因为接受教育已经成为现代社会公民的基本人权,可以显著改善人的生存状态,增进社会公平,被视为实现社会平等的最伟大的工具。由于我国人口众多、地域广大,各地区经济社会发展严重不平衡,在教育进入一个新的大发展阶段之际,教育公平问题日益凸显。本章从教育公平的含义入手,主要介绍当前国家在推进教育公平方面所做的各种努力与尝试。

一、教育公平释义

在多元开放的社会中,首重公平、正义原则,教育的发展与变革必须以社会正义为出发点,接受教育是个人从事工作、生活的要件,所以教育机会均等问题乃成为实现社会正义的关键。以使人人均能发展其潜能,使个人与社会都能感受到一种共同认同的幸福与美满。教育公平是一项基本人权,联合国《世界人权宣言》中提出,不论任何社会阶层、经济条件、父母的居住地,在享受教育权利上都应该受到平等对待。

国外关于教育公平理论的研究中,主要有以下几位学者的研究:

麦克马洪的三类型说:(1) 水平公平(horizontal equity),指相同者受相同对待。(2) 垂直公平(vertical equity),指不同者受不同对待。(3)代际公平(intergenerational equity),指确保上一代人的不平等现象不至于全然延续下去。①

瑞典胡森教授指出教育机会均等在三个不同时期有不同的含义:(1)起点均等论,指入学机会均等。(2)过程均等论,指教育条件均等。(3)结果均等论,强调学业成功机会均等。②

美国学者詹姆斯·科尔曼的教育机会均等理论认为教育公平主要包含四层含义:第一,向人们提供达到某一规定水平的免费教育。第二,为所有儿童,不论社会背景如何,提供普通的课程。第三,为不同社会背景的儿童提供进入同样学校的机会。第四,在同一特定范围内教育机会一律平等。③

关于教育不公平的表现及因素,科尔曼的研究在美国社会引起强烈反响。他认为教育不公平突出地表现在三个方面:第一,教育资源的不平等。第二,学生就学机会的不平等。第三,一些学生选择课程之间机会的不平等。④ 法国国立教育研究所概括了引致教育不均等的主要因素有:第一,受教育的愿望与阶级的文化价值观念。第二,学业成绩与家庭的教育背景。第三,社会语言方式、社会监督与学业成绩。第四,文化欠缺和认知能力上的差别。⑤

在众多教育平等的研究中,不能不提到美国教育家杜威的理念。1916年杜威划时代的著作《民主主义与教育》发表,该书首次对民主的教育含义作了系统和充分的表述。在杜威看来,民主不仅仅是一种政治的形式,而且还是一种联系生活交流经验的方式。"它首先是一种联合生活的方式,是一种共同交流经验的方式",是"个人各种能力的自由发展"。为了实现民主主义的"美好的联合生活",就必须教育社会成员,发展个人的首创精神和适应能力,必须把生长作为一切成员的理想标准。他认为:首先,教育具有整合、平等和发展三大功能。教育被看成是"延续社会生命的工具";教育也被认为具有缩减贫富差距的功能;同时教育也被视为促进个体心灵发展与道德发展的重要工具。这三种功能不但相容而且是相互支持与促进的。因为,首先资本主义社会的职业角色最好由已经达到个人发展最高程度的个人来担任,个人的发展具有经济上的生产力。其次,自由且普遍的学校制度能够提供自我发展的机会,免受种族、文化、阶级、性别的影响。

由于公平是一个内涵极为丰富的概念,也是一个有诸多争议的概念,正如博登海默所说:"正义(公平)有着一张普洛透斯似的脸,变幻无常,随时可呈不同的形状,并且有极不同的面貌。"⑥因此,如何从客观的角度来辨识公平的概念是讨论教育公平的基础和前提。

---

① 陈志勇,邓云洲.西方经济学视野中的教育公平[J].广州大学学报(社会科学版),2004(4):82—87.

② 【瑞典】托尔斯顿·胡森.平等:学校和社会政策的目标[G]//张人杰.国外教育社会学基本文选.上海:华东师范大学出版社,1989:194-195.

③ 【美】詹姆斯·科尔曼.教育机会均等的观念[G]//张人杰.国外教育社会学基本文选.上海:华东师范大学出版社,1989:177-192.

④ 翁文艳.教育公平与学校选择制度[M].北京:北京师范大学出版社,2003:8.

⑤ 翁文艳.教育公平与学校选择制度[M].北京:北京师范大学出版社,2003:3-9.

⑥ 【美】博登海墨.法理学:法哲学及其方法[M].邓正来,姬敬武,译.北京:华夏出版社,1987:238.

在我国,公平、正义、公正等常常会混淆使用。从辞源上考证,“公平”一词见于《管子·形势》:“天公平而无私,故美誉而不覆:地公平而无私,故小人莫不载。”《战国策·秦一》:“商君治秦,法令至行,公平无私。”“正义”一词见于《荀子·正名》:“正利而为之事,正义而为之行,苟非正义,而谓之如邪。”“公正”一词见于《荀子·正论》:“故上者之本也上公正则下易直矣。”在《现代汉语大词典》中,“公平”意为处理事情合情合理,不偏袒哪一方面;“公平”即公正,“公正”的含义是不偏私,正直。在这些概念解释上,我们很难正确区分出公平、正义、公正的不同,在一定的程度上它们具有相同的意义。① 目前我们所采用的释义来源于西方,我国有关公平的资料主要译自西方,“正义”主要为“justice”,解释为“公平、公正、合理、公道、公理、正义。”“公平”意为 fairness, equality(同等、平等、均等), equity(公、公道),这几个词通常都被翻译为公平、公正、正义。在一般研究中,这样几个词往往是意义相近但不相同。

另外,由于公平属于价值范畴领域,每个人认识问题的角度不尽相同。在伦理的范畴,公平体现了一种价值判断,主要指伦理人格的平等性。在社会政治领域内,主要体现政治权利的平等性。在经济学范畴,公平指利益分配的合理性。在教育哲学范畴,把公平定义为:“公平是一种关于调节人与人之间利益关系合理性的规范、原则。”不同的学科领域内对公平有着不同的理解。就适应于一切时代的一般概念而言,所谓公平,就是表示人与人利益关系及关于人与人利益关系的原则、制度、做法、行为等合理之义。因此,在不同的历史时期,人们追求公平的含义是不同的,它具有时代性、历史性和阶级性。

综合上面的认识与理解,我们认为教育公平应包含以下几层含义:第一,人受教育的根本目的是个体自由和谐的发展,只有尊重每一个体的基本人权与自由的发展,才符合教育公平的原则。第二,在受教育权利方面,每个人生而平等。第三,在受教育机会面前,每个人有均等的入学机会,在教育过程中有均等的对待、均等的学业成功机会。第四,差别对待原则,由于教育的效果会因受教育者个人的天赋、机会与机遇而不同,机会均等不可能简单地实现,故要实现教育平等必然需要对每一个个体施以不同的教育,但是差别性原则的基本前提是,使全社会中处于最不利地位的人获得和其他人同等的利益。

二、义务教育均衡发展的理论与实践

(一) 义务教育在中国的发展历程

中国公共教育自清末开始试行。义务教育的概念,最早见于政府法令的,是 1904 年《奏定学堂章程》中的《学务纲要》:“蒙养院、初等小学堂,意在使全国之民,无论贫富贵贱,皆能

① 牛津现代高级英汉双解词典[Z].北京:商务印书馆.牛津大学出版社,1988:617.

淑性知礼,化为善良","初等小学堂为养正始基,各国均任为国家之义务教育。东西各国政令,凡小儿及就学之年而不入小学者,罪其父母,名为强迫教育。盖深知立国之本,全在于此"①。随着1911年清王朝政权的更迭,共和初始。在1949年新中国成立前的38年间,民国政府在大陆也颁布了相关法令推行义务教育,如1935年经行政院批准颁行《实行义务教育暂行办法大纲》,决定分三期,用十年时间实现四年制义务教育。新中国成立后,在相当长一个时期内,虽然没有直接颁布义务教育的相关法律,在相关政府文件中,还是体现了政府推动义务教育的决心:1956年1月,教育部印发的《十二年教育事业规划纲要》提出,"7年内在全国基本上普及义务教育"。改革开放后,随着法制建设的逐步健全,1986年第六届全国人民代表大会第四次会议通过了《中华人民共和国义务教育法》,全面地规定了国家实施义务教育的方针、管理体制及国家、社会、学校、家庭在义务教育实施中的相关责任等。这是新中国成立37年来由国家最高立法机关制定颁布的第一部有关教育的单行法。义务教育法的实施有力地推动了我国义务教育的发展。到2005年年底,全国实现"两基"的地区人口覆盖率达到95%以上,小学学龄儿童入学率达到99.15%,初中阶段毛入学率达到95%。②当然在这一时期里,由于中国区域经济发展的严重不平衡,使得这一时期的义务教育并不是严格意义上的免费教育,各地以收取杂费的方式补贴义务教育的开支需要。2006年6月29日,中华人民共和国第十届全国人民代表大会常务委员会第二十二次会议修订通过《中华人民共和国义务教育法》,并于当年9月1日正式实施。修订后的《中华人民共和国义务教育法》包括8章63条,对1986年的《中华人民共和国义务教育法》从形式到内容都做了重大调整,突出了义务教育的权利性、平等性、公益性、强制性和统一性的特征,为我国义务教育的完善奠定了坚实的法律基础。2006年,中央政府免除西部地区农村义务教育阶段中小学生的学杂费,惠及五千多万名农村中小学生。从2007年春季开始,全中国农村义务教育阶段中小学生全部免收学杂费,到2008年秋季,全中国义务教育阶段的学生都免除了学杂费和教材费用,真正实现了免费的义务教育。至此,中国的义务教育走过百年历程后终于回归了义务教育免费的本质。

(二)义务教育均衡发展的理念与内容

随着义务教育普及的实现,教育发展进程中另一个重要问题越发显得重要与迫切:教育发展过程中如何实现均衡发展。由于我国各地区发展水平的严重不均衡导致教育发展在各地区发展也千差万别,而从《中华人民共和国义务教育法》体现的价值取向和一系列政府文件都明确地将促进义务教育的均衡发展和全面实施素质教育作为各级政府发展义务教育必须坚持的工作原则和出发点。2010年年初,教育部进一步印发了《关于贯彻落实科学发展观进一步推进义务教育均衡发展的意见》,具体制定了实现义务教育均衡发展的路线图和时

① 陈学恂.中国近代教育史教学参考资料(上册)[C].北京:人民教育出版社,1986:534.

② 数据来源:2005年全国教育事业发展统计公报.

间表,力争 2012 年实现区域内义务教育初步均衡,到 2020 年要实现区域内义务教育的基本均衡。

从宏观上讲,义务教育资源均衡配置主要是解决区域办学条件的失衡问题。在区域间合理配置教育资源,即协调省域之间、市域之间、县域之间、城乡之间统筹规划,达到教育资源的公平合理配置,同时,重点扶持欠发达地区加速发展教育,缩小地区间教育条件差距,最终实现区域教育全面均衡协调发展。从微观上讲,它主要是解决区域内学校间及学校内部的教育资源配置的失衡问题,保证学校间在学校布局和规模、教育经费投入、设备设施、师资配备、生均教育资源等方面的合理均衡,同时保证同一学校内生均资源实现均衡发展,包括校内各班级在设施、师资、生源、管理等方面的均衡。

区域间义务教育均衡发展是指在经济社会条件大致相同的不同区域之间,义务教育要达到均衡化的状态,其中又可分为两个层次:一是行政区域内(省域内、市域内、县域内、乡域内)义务教育的均衡发展;二是特定区域间(如经济发达地区与经济欠发达地区之间、城乡之间)义务教育的均衡发展。

义务教育学校之间的均衡发展既包括一定区域内的同一类学校在办学条件、师资力量和教育教学质量等方面的大体平衡,也是指同一区域不同学校(如重点学校与一般学校、城区学校与农村学校)之间发展的相对均衡。

受教育群体之间的均衡发展,主要是指不同群体的学生在接受义务教育的起点、过程、结果和获得成功等方面的机会均等,即拥有相对平等的入学机会,获得大致相当的教育资源和教育条件,并获得尽可能的发展与成长。

政府提出义务教育均衡发展的基本目标是:每一所学校符合国家办学标准,办学经费得到保障。教育资源满足学校教育教学需要,开齐国家规定的课程。教师配置更加合理,提高教师整体素质。学校班额符合国家规定标准,消除“大班额”现象。率先在县域内实现义务教育基本均衡发展,县域内学校之间差距明显缩小。到 2015 年,全国义务教育巩固率达到 93%,实现基本均衡的县(市、区)比例达到 65%;到 2020 年,全国义务教育巩固率达到 95%,实现基本均衡的县(市、区)比例达到 95%。

从本质上讲,均衡发展涉及受教育者的基本教育权利的保障、教育民主与教育公平问题。解决上述问题,就是要通过法律法规确保公民平等受教育的权利和义务,通过政策制定、资源调配,提供相对均等的教育机会和条件,以客观公正的态度和科学有效的方法,实现学生在教育起点、过程、效果和成功机会等方面的相对均衡。强调公民受教育权利的平等和教育机会、结果等方面的公平,是义务教育均衡发展的实质所在,是现代教育的基本理念和核心理念。

实现义务教育均衡发展的主要策略是:① 规划一体。将所有学校全部纳入城乡一体化发展规划之中,重新调整学校布局。所有新建城镇、住宅小区和农村社区,由政府统一规划、统一标准、统一建设,规范管理区域内的学校。② 标准一体。统一城乡学校建设标准、公用经费标准、质量和评估标准。③ 管理一体。一体化管理是城乡教育一体化发展的核心,通过一体化管理,提升农村学校的竞争力。在本区域内,每个中小学校长和教师都有交流和轮换的机会，每年选派优质学校的校长和教师到薄弱学校任职，构建校长和教师在城乡之间、区域之间流动的长效机制，实现教育人力资源的合理分布。④ 在解决学校发展不均衡的问题上，可建立薄弱学校优先拨款制度来进行扶助，将财政经费向薄弱学校倾斜。特别是对于农村学校规模小、布点分散、基础设施薄弱等问题，需要拿出切实可行的办法加以解决。这些问题若长期得不到解决，将会引发很多问题，会产生不可预测的结果。⑤ 在解决农村师资水平不高的问题上，可建立在县域范围内教师轮岗制度和淘汰制度。按照教师需求合理聘用教师，同时解决教师老龄化问题，按照学科需要进行统一编组；根据学校的学生数进行编班，按照班数统一配备教师编组，规定某一组教师在某一所学校的服务年限。为了保证学生的学习能力不因教师的变化而降低，一是要通过多种方式提高学生的适应性，二是要逐步淘汰不合格的教师，使师资水平逐步达到"趋同"。⑥ 在解决弱势群体的教育困难问题上，要建立各种资助制度，确立奖、助、贷等教育制度。

（三）中小学布局调整：实现义务教育均衡发展的政策尝试

20 世纪 70 年代以来，随着我国计划生育政策的有效落实，农村人口出生率逐渐下降，中小学生源不断减少，加上农村学校布局分散、规模小、质量差，城镇化的不断发展等因素的综合出现，我国农村地区特别是中西部农村地区开始了新一轮的中小学布局大调整，这也是我国实施农村教育改革的又一重要任务。因为农村教育的改革和发展是党和政府长期高度关注的重要问题，保障农村义务教育的持续、健康发展不仅直接关系到亿万农民的切身利益，是解决我国"三农"问题的关键所在，而且也是全面提升国民素质与综合国力的基础与前提。因此，党和政府先后采取了多项政策与配套措施推进农村中小学建设，促进农村义务教育质量的提高。而农村中小学布局调整就是一项旨在优化农村基础教育结构，合理配置农村教育资源，以进一步促进农村义务教育改革与发展的重要政策。农村学校布局调整在主观上是要实现教育的公平、均衡与效率，是面对中国进入"后普九"阶段提出的新的教育方针。但一项教育政策的颁布与实施，除了主观愿望，还会受到客观社会现实的制约。① 具体来说，农村中小学布局调整主要受限于以下三方面因素：

1. 经济因素——农村税费改革后资金短缺

农村税费改革之前，农村中小学教育投入主要来源于乡镇，即教育费附加、教育集资、财政拨款，由于国家投入甚少，县乡财力薄弱，农村教育费附加和教育集资实际上是农村义务教育的主要经费渠道。② 税费改革后，随着农业附加税以及集资等的废除，县乡财政收入减少，导致农村义务教育的投入普遍减少，基本办学条件无法得到保证，尤其是农村中小学的危房改造面临困境。而农村中小学布局调整的目的就是为了使分散的教育资源得到充分的

---

① 吴志宏，冯大鸣，等.新编教育管理学[M].第 2 版.上海：华东师范大学出版社，2008：8.

② 中西部地区农村中小学合理布局结构研究课题组.我国农村中小学合理布局调整的背景、目的和成效：基于中西部地区 6 省区 38 个县市 177 个乡镇的调查[J].华东师范大学学报（人文社会科学版），2008(4)：121-127.

整合与最有效的利用，使农村中小学生能在安全、舒适的教学环境下和先进、科学的教学设施中接受教育，以期提高农村教育的综合实力，实现真正的教育公平。因此，县及县以上政府希望大力推行农村中小学布局调整，以期提高资源利用效率，减轻财政压力。于是，布局调整就成为农村税费改革后政府的一种自然选择。

2. 政治因素——农村城镇化步伐加快

所谓城镇化，是指人类生产和生活方式由乡村型向城市型转化的历史过程，表现为农村人口转化为城镇人口的过程。从经济学角度看，就经济发展、工业化、现代化的过程而言，城镇化就是自然经济状态的农村不断衰退、城镇不断发展的过程。改革开放以来，由于城镇化的加速，在我国县(含县级市)及其以下的农村中，出现了很多小城镇，它与乡土农村的经济社会发育程度、人口集聚程度以及相应的文化教育事业发展程度等都具有明显的差异。在这种情况下，我国农村教育历来以行政区划为基础而进行布局的方式已陈旧落后，已不能按行政建制的乡、村分配人力、财力、物力；而是撤乡并镇或在中心镇重点加强初中学校建设，在县城和有条件的中心镇设置与发展高中阶段的教育，在乡镇或中心村办小学，即按人口规模和转移趋势规划学校布局已成为历史的必然。可见，农村中小学布局调整是农村城镇化的必然结果。

3. 教育因素——农村学龄人口的减少与生源的外流

20 世纪 70 年代以来，我国开始强有力地推行计划生育政策；到 20 世纪 90 年代中后期，由于计划生育政策的贯彻落实，农村人口出生率逐渐下降，中小学生源减少已成为一种普遍现象。此外，农村人口的大规模流动和广大农民及其子女对优质教育资源需求的急剧增加，以致农村中小学生进城就读现象十分普遍，从而导致农村中小学的生源萎缩，如有些地方校舍建设没几年，学生却没有了；有些地方则出现了大量“麻雀学校”。针对这一情况，要求对农村中小学布局及时进行调整。可见，农村中小学布局结构调整是农村中小学生源减少的客观要求。

综上所述，在经济、政治、教育等潜在因素的影响下，城镇化水平不断提高，农村财政压力大，学校布局分散、规模小、质量低，学龄人口不断减少的矛盾日渐突出。农村学校布局调整有其主观目的与客观条件，因此，它的实施是十分必要的。

2000 年 3 月 2 日，我国颁布了《中共中央、国务院关于进行农村税费改革试点工作的通知》，特别提出：“适当合并现有乡村学校，对教师队伍进行必要的整顿和压缩。”这是我国首次发出的学校布局调整的动员令。2001 年 3 月 20 日，《教育部、财政部关于报送中小学布局结构调整规划的通知》发布，正式启动了我国大规模学校布局调整工作。2001 年 5 月，国务院要求“因地制宜调整农村义务教育学校布局，按照小学就近入学、初中相对集中、优化教育资源配置的原则，合理规划和调整学校布局”①，各地要结合乡(镇)区域规划调整、城镇化发展、城镇规划、地理环境、人口分布密度、交通状况及教育事业发展现状等实际情况，合理调整、完善学校设置规划。自此，我国便正式开始了有目标、有规划、有步骤地进行农村中小学布局调整的工作。2006 年 6 月，教育部先后发出两个通知，强调“农村小学和教学点的调

① 何东昌.中华人民共和国重要教育文献：1998—2002[M].海口：海南出版社，2003：6.

整要在保证学生就近入学的前提下进行,在交通不便的地区仍需保留必要的小学和教学点,防止因过度调整造成学生失学、辍学和上学难问题"①。

农村中小学布局调整不是一种自发的行为,而是社会力量所造就的,也是一种社会结构问题的反映。农村中小学布局调整在一定意义上是利益格局的调整。在调整过程中,政府始终居于主导地位,并且不少地区是以运动形式进行的,这就使得布局调整的方式选择呈现出教育行政的特点。

农村学校布局调整,是针对基础教育长期以来存在的高投入低产出、学校布局分散难以管理、低水平重复建设,以及近年来出现的生源萎缩所造成的教育资源的严重浪费而做出的慎重抉择。② 希望通过学校布局调整,在宏观层面上,缩小地区之间的教育发展差距,推动教育全面均衡发展;在中观层面上,实现教育资源的合理配置与优化重组,提高义务教育阶段的教育质量与效益;在微观层面上,节省人力、物力、财力,促进教师队伍的优化组合,提高资金、校舍及设备的使用效益,实现规模效益。自 2001 年全国大规模的农村中小学布局调整工作开展以来,部分地区,尤其是一些经济较为发达的农村地区能够因地制宜、实事求是地合理调整中小学布局,集中力量改善了一批乡镇中心学校的办学条件,使合并后的中心学校实现了一定的规模效益,当地的教师队伍质量与教育教学水平也得以提高。因此,从这些方面来看,学校布局调整的主观愿望是好的,并且也收到了一定的成效。然而,在全国农村中小学布局调整略见成效的同时,当前部分地区在调整农村中小学布局的过程中亦凸显许多新的问题。

自农村中小学布局调整工作开展以来,不少地区能够根据自己的实际情况,切实地制定调整规划方案,如昆明市便制定了一整套的上至全市,再至盘龙区、五华区、官渡区、西山区等区,下至呈贡县、嵩明县、富民县等县的调整规划方案,在其方案中不但对当地农村教育现状进行了透彻的分析,还根据不同区、不同县、不同乡镇提出了不同的拟合方案。例如,松华乡小河片区"拟计划整合小河中心学校和小河中学,将小河中学旁勤工俭学基地的 10 亩土地用于新建校舍,同时新征小河中心学校操场周边的 2 亩多坡地,将小河中心学校和小河中学连成一个整体用于扩大校园用地,扩建不少于 24 个班级规模的九年全寄宿制学校",双龙乡"拟计划收缩庄房分校到中心学校就读,同时收缩麦地塘和麦冲分校 3 年级以上学生到新校址就读,原分校校址保留 1 至 2 年级"③。昆明市在其有针对性的实施方案下,布局调整工作取得了不错的成绩。再如,宁夏回族自治区自 1995 年开始实施布局调整以来,全区各地立足实际,注重实效,科学规划,合理布局,充分发挥政府、市场两个因素在资源配置中的作用,采取政府投入、市场运作、项目跟进、社会捐助等多种方式,合理配置教育资源,不断优化教育结构,使全区教育事业呈现出健康快速协调发展的可喜局面。到 2008 年年底,全区共有各级各类学校 2 924 所,比 2001 年的 3 766 所减少了 842 所。其中,小学 2 202 所,减少

---

① 教育部关于实事求是地做好农村中小学布局调整工作的通知[EB/OL].http://baike.baidu.com/view/2987979.htm(June 9,2006).

② 王泽德,赵上帛.我国农村中小学布局调整的现状及对策研究[J].现代教育科学,2009(2):10-12.

③ 昆明市农村中小学布局布点调整规划方案[EB/OL].http://www.kmedu.net/columns/showtopics.aspx? id=10042(April 8,2006).

699 所,普通初中 284 所,减少 59 所;全区小学、初中、高中校均规模由 2000 年的 216 人、752 人、732 人增加到 2008 年的 274 人、889 人、1 230 人①。

当然,由于种种原因,在布局调整实践过程中并没有实现决策层的初衷。在农村中小学布局调整这项教育政策的刚性实施下,一些地方政府对该项政策的认识不深,不能科学、合理、因地制宜地执行调整政策,盲目地撤并和减缩当地农村中小学校,不但没有达到合并后的预期效果,还导致劳民伤财,群众怨声载道,同时也违背了学校合并调整的实质意义,未能很好地使教育资源得到有效整合与充分利用,无法达到教育资源的优化配置。

例如,一些地方政府在这次布局调整中明确提出“全省现有小学 13 372 所,今年必须调整到 9 000 所以内,需要撤除 4 300 多所”,“到 2008 年,全市基本完成中小学布局调整学校 1 344 所,学校数量要减少三分之一以上”,及“我市坚决撤并规模小、生源少的学校”等硬性要求与口号,大规模地撤减农村中小学校似乎成为了一些地方政府追求的调整目标。在大量撤并农村中小学时,有的地方还片面追求办学的集中和学校规模的扩大,纷纷提出如“每个乡镇建一所初中,每所初中服务人口为 3~5 万人”,“初中要达到 18 个班,校均 900 人的规模”,“各乡镇要努力集中建设一所市一级规范化初中和小学”等目标,不切实际地要求各村的中小学完全集中到乡镇中心学校,而缺乏充分考虑当地的人口密度、地理交通、农民经济负担等实际情况,也忽略了许多中心学校在财政、教育、师资及配套设施等方面根本无法满足大规模集中办学的需求的事实②。

从 1980 年学校布局调整工作的第一阶段开始,几乎每五年小学减少近 10 万所,初中每五年减少近 1 万所。可见,这种缩减的幅度还是比较均衡的。但在农村中小学布局调整这项教育政策的刚性实施下,学校缩减的幅度在 2000 年后显得尤为突出,从 2000 年到 2011 年,小学骤减 30 余万所。虽然撤并的背后有现实原因,但这种缩减也未免操之过急(见表 6-1)。

表 6-1 1980—2011 年全国普通小学、初中数量(单位:万所)

	小学	初中
1980 年	91.73	11.83
1985 年	83.23	9.32
1990 年	76.60	8.76
1995 年	66.86	8.10
2000 年	55.36	7.72
2005 年	36.62	7.79
2006 年	34.16	6.08
2007 年	32.01	5.94

① 宁夏教育概况[EB/OL].http://www.nxedu.gov.cn/index.aspx? pkId=5138.

② 刘倩,吴玲,郭孝文.正确应对农村中小学布局调整中产生的问题[J].教学与管理(中学版),2010(8):9-11.

续表

	小学	初中
2008 年	30.09	5.79
2009 年	28.02	5.63
2010 年	25.74	5.49
2011 年	24.12	5.41

数据来源：根据 1981—2011 年《中国统计年鉴》和全国教育事业发展统计公报整理获得。

在中小学布局调整进程中，在校学生数是学校撤并与否的重要衡量依据。从表 6-2 可以看出，2000—2005 年，全国小学减少 187 409 所，减少率为 33.9%；其中农村地区的小学减少 123 493所，占全国减少学校总数的 65.9%，减少率为 28%。而农村地区在校学生数减少率仅为 18.3%，远低于农村地区学校数的减少率 28%。由此可见，骤减后的学校势必无法供应学生上学。国内一些调查显示，不合理的农村中小学布局调整及其引发的问题是导致当前部分贫困山区、农村儿童辍学流失量增加的一个重要原因。在农村学校骤减的背景下，学生无法就近上学，各类现实问题也随之而来，辍学率势必上升，"普九"工作也必然会受其影响。

表 6-2　2000 年和 2005 年全国及农村地区小学、初中学校数与在校学生数

	小学		初中	
2000 年	全国	农村地区	全国	农村地区
学校数（单位：所）	553 622	440 282	77 268	41 942
在校学生数（单位：人）	130 132 548	85 037 137	73 689 101	35 862 776
2005 年	全国	农村地区	全国	农村地区
学校数（单位：所）	366 213	316 791	61 885	36 405
在校学生数（单位：人）	108 640 655	69 478 276	61 718 079	27 846 594

数据来源：根据 2001 年和 2006 年《中国统计年鉴》整理获得。

政府也注意到中小学布局调整过程中出现的问题。2012 年 5 月至 8 月，国家审计署组织对 27 个省（自治区、直辖市）所辖 1 185 个县（市、旗）2006 年以来义务教育阶段农村中小学布局调整情况进行了审计调查，重点调查了 25 127 所学校，涉及在校学生 1 705.28 万人。在调查中，发现以下两个问题尤为突出：

① 学生上学路途增加，交通问题凸显。2006—2011 年，有 833 个（占 70%）县的学校平均服务半径有所增大，初中、小学服务半径增幅分别为 26%、43%，平均达到 8.34 公里、4.23 公里。在重点抽查的 1 257.63 万名走读生中，有 49.31 万名（占 4%）上学单程要徒步 3 公里以上，其中 10.03 万名要徒步 5 公里以上，且主要集中在山区或丘陵地区，上学路途消耗体力大，导致学习和在校活动时间相应减少。审计重点调查的 25 127 所学校中，至 2011 年年底，有 288 个县（占调查总数的 24%）的1 702所学校（占调查总数 7%）配置了校车，一定程度上缓解了上学路程远的困难。但是，这些学校配置的全部 9 639 辆校车中，有 747 辆（占

8%）年检不合格，449 辆（占 5%）驾证不相符，3 377 辆（占 35%）未配备专职管理人员，2 149 辆（占 22%）未配备逃生锤等安全设备。

② 中小学撤并致辍学人数增加。布局调整带来部分农村地区学生上学路途变远，交通、寄宿等教育支出相应增加。受就学距离远和负担重影响，一些地区学生实际辍学人数上升幅度较大（主要集中在初中学校），重点核实的 1 155 所学校，辍学人数由 2006 年的 3 963 人上升到 2011 年的 8 352 人，增加了 1.1 倍。①

这或许可以解释为何 2012 年 1 月 20 日，教育部发布《教育部 2012 年工作要点》的文件中，关于中小学布局调整，用词变得谨慎：即“坚持办好必要的村小和教学点，审慎推进义务教育学校布局调整”。

三、课堂教学中的公平问题

课堂教学公平是实现教育公平的主要渠道，因为课堂教学是教育的实践领域，是一切教育理想和文本化课程的最终落脚点，它的公平与否直接影响到个体的发展，进而影响到整个教育领域内公平的实现。我国义务教育免费政策已经基本保证了儿童享有平等地接受教育的权利，人们的关注点开始转向如何才能使每一位学生公平地享有课堂教学资源，使其在整个受教育过程中得到公平的对待，最终实现教育结果公平。因此，对课堂教学公平讨论与研究是教育公平研究不断深化的必然趋向。

（一）课堂教学公平的含义

研究者一般把课堂教学理解为一种活动，认为它是与课外活动相对应的，是指“把一定数量的学生按照年龄和知识程度编成固定的班级，根据国家规定的教学内容和教学时间，由教师以集体上课的形式对全班学生进行有目的、有计划的教学活动”。② 课堂教学的内涵是：首先，课堂教学有着严格的时空条件限制，时间是日课程表规定的教学时间，地点是固定的班级。其次，课堂教学的教育者和受教育者是固定的，其中受教育者是一个固定班级的学生，教育者是承担这一固定班级课程的教师。再次，课堂教学的内容必须是教学大纲所规定的教学任务。最后，课堂教学的内涵还包括教师在授课时使用的恰当的教学方法。

而对教学公平的讨论则由西方一些学者率先做出。班克斯把教学公平作为多元文化教育的五个纬度之一，认为教学公平是促进来自不同民族、种族和社会阶层的学生的学业成就的教学技术和方法。③ 泰德认为教学公平意味着能满足不同学生群体需求的有效的教学方

① 赵鹏.中小学撤并致辍学人数增 1.1 倍，4%走读生路程远[N].京华时报，2013-05-04.

② 关苏霞.教学论教程[M].西安：陕西师范大学出版社，1992：86.

③ James A.Banks.An Introduction to Multicultural Education.Boson：Allyn&Bacon，1994：17.

式。比林斯认为教学公平是一种学习方式，通过这种学习方式，学生完成学业任务，获得文化适应性，发展分析评价社会文化和政治的能力。内里认为教学公平是指教师充分意识到学生学习或认知风格的多样性，并对每一个学生采取适当的教学。①

从以上观点可以得出以下结论：第一，教学公平的目的是为了促进每个学生的学业成就；第二，教学公平是教师采取的一种教学方式或方法；第三，这种教学方式或方法必须针对每个学生的不同特点并且是有效的。

根据以上对公平以及课堂教学概念的理解，我们这里所提到的课堂教学公平指在课堂教学活动中，教师应充分尊重每个学生享有的平等的教育权利和发展机会，平等对待不同个性及不同发展水平的学生，并根据每个学生的特点采用适合其个性发展的教学方式或方法，区别对待学生之间的差异，以促进全体学生的全面发展，从而构建和谐的课堂教学。

（二）课堂教学公平的原则

1. 平等原则

平等原则的基本含义就是人人都享有平等的受教育权利和发展机会，学生之间存在的各种不同的差异在课堂教学中都应得到平等对待。

平等原则要求教师在课堂教学的过程中要对学生一视同仁，对全体学生平等对待，不以学生之间的差异为理由对学生有任何歧视，同时由于学生身心发展的顺序性、阶段性和义务教育的性质也决定了教师应对学生提出一个共同的根本发展要求，在教学内容、师资水平等方面使学生获得相对均等的发展条件。

2. 发展原则

教育作为人类社会特有的有目的的培养人、促进人的活动，其最终目的就是要促进学生各方面能力的发展以及所有人的发展。发展原则是我们所要追求的，但从教学效率和学生全面、和谐发展的角度，我们提出充分发展原则，即学生的发展不仅是一般性的发展，更是要有利于其个性的良好发展、身心的健康全面发展和潜能的最大发展。学校应关心、爱护和尊重全体学生，使人人得到充分发展，都成为学业上的成功者。

3. 差异原则

差异原则是指由于个体之间存在差异，课堂教学活动中应该注意在平等对待每个学生的基础上，区别对待个体之间的差异，教学的进度和难度以及采取的教学策略要满足不同学生的不同需要。

不同的学生也具有不同的个性。学生之间的差异是教师在课堂教学活动中必须考虑的因素，在平等对待的基础上采取有针对性的适合每个学生特点的教学方式、教学内容等，而不应该忽视学生之间的差异，如果采用一刀切的方式，则忽略了学生的差异，导致学生发展的不公平。苏霍

① Nelly.Ukpokodu. Equity Pedagogy:Successfully Educating America's Diverse Students.http//www.auburn.edu/academic/education/tpi/spring96/ukpokodu.html.2004/5/18.

姆林斯基曾经深刻指出："所谓公正，就是尊重与严格要求相结合。在学校生活中，没有也不可能有什么抽象的公正。教育上的公正，意味着教师要有足够的精神力量去关心每一个儿童。用一个模式、毫无区别的态度去对待所有的青年，那是漠不关心、不公正的表现。"①

4. 补偿原则

补偿原则的基本含义是：人的出身和天赋等差异或差别是客观存在的，教学应予以这些不平等的某种补偿。补偿原则在许多国家都有体现，在公共教育活动中，弱势群体的社会成员在政治、经济、文化、社会关系等方面的弱势地位往往导致在教育中的弱势地位，成为教育弱势群体。联合国教科文组织和主要发达国家（如美国的补偿教育法案）都强调"弱势补偿"，即对教育弱势群体进行某种补偿教育，以消除教育上的不平等。

补偿原则要求教育者在平等对待全体学生的基础上，为了共同发展的需要，对那些由于出身处于不利社会地位和天赋较低的学生给予某种形式的补偿，以提供真正的平等机会。

在这些课堂教学公平原则里，平等原则是对全体学生而言的基础原则，是为了学生的基本发展和共同发展；差异原则和补偿原则是针对不同的学生个体而言的，是学生的个性良好发展和对学生基本发展、共同发展的保障；充分发展原则是终极性原则，是教学公平原则的最终目的。这些原则相互关联，构成一个统一的整体，共同指导我们的课堂教学。

（三）课堂教学公平方面的主要问题

我们曾在广州市海珠区一所小学做过课堂教学公平的问卷调查与访谈。结果如下：

1. 课堂空间资源的分配

如图 6-1 所示，学生对自己所在班级的座位编排原则满意程度的认识中，满意的人数为 37%，不满意的人数为 27%；对座位编排无所谓的人数占 36%。就调查数据来说，学生对其所在班级座位的编排比较满意。

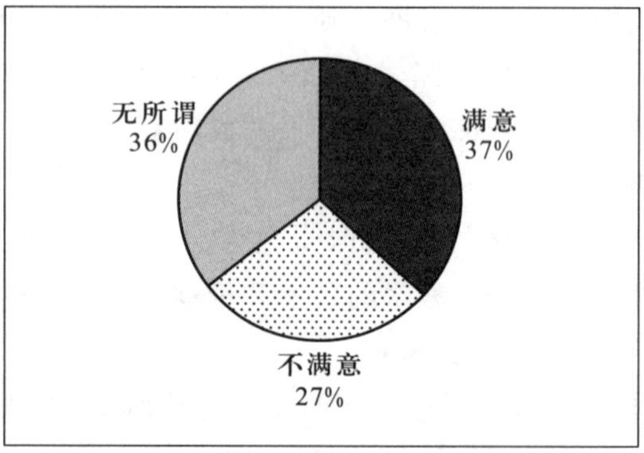

图 6-1　学生对座位编排的满意程度

① 苏霍姆林斯基.和青年校长的谈话[M].赵玮，等，译.上海：上海教育出版社，1983：117.

可是，按照物理学原理，场对周围影响强度的大小取决于距离场源的远近，那么，前排与后排以及中间与两边的学生接受教师影响的效果就存在着较为明显的差异。因此在课堂空间资源分配不公是客观存在的，所以调查数据表明有27%的学生对自己所在班级的座位编排原则及自己的座位不满是可以理解的。但是，事实上也有主观原因造成课堂空间资源分配不公，我们随机访谈了几位学生，学生反映座位编排是按照学生的身高编排，这种按学生高矮排座，一些中等个子的学生，常常能占据课堂的最好发展区，而“大个子”，则处于教室的边缘，无形中被教师所忽略与疏远，这对“大个子”学生来说，也是不公平的。另外，一些教师也会把他（她）比较喜欢的、较为优秀的或是与自己有特殊社会关系的学生排在前排、中间等便于与教师交流的地方，而把不喜欢的、成绩较差的学生排在后排、两边或教室的角落里。某教师解释为“这样是为了更好地教学，提高教学效率”。但这样一来，学生座次就成了班级中学生地位和身份的标志，教师在课堂中一般对后排的学生管理和交往较少，这些学生接受教师的诸如暗示性期待等潜在性的影响也相对弱得多。因此目前课堂空间资源分配是存在着不公平现象的。

2. 课堂知识分配

课堂知识分配主要是指在课堂教学过程中如何把法定的课程知识通过教师与学生的交往以及课堂知识与学生的交往分配给不同学生的过程。这个过程一方面表现为通过教师的课堂教学语言和师生互动的方式来对课堂知识进行分配；另一方面表现为学生理解、吸收、消化课程知识时，是否每个学生都能获得适合其个性发展的知识。

由表6-3可知，语文教师的提问内容主要分为识记、理解、领会、分析，优生的提问次数总体上是较多的，在识记的问题上，好学生和中等学生得到的提问机会差不多，在关于理解和领会的问题上，好学生得到的提问机会几乎是中等学生的3倍，在问题分析上甚至是中等生的4倍。而学困生只是在识记问题上有时被提问到。

表6-3　语文成绩与提问内容比较

	识记	理解	领会	分析	合计
好学生	12次	13次	15次	12次	52次
中学生	15次	8次	7次	3次	33次
学困生	7次	1次	0次	0次	8次

其实，实现课堂知识分配公平性的价值目标，在课堂知识分配过程中应遵循美国学者莱伊提出的平等考虑、差别对待和切合性三大平等原则。平等考虑原则是指人人皆应获得平等的待遇。如果没有充分明显的理由，任何人都不应受到差别对待。差别对待原则是指，如果人们存有差别，应该对之实行差别对待，差别对待应该以“平等考虑”为基础，即在平等的基础上以不同的方式平等地对待不同的对象。切合性原则是处理差别对待的基本要求，即无论是平等地对待平等对象，或是差别地对待平等对象，都应该能够给他们带来最多的利益，最大程度地符合他们的需要。

因此，虽然部分学生只是懂小部分或者几乎不懂，教师向他们提出的要求也只是掌握小部分，但是由于学生的个体差异、理解能力、接受知识的速度不同，所以在课堂教学中知识分配上不公平现象存在但不严重。

3. 教师与学生的课堂互动

在师生交往中，教师与学生个体之间的交往是一种差异性交往。这种差异性不仅表现在教师与学生个体互动同教师与学生群体互动的比例差异上，而且更多地表现在教师与学生个体互动的对象差异上。表 6-4 是某研究中教师对学生提问情况的统计：

表 6-4　教师课堂提问的次数

		经常被提问		有时被提问		很少被提问		几乎没有被提问	
		人数（人）	占全部被调查者的比例（%）	人数（人）	占全部被调查者的比例（%）	人数（人）	占全部被调查者的比例（%）	人数（人）	占全部被调查者的比例（%）
性别	男	17	11.9	41	28.8	17	11.8	5	3.4
	女	2	1.7	41	28.8	14	10.1	5	3.4
性格	内向	5	3.4	10	6.8	8	5.6	5	3.2
	外向	2	1.7	26	18.6	6	4.2	3	1.9
	混合型	12	8.5	46	32.2	17	11.7	2	1.7
职务	重要班干部	7	5.1	17	11.8	12	8.5	0	0
	一般班干部	2	1.7	24	17.0	5	3.4	5	3.4
	无职务	10	6.8	41	28.8	14	10.2	5	3.4
家庭背景	富裕	14	10.2	56	39.0	14	10.2	5	3.4
	一般	2	1.7	24	17.0	17	11.8	2	1.7
	困难	0	0	2	1.7	0	0	3	2.1

根据表 6-4，有 6.8%的学生是几乎没有被提问的。而被提问得比较多的学生，从性别层面看，经常被提问的男生人数占全部调查者的 11.9%，而女生仅为 1.7%，虽然被调查的学生中的男女比例为 7∶5，但是从以上数据看，男生经常被提问的机会多于女生；然而从整体情况看，即从经常被提问和有时被提问的比例看，男生被提问的比例是女生的 1.4 倍，符合该研究中的男女比例，因此男女生被提问的机会大体是一致的。但是仍有约 28.7%的学生很少被提问或者几乎没有被提问。其中男生占了 15.7%，女生占了 13.5%，根据该研究中的男女比例可以看到在很少或没有被提问的学生当中，女生在被提问方面处于不利地位。

从性格上看，被调查人中，性格内向的有 28 人，性格外向的有 37 人，混合型性格的有 77 人。从得到提问机会（包括经常被提问和有时被提问）的学生所占比例看，内向学生为 10.2%，外向学生为 20.3%，混合型性格的学生为 40.7%，因此可以看出，外向型的学生得到的提问机会(包括经常被提问和有时被提问)比内向型的学生多。混合型性格的学生跟外向型性格的学生得到提问的机会是差不多的。

从学生职务上看,被调查学生当中重要班干部(班长、大队长、科代、班委)有36人,一般班干部(组长)有36人,无职务有70人,总体上看班干部的提问机会跟无职务的学生的提问机会差不多,但是单从经常被提问的数据看,担任重要职务的学生是得到更多提问机会的。

从家庭背景层面看,家庭富裕的有89人,家庭一般的有45人,家庭困难的仅有2人,根据以上数据,家庭富裕的学生得到的提问机会(包括经常和有时别被提问)所占比例为49.2%,而家庭一般占18.7%,家庭困难的为0。可以看出家庭条件好的学生比家庭困难的学生得到更多的提问机会。

(四)课堂教学不公平问题的原因分析

1. 社会原因

首先,社会人际关系影响课堂教学公平。现代社会是由各种社会组织相互联系所形成的错综复杂的系统,学校也不能置身于这个系统之外。课堂教学作为学校教育活动的主要组织形式,外部社会因素必然会以各种途径、各种方式对学校的课堂教学施加影响。此外,教师作为社会的一员,必然被亲情、友情、利益等多种关系包围。其中在学校中最常见的一种现象就是,有些学生家长为了让孩子在班级中有更多的发展机会,受到教师更多的"关照",经常性地向相关任课教师送礼或请客。在这种情况下,教师也就很难在课堂教学中做到真正公平、公正地对待每个学生。

其次,在市场经济体制下,功利化的社会价值取向对课堂教学公平有一定的影响。随着我国市场经济体制的建立和不断完善,人们的价值取向逐渐趋向功利和现实。这也蔓延到学校教育活动中。社会和家长评判一所学校是否是一所好学校的标准就是学生成绩的高低。学校之间为了争夺教育市场,会在一定程度上加强"精英教育"的意识,从而吸引更多的学生来就读。升学的压力体现在课堂教学中,就是教师重点照顾那些优势的学生而忽视劣势的学生。由于普遍实行的教师评价制度,是把学生考试成绩作为衡量教师工作业绩的标准,这与教师的工资、奖惩和职称直接挂钩,所以,无形中迫使教师在课堂教学中,更多地倾向优生,以优秀生为参照标准来确定课堂教学的内容、难度、方式等,没有照顾到那些发展滞后的学生。

2. 教育自身原因

首先是应试教育的教学评价体制。尽管我国提出素质教育这一口号已经好多年了,但是受精英教育的影响,现实的课堂教学中仍受应试教育观念、体制及评价标准的影响。应试教育的教学评价认为,分数高的学生就是优秀的学生,在教师心目中,他们的各方面都是好的;反之,那些成绩差的学生,他们在教师心目中的评价则大打折扣了。这样的评价方式无疑使教师把学生按分数分级别,在课堂教学中给予差别对待,把更多的教学时间和学习机会给成绩好的学生,那么优生在课堂上享受到的是一种愉快的体验,而差生则成为课堂中的

“看客”,严重打击他们学习的积极性。此外,考试是最直接也是最主要的衡量教学质量的标准。教学评价的单一,令教师只重视学生的学习结果,忽视学生在学习过程中所取得的进步以及他们各方面能力的发展。

其次是教学组织形式和管理方式。在我国,人口众多,受教育人数不断增长,但是教育投入却不足,这样就不可避免地导致班级规模在不断增大,从而引起不公平的现象。我国目前的教学组织形式主要是班级授课制,课堂空间形态大多采用“秧田式”的编排形式,这样导致教师在单位教学时间里与每个学生的交往互动频率下降,难以集中时间和精力对不同学生给予必要的指导。在教学进度上,教师对同一班级具有不同发展水平的学生授课时往往采用同样的速度,并以同样的目标要求学生,从而造成照顾到一部分学生而忽略了另一部分学生的不公平现象。如果只照顾基础差的学生,在课堂上多做复习和练习,这样,那些基础好、接受能力强的学生显然得不到充分的发展。相反,如果只照顾那些基础好的学生,多传授新知识,那么,那些基础差、发展慢的学生又会受到影响。这无疑是现阶段班级授课形式难以解决的问题。

3. 教师自身的原因

(1) 教师的心理偏见

首先,教师可能对性别不同的学生产生偏见。不同性别的学生在身心发展上存在一定的差异,女生心理发展尤其是言语能力一般早于男生且占有一定优势,她们常常以这种优势获得好成绩从而获得教师的宠爱。如调查问卷的结果显示,有一部分男生表示教师在课堂教学中存在这种性别偏见,男生受到不公平的待遇。教师一般对男生比较严厉,特别是那些经常在课堂上扰乱课堂秩序的学生,教师对他们的关注仅仅停留在维持课堂纪律上,教师的这种刻板印象显然会影响到课堂教学公平的实现。

其次,教师可能对不同学习成绩的学生存有偏见。受应试教育的影响,考试分数被作为评定学生优劣的唯一标准,以至于教师人为地将学生划分为优等生、中间生和差生而进行差别对待。如调查结果显示,在课堂师生交往中,教师对成绩好的学生提问和表扬的次数明显多于对成绩差的学生的提问和表扬。教师有意无意地给学生贴上了固定的标签,无疑影响着教师在课堂教学中的公平性,对那些优等生,教师因为他们成绩好而忽视了他们消极不足的地方;而对那些学习成绩中下的学生,教师因为他们成绩差而忽视了他们的“闪光点”。

(2) 教师的课堂教学价值观

教师的课堂教学价值观实际上就是教师课堂教学的指导思想,是教师对于教学目的的认识与看法,决定了教师用什么样的方式进行课堂教学资源分配,也是教师课堂行为背后的价值取向。从表面上看,课堂教学的目的在于促进学生的身心和谐发展,但具体到现实的课堂教学中,具体到如何处理提高学生成绩与学生发展之间的关系时,教师的价值取向反映了他们真正的课堂教学价值观,因而也导致了他们真正的教学资源分配方式。

在课堂教学过程中之所以存在诸多不公平现象,其原因也在于教师所持的课堂教学价值观念的偏失,教师教学基本价值还是为了让学生取得好的学习成绩。这些价值取向使得教师的课堂教学基本围绕着知识的传授来进行,教师所做的种种行为都是为了保证知识传授的顺利进行。因此而产生的后果就是，教师在课堂教学中无限制地向学生的知识掌握方面倾斜，而忽视学生情感、态度、价值观等方面的发展。在课堂上，教师有时为了提高效率，完成当天的教学任务，就尽量少提问或者直接提问优秀学生；做练习题，没有给予学生充分的时间思考，就把答案直接写在黑板上，并没有很好地了解学生对知识的掌握程度，仅以优生的标准来衡量全班学生对题目的掌握程度，从而忽视了那些后进生。我们可以理解，学习是以知识为主，但是我们也不能忽视学生除了知识以外的其他方面的发展，如果教师的课堂教学只一味地传授知识，而忽视对学生其他方面的培养，那么会导致所培养出来的学生是"高分低能"，难以适应当今日新月异发展的社会。

（3）教师的期待——"皮格马利翁效应"

"皮格马利翁效应"由罗森塔尔和雅各布森提出。他们通过研究发现，教师在获取某些学生有潜力的信息后，产生了期望，而期望化作了对学生的关注、鼓励等一些实际行动，学生则因受到教师的鼓励而增强了自信心、求知欲，从而产生了积极向上的巨大动力。这一研究证明，学生在校的学业成就不仅受其自身能力的影响，更重要的是受教师期望的影响。在课堂教学中，教师会对那些成绩优秀或者自己喜欢的学生充满期待，给予他们足够的关注和机会，这一部分学生也因得到教师的鼓励而更加有信心、更积极地学习；相反，对那些后进生，教师没有充分挖掘他们内在的潜力，刻板地认为他们的水平就是停留在现阶段，对他们的期望值低，表现在课堂教学中，教师给予这一部分学生的学习机会少，跟他们的互动较少，学生因感受到教师对自己的期望值低，进而变得对学习失去信心，学习变得消极被动。显然，教师的期望就这样影响了课堂教学公平。

（4）教师的课堂教学能力

教师在课堂教学中处于主导地位，课堂教学中的教学内容、教学方法、教学进度以及具体的教学活动等的主动权基本掌握在教师手里。教师对教学过程的掌控能力、教学内容的理解与驾驭能力、激发学生自主学习的能力会影响课堂教学的公平。

在课堂教学组织上，那些教学组织能力强的教师，对纪律的强调并不多，但课堂秩序比较好。而那些组织能力弱的教师，则只顾着处理课堂上的纪律问题从而忽略了课堂教学，学生在课堂上收获甚少，这对学生来说是不公平的。

在教学内容的理解和驾驭上，能力强的教师在课堂教学过程中，对知识的讲解比较清晰、有条理，教学进程比较顺利。而能力弱的教师，对知识的讲解不够清晰、透彻，进而导致教学进程混乱，这样会导致那些理解能力差的学生对知识掌握的程度低，在一定程度上对他们不公平。

在激发学生自主学习上，某些教师虽然经常设计一些让学生思考的问题，但最后总是要求学生记忆老师所提供的"标准答案"，抹杀了学生的创造性，这种专制型的教师造成了课堂教学的不公平。

4. 学生的原因

（1）智力差异

由于在先天的遗传素质、后天的生长环境和所接受教育等方面都不相同，人与人之间在智力上也存在着很大的差异，因而对某一知识的接受程度不一样，而且每个人的智力优势也不一样。在应试教育体制的影响下，教育只关注学生在智育上的发展，一些学生在音、体、美等方面的智力优势可能被轻视或忽视，造成课堂教学中，教学更多的是关注语言—数理逻辑方面占优势的学生，从而导致课堂教学的不公平。

（2）性别差异

总体而言，一般是女生观察事物比较细心，记忆力强，表达能力较好。相比较而言，男生则兴趣广泛，好奇心强，胆大好动，对有兴趣的事物注意力更集中。但男生观察事物常常不细心，学习上也常有不够认真的表现。与此相关，小学生阶段总体上女生的成绩优于男生。

（3）个性差异

由于受家庭环境和社会环境的影响，每个人的性格存在差异，正是这种差异，影响他们在课堂学习中的参与度和积极性。那些性格外向或者混合型性格的学生，自身比较活泼好动，自信心高，在课堂上表现得比较积极主动，因而获得较多与教师互动的机会；相反，性格内向的学生，由于缺乏自信，沉默寡言，在课堂上很少主动表现自我和主动与教师交流，自然失去获得教师教学资源分配的机会。

（4）学生的主观因素

首先，是学生的学习态度。如果学生自身的学习态度不端正，那么即使教师讲课讲得再好，也是徒然。在课堂上，教师的精力和耐心也是有限的，对于那些上课精神不集中，学习投入度不足的学生，一开始教师还有耐心去引导他们，但是长久下来，他们没有改变这种学习态度，教师就会形成一种定式，觉得提问他们都是浪费时间，进而使教师不愿把宝贵的课堂时间浪费在他们身上。作为教师，面对种种内外在的压力，教师不得不对这些学生不公平。其次，学生对事物的刻板印象。例如，某个学生平时喜欢说谎，在其他同学心目中的印象不好，平时已经很少同学和他玩，加上在每次的课堂小组讨论中，他总是遭到小组其他成员的排斥。因为这样，他很自卑，所以很少举手回答问题，这导致与教师的互动交流很少。再有，学生也会根据成绩、性格、外貌等把同学分类，如在合作探究学习时，学生们自然会听从那些成绩好的学生的意见，并被推举代表小组回答问题，因为他们认为，成绩好的学生，他们的意见肯定是对的；至于那些成绩不好的学生，他们的意见一般不会被采纳，没有发言的机会，久而久之，他们就会对自己失去信心，不敢表达自己的意见，选择从众，从而失去了许多与教师交流的机会。可见，弱势群体自身的原因也会影响课堂教学公平的实现。

（五）促进课堂教学公平的有效策略

1. 政府增加对教育的投入，促使班级教学小班化

在国外，班级规模问题较早受到重视，各国都实行缩减班级规模的措施。如韩国早在1983 年 3 月就制定了“十大教育改革”方案，其中一项措施就是要缩减大城市学校规模和班级规模，使每个班级定员在 40 名学生以下，以便优化每个班级的环境和物质设施，提高学生的学习效率。又如法国自 20 世纪六七十年代以来，就进行中小学教育改革，比较著名的如

“模范中学”实验。该实验主要考虑学生的个人爱好，采用积极的教学方法，加强师生、生生之间的交往联系，每个班级的学生人数不超过20人。在一个学生数量相对较少的班级，教师更容易做到一对一的教学，照顾到不同学生之间的差异，促进课堂教学公平。因此，小班化教学是今后教学发展的一个趋势。

2. 构建有利于课堂教学公平的评价机制

教学评价是课堂教学的导向，影响着教师对待学生的方式，从而直接关系到课堂教学的公平。传统的“精英教育”主导下的评价体制，是一种奖惩性评价，教师评价的结果往往是作为学校管理者决定教师是否解聘、降级或晋级、加薪等奖惩的依据。学校评价教师的主要依据是所教班级的学习成绩，也就是分数至上，教师的工作绩效、学校的用人制度主要参照教师培养的学生的考试成绩，这就迫使教师在课堂上关注那些能取得好成绩的优势学生，课堂上的教学方式、内容难度等都围绕他们进行，而很少顾及那些发展相对滞后的学生，造成课堂教学的不公平。

要改变只关注教学活动的结果、注重奖惩性评价却忽视了教师和学生发展的教学评价，建立一种在没有奖惩的条件下能促进教师未来的专业发展和学生的持续发展为目的的提高课堂教学质量的教师评价制度，即发展性教师评价制度。

另外，发展性的课堂教学评价制度也体现在对学生的评价上。提倡改革单独由教师评价学生的状态，鼓励学生本人、同学、家长等参与到评价中，将评价变为多主体共同参与的活动。淡化等级和分数，淡化学生之间的相互比较，强调关注同学的优点和长处，强调自我的反思，重视形成性评价。发展性评价制度从关注学生个体的处境和需要、尊重和体现学生的个性差异、给予学生个体更多被认可的机会和可能出发，研究制定不同层次的评价标准，以激发学生的主体精神，使教学评价最大限度地产生教育效益。因此，建立发展性教师评价制度有利于课堂教学公平的实现。

3. 实施灵活多样的教学组织形式

由于个体发展存在着事实上的差异性，而在现行班级授课制的框架内，倘若只是向学生传授同样要求、同样难度的内容，这样势必造成课堂教学符合一部分学生的发展需要而不适合另一部分学生发展需要的弊端，这对部分学生来说是不公平的。因此，课堂教学要真正公平有效地面向全体学生，必须根据学生的差异实施灵活多样的教学组织形式，使课堂上每个学生都能得到适合自己的学习。当然，在班级授课制下，课堂要求的一致性与学生个体的差异性始终是一对矛盾。为解决这个矛盾，就要实施灵活多样的教学组织形式，如分层教学、合作学习等。同时，课堂的师生互动应采取灵活多样的方式，如师生问答式、4人小组式、对组式、小组集体式、全班式等，但无论采取何种方式，都要求教师根据不同学生的特点努力为每个学生参与课堂教学提供和创造均等的机会，力求适应每个学生的学习，尽量使全体学生都能够在原有的基础上得到发展。

另外，学校也要依据自身条件，建立合理的教学组织形式。创造性地合理安排学生座位。秧田式的座位安排不利于学生之间的合作，也不利于师生之间的互动，教师要依据学校的实际情况，包括课堂空间、学生数量、学生差异等合理安排学生座位，变换学生座位形式，力求消除由空间位置带来的课堂教学不公平现象。

4. 提高教师个人素质

教师要树立客观公正的评价尺度。时常清理心头的偏见,调整情绪,让自己的心中时刻充满阳光。要努力克服自己性格上的弱点,不以自己的个人好恶标准给学生贴标签或分门别类地对待学生。同时,教师还应该强化自己的民主意识,尊重学生,相信学生,在课堂上亲近每一位学生,善待并宽容学生。要真正成为学生学习的陪伴者、倾听者、欣赏者、支持者,能够容忍不同意见,挖掘每位学生的潜力,容忍学生的“过错”,向学生学习,与学生共同成长。但是又要理解公平不等于绝对的平均,真正的教学公平必须以承认个体差异为前提,同时,又要在教学中充分体现这种差异。这就要求教师既要具备掌握学生心理、生理素质的能力,又要能够运用多种教学方法和教学机智实现因材施教。这就要求教师提高自身素质,能够正确处理公平与差异的关系,科学合理地分析学生的实际知识水平,把握学生层次以及个别差异,并且能够做到在课堂教学中根据这些差异采取不同的教学策略,精心安排教学进程。

另外,在加强教师教学能力方面,要强化继续教育,提高专业水平。教师应与时俱进,自觉加强在职学习和培训并确保其实效性。一是教师本人要对自己的整个教学行为(包括教学前、教学中、教学后)自觉进行反思,并积极进行校本教研以教研促教学;二是要挤时间多看书、多听课、多拜师、多学习以博采众家之长,发展自己;三是要主动争取外出进修学习,加大在职学习培训的力度和效果。

5. 建立平等的师生关系,生生关系

教师应以一种平常的心态来看待自己,对待学生,应与学生建立起一种互尊互爱、民主平等的师生关系。同时,还应树立一种正确的学生观。每个学生都是拥有独立人格的个体,都具有极大的可塑性,蕴藏着巨大的发展潜力。同时,每个学生都有自己不可剥夺的权利,如人身人格权、平等权、受教育权等,教师应尊重每个学生平等参与课堂教学的权利,不能人为地把学生分成三六九等给予差别对待,也不能低估那些暂时成绩落后学生的发展可能性。

另外,学生与学生的关系也是影响着课堂教学公平的因素。当今我国处于社会转型时期,贫富差距拉大。这种差距还体现在各学生的衣食住行上。小学生间攀比现象比较严重,一部分学生会根据同学的家庭背景、成绩好坏等而喜欢或讨厌一个人,影响课堂教学公平的实现,也影响孩子的健康成长。因此,作为教师应该采取积极的措施,指导学生建立平等的生生关系。

案例链接

超级中学正在垄断一流大学入学资源①

又是一年高考后,高校的录取情况再次引发全社会的关注。但近年来,各省“超级中

① 资料来源:王斯敏,周航,陈美诗,等.超级中学正在垄断一流大学入学资源[N].中国青年报,2011-06-16.

学”崛起、高校中户籍为农村的学生比重下降、省区间入学机会差异等问题不断出现，让人们不得不深思：我们应该给那些不同出身、不同背景的学生们一个怎样的“高校梦”和“中国梦”？

省级“超级中学”崛起

“我们班有11个同学拿到了北大清华的自招加分，全省文科也只有20个。”毕业于陕西某省级重点中学的小航说，他本人也顺利通过了清华的自主招生考试，现在是清华的大一学生。

在清华大学人文学院社科零字班，来自湖北一所县级中学的小洲，没有通过北大的自主招生，是“裸考”到清华的。他经常看到那些来自省重点中学的同学们举办规模浩大的校友聚餐，他感到有些形单影只，因为他的母校已经好多年无人考入清华、北大了。

高考成绩十分优秀，高分学生集中且考入名校人数较多，这些重点中学中的“重点”可以称之为“超级中学”。在不少省份，北大、清华招生名额的一半都被少数几所高中占据，名校竞争呈现明显的“超级中学支配格局”。

“超级中学”大多集中于省会或大城市，其生源的一部分来自本市，另一部分从周边地区吸引而来。这类中学数量不多，却几乎垄断该地区的优秀生源和教师，加之拥有较多的经费和政策支持，高考成绩连年优异，在当地有很大的影响力。

以陕西省为例，陕西目前有西北工业大学附属中学和西安高新第一中学两所“超级中学”，均位于省会西安。2008年至2010年，西工大附中考入北大、清华的人数，占全省的比例分别为32.4%、39.6%、36.1%；高新一中分别为20.2%、22.5%、26.1%。去年两校各有83人和60人考入北大、清华，合计占全省名额的62.2%。在过去7年产生的15位文理科状元中，也有11位出自这两所学校。

近些年的自主招生和保送制度使高校选拔制度更加多元，但由于中学声誉和往届生源质量等因素，高校的推荐名额往往由“超级中学”占据。比如，去年北大、清华在陕西自主招生名额的98.9%、保送名额的97.3%，都被西安的“五大名校”（即西工大附中、高新一中、西安铁一中、西安交通大学附中、陕西师范大学附中——编者注）垄断，其中西工大附中一所学校的保送、自招名额就占到全省的五成左右。

来自“超级中学”的小航说，高考名师的指点、同学间的互促、内部资源的共享，形成了良好的学习氛围。“超级中学”通常有较丰富的课外活动，学生的综合素质高，能很快适应大学生活。普通中学由于条件限制和升学压力，很少有机会去搞“英语辩论”“艺术节”等活动。小洲回忆：“每天除了上课就是上课、每周只有半天休息，学校生活比较单调，同学们要上好大学唯有靠加倍的刻苦努力。”

“超级中学”的优势还体现在信息上。高考结束后，小航所在的“超级中学”吸引了清华、北大、复旦、上交、人大、南大、南开、浙大等众多一流高校前来召开咨询会。某所著名大学只能占据他们教学楼的一个拐角，而这所高校也到过小洲母校宣传，却是名头最大的高校。“超级中学”的咨询会上，各高校以现场签约承诺录取的方式吸引高分考生。普通中学的考生则难以享受这样的待遇,往往不得不跑到“超级中学”“蹭场”,以获取录取信息。

从全国范围看,与东部相比,中西部教育资源集中程度更高。以 2010 年各省考入清华大学人数最多的两所中学为例,计算两校占本省清华大学录取名额的比重,西部的新疆、陕西、宁夏、青海分别占 43.2%、59.6%、55.6%、59.1%,而东部的浙江、山东、江苏、广东分别只占 19.3%、9.0%、17.0%、15.3%。这说明在西部“超级”二字更加名副其实,这在一定程度上反映了东部地区经济发达、教育资源丰富,而西部地区教育欠发达,从而导致教育资源更为集中。

案例论坛

1. “超级中学”的出现说明了什么问题?
2. “超级中学”对教育公平目标的实现有何影响?

拓展阅读

1.【美】罗尔斯.正义论[M].修订版.何怀宏,何包钢,廖申白,译.北京:中国社会科学出版社,2009.

2. 张人杰.国外教育社会学基本文选[M].上海:华东师范大学出版社,1989.

3. 杨东平.中国教育公平的理想与现实[M].北京:北京大学出版社,2006.

4. 翁文艳.教育公平与学校选择制度[M].北京:北京师范大学出版社,2003.

5. 黄书光.中国基础教育改革的历史反思与前瞻[M].天津:天津教育出版社,2006.

专题七　提高教育质量：当代中国基础教育发展的核心

问题导读

1. 中小学校教育质量的内涵是什么？
2. 中小学校教育中的过程质量包括哪些方面？
3. 中小学校教育中的结果质量包括哪些方面？
4. 影响中小学校教育质量的因素有哪些？
5. 如何监控和改进中小学校教育质量？

中小学校教育质量是指中小学校教育水平高低和效果优劣的程度，包括过程质量和结果质量。过程质量又包括教师"教"的过程质量和学生"学"的过程质量。结果质量指向学生的学习成就，一般包括学业成绩和综合素质两方面。影响学校教育质量的因素主要有：社会与家庭因素、学校因素、教育者因素与受教育者因素。保障中小学校教育质量的途径分为两种基本类型。教育质量监控是一种外部评价，其目的是确保学校教育质量达到国家或有关部门规定的要求，它包括对教育过程及结果的监控。教育质量改进是一种内部评价，其目的是基于学校内部的需要而改进教育质量，它包括制定评价标准、实施培训、收集质量信息、整理质量信息、提出改进建议等步骤。

一、中小学校教育质量的概念分析

在基础教育领域内，中小学校教育质量历来是社会各界关注的焦点。而在基础教育改革的进程中，如何提升教育质量的问题也日益受到重视。在《国家中长期教育改革和发展规划纲要（2010—2020年）》中就特别强调："建立以提高教育质量为导向的管理制度和工作机制,把教育资源配置和学校工作重点集中到强化教学环节、提高教育质量上来。"①作为基础教育系统的基本单元,中小学校无疑是教育质量的直接载体。因此,提高教育质量在本质上就是要提高中小学校教育质量。

(一) 中小学校教育质量的内涵

1. 从工业质量到教育质量

质量的概念来源于工业界,并随着工业生产的发展而不断变迁。在前工业化时期,手工工场通过工匠的个体劳动来生产产品,产品的质量由工匠自己设定标准,自己维护,因而他们的名誉和生计均有赖于此。该时期关于质量还没有形成一种非常清晰的概念。然而,随着工业化时代的到来,质量越来越成为一个受人关注的概念,不同的质量观开始出现。20世纪初,在工业管理领域兴起了一场质量运动,泰勒所倡导的科学管理理论主张在生产执行过程中要对已经生产出来的产品进行事后检验,这就是人们所熟知的"质量检验"(Quality Inspection,简称 QI)。随后出现的"统计质量控制"(Statistical Quality Control,简称 SQC)"全面质量管理"(Total Quality Management,简称 TQM)等一系列质量观,使质量管理不断得到深化。②

随着基础教育改革的推进,人们在开展教育活动的同时也逐渐遭遇到了与工业发展相似的问题,即人们对教育在实施过程中所达到的水平需要有清楚的了解,以便进行有效的改进,而这就涉及教育质量问题。如何保障教育质量,更进一步包括如何改进教育质量,成为关系基础教育成败的重中之重。诚然,教育作为一项培养人的事业,其性质与专事生产产品的工业不能等而论之,人作为有生命的高级智慧的存在,对其实施教育所表现的质量根本不可能使用工业生产中对产品的"物"的尺度来衡量。换言之,教育质量与产品质量或生产质量是不能混为一谈的。虽然两者存在着某些相似之处,但更为重要的是,教育质量具有自身的独特内涵。根据这样的思路,我们可以先对质量的内涵进行扼要的分析,在此基础上再对教育质量的内涵进行更为深入的解读。

"质"和"量"在中文中是两个不同的概念,一是指事物的根本特点,一是指事物的数目,跟现今的质量概念在意义上相去甚远。英文词源来自于拉丁文的"qualis",意为"某一种的",这样的意义既难以理解也难以定义。根据《辞海》的定义,质量是"产品或工作的优劣程度"③。从这一定义来看,质量主要涉及两个方面:(1) 某一领域的产品或工作;(2) 产品或工作的优劣程度。前者指称的是质量所附着的对象及内容,也就是"什么东西的质量以及质量包括哪些方面";后者所指称的是一种价值判断,这种判断需要确定"判断质量高低的标准是什么"。

---

① 教育部.国家中长期教育改革和发展规划纲要(2010—2020 年)[EB/OL].http://www.moe.gov.cn/publicfiles/business/htmlfiles/moe/moe_177/201008/93785.html,2010-07-29.

② 刘广第.质量管理学[M].北京:清华大学出版社,2003:5-12.

③ 辞海编辑委员会.辞海[Z].上海:上海辞书出版社,1989:707.

教育学的权威辞典对“教育质量”的定义是“教育水平高低与效果优劣的程度”①。通过比较不难发现，这一定义与上述“质量”的定义具有相似之处，它同样指出教育质量涉及两个方面：① 教育的过程（相对于“质量”定义中指称的工作）与结果（相对于“质量”定义中指称的产品）。② 教育过程与结果的优劣（高低）程度。前者指出了教育质量所附着的对象是教育活动，教育质量的内容包括过程的质量与结果的质量；后者指出了对教育过程与结果的优劣程度（即教育质量的优劣程度）的判断是一种价值判断，这种判断需要确定判断优劣程度的标准是什么。

通常，判断教育过程与结果优劣程度，即教育质量的标准，主要由教育目的和各级各类学校的培养目标所规定。众所周知，教育可以从广义和狭义两方面来理解。广义的教育：凡是有目的地增进人的知识技能、影响人的思想品德、增强人的体质的活动，不论是有组织的还是无组织的，系统的还是零碎的，都是教育。狭义的教育：专门组织的教育，它是根据一定社会的现实和未来的需要，遵循年轻一代身心发展的规律，有目的、有计划、有组织地引导受教育者获得知识技能、陶冶思想品德、发展智力或体力的一种活动，以便把受教育者培养成为适应一定社会（或一定阶级）的需要和促进社会发展的人。② 狭义的教育主要是指学校教育，所以狭义的教育质量也是指学校教育质量。而决定学校教育质量标准的教育目的并非各种主体，如教师、学生、家长等，所持有的教育目的，而是指国家在政策方针中明文规定的教育目的。根据 2010 年出台的《国家中长期教育改革和发展规划纲要（2010—2020 年）》的表述，我国的教育目的是“培养德智体美全面发展的社会主义建设者和接班人”③。这一表述不仅是国家对各级各类学校培养的人的质量规定，也是对各级各类学校教育提出的一般要求和根本要求。

德、智、体、美全面发展，一是明确了我国学校教育的质量内容，作为培养人的活动，学校教育主要培养人应该具备的基本素质，即道德、智力、身体、美感等方面。这几方面相互联系，相互作用，是人的生存和发展以及社会生活中不可或缺的最基本的素质。二是明确了使人的各方面全面发展，即在注重基本素质形成发展的同时，也要注重促进其他素质的形成和发展，而不应仅仅局限在某一方面，如过分注重发展智力而忽视其他素质。“这是促进人的个性丰富发展所必需的，有利于个人在物质生活领域和精神生活领域发挥、展现创造性才能，更好地实现自己的理想和价值，使人的生存发展充满内在活力。”④

社会主义接班人，是国家对学校教育质量在方向上的规定。鉴于中国是实行社会主义制度的国家，这就决定了假若判断学校教育是否达到质量要求，首要的标准就是学校教育所培养的人是否符合社会主义国家的价值期待，能否传承和发扬社会主义的核心价值体系。为此，学校教育从手段、内容到目的都必须以社会主义作为基本价值取向。而社会主义的建

① 顾明远.教育大辞典[Z].上海：上海教育出版社，1998：1886.

② 王道俊，王汉澜.教育学[M].北京：人民教育出版社，1989：41.

③ 教育部.国家中长期教育改革和发展规划纲要（2010—2020 年）[EB/OL].http://www.moe.gov.cnpublicfiles/business/htmlfiles/moe/moe_177/201008/93785.html，2010-07-29.

④ 扈中平.教育学原理[M].北京：人民教育出版社，2008：213.

设者,既包括物质文明的建设者,也包括精神文明的建设者。这就要求学校教育所培养的人,必须达到步入社会以后能够参与社会主义物质文明建设和精神文明建设的基本要求。

2. 中小学校教育质量的内涵

通过对教育质量的概念进行分析,可以看出,基础教育质量的内涵事实上是教育质量内涵的进一步具体化,即基础教育水平高低和效果优劣的程度。这种具体化表现在三个方面:① 基础教育的"教育"一词是指狭义的学校教育,包括中学、小学和幼儿园的教育。② 基础教育质量包括过程质量和结果质量两个部分。③ 衡量基础教育质量的标准,不仅受国家教育目的的限定,而且还受基础教育的培养目标的限定。基于中学教育和小学教育是基础教育的主干部分,而且两者存在更多的相似之处,因此这里着重探讨中小学校教育质量。

作为基础教育的下位概念,中小学校教育质量是指中小学校教育水平高低和效果优劣的程度。中小学校教育质量同样包括过程质量和结果质量两部分,而且衡量中小学校教育质量优劣程度的标准,既受国家教育目的的限定,也受中小学校培养目标的限定。关于中小学校教育的过程质量和结果质量,将留待下一节进行具体探讨。至于国家教育目的的限定作用,上文已有述及,这里主要谈谈中小学校教育培养目标的限定作用。

中小学校教育的培养目标,可以从2001年颁布的《基础教育课程改革纲要(试行)》中看出端倪。该文件在提到基础教育课程改革的目标时指出,"要使学生具有爱国主义、集体主义精神,热爱社会主义,继承和发扬中华民族的优秀传统和革命传统;具有社会主义民主法制意识,遵守国家法律和社会公德;逐步形成正确的世界观、人生观、价值观;具有社会责任感,努力为人民服务;具有初步的创新精神、实践能力、科学和人文素养以及环境意识;具有适应终身学习的基础知识、基本技能和方法;具有健壮的体魄和良好的心理素质,养成健康的审美情趣和生活方式,成为有理想、有道德、有文化、有纪律的一代新人。"①这段话实际上是对基础教育培养目标的具体限定,但由于中小学校教育是基础教育的下位概念,这段话无疑也是中小学校教育的培养目标。基于培养目标是国家教育目的的进一步具体化,所以这段话主要是从德、智、体、美四个方面,对中小学校教育阶段要培养的社会主义建设者和接班人的基本素质进行了总体概括。而能否实现这样一些目标,则成为衡量中小学校教育质量优劣程度的标准。

(二)中小学校教育的过程质量

中小学校教育质量包括教育过程的质量,也包括教育结果的质量。这是在分析中小学校教育质量的内涵时就已提到的观点。那么,中小学校教育的过程质量具体包括哪些方面呢?要回答这一问题,只有从中小学校教育过程的核心要素入手进行分析,才有可能得到答案。

当前,中小学校教育包括课堂教学活动、课外活动和社会实践活动等多种形式,但归

① 教育部.基础教育课程改革纲要(试行)[N].中国教育报,2001-07-27.

根结底，任何形式的教育活动都离不开两种最为核心的要素，一种要素是教师的“教”（teaching），另一种要素是学生的“学”（learning）。当然，在不同的教育活动当中，这两种要素的存在方式也是不同的。有的活动既包括教师的“教”，也包括学生的“学”，如课堂教学活动；有的活动却没有教师的“教”，只有学生的“学”，如部分课外活动和社会实践活动。虽然如此，但从整体的中小学校教育的角度出发，其过程质量依然可以从这两方面来进行考察。一方面是教师“教”的过程质量，另一方面是学生“学”的过程质量。

1. 教师“教”的过程质量

教师的“教”，这一行为的英文单词为“teaching”，但值得注意的是，教师的“教”并不包括“学习”，而仅仅是指“教师引起、维持、促进学生学习的所有行为方式”①，简言之，它是教师行为，而不是学生行为。至于中文里经常使用的“教学”一词，其英文是“instruction”，它指称的是教师的“教”和学生的“学”的统一活动。这里主要探讨的是教师的“教”及其过程质量。

苏联著名教育家巴班斯基曾经系统而深入地研究过如何优化教师“教”的过程这一问题，他极力主张的“教学过程最优化”理论将有助于人们更好地认识和理解教师“教”的过程质量。“教学过程最优化”理论产生于20世纪60年代末。巴班斯基指出：“教学过程最优化是在全面考虑教学规律、原则、现代教学的形式和方法、该教学系统的特征以及内外部条件的基础上，为了使过程从既定标准看来发挥最有效的（即最优的）作用而组织的控制。”②而判断教学过程最优化的标准主要有两条，凡是能够同时符合以下两条标准的教学过程则是最优的：

① 教学过程的内容、结构和发挥作用的逻辑，都要根据国家教学大纲的要求，按照每个学生最大的学习可能性的水平，保证有效地和高质量地解决学生的教学、教育和发展任务。

② 保证达到既定的目的，既要不超过现行教学计划用于课堂作业的时间，也要不超过学校和劳动卫生学规定师生用于家庭作业的最高时间标准，同时还应防止师生疲劳过度的现象。③

可见，巴班斯基提出的教学过程最优化标准为教师“教”的过程质量提供了基本的判断依据。鉴于教师的“教”主要出现在课堂教学活动当中，因此，对教师“教”的过程的质量标准还可以基于课堂教学的过程进一步细化。其标准大致包括如下方面：

① 看教师的教育理念，这种教育理念可以通过教师对教材的处理、对学生问题的反应、对教学活动的设计等体现出来。

② 看教学内容的处理，主要看对教材体系和知识体系是否具有透彻的理解、教学重点是否突出、教学难点是否突破、内容的量是否妥当。

---

① 石中英.公共教育学[M].北京：北京师范大学出版社，2008：164.

② 【俄】巴班斯基.教学过程最优化：一般教学论方面[M].张定璋，等，译.北京：人民教育出版社，2007：55.

③ 【俄】巴班斯基.教学过程最优化：一般教学论方面[M].张定璋，等，译.北京：人民教育出版社，2007：58.

③ 看教的方式方法的运用和对学习方法的指导,从教师对教与学方法处理的角度,判断教师使用的教法是否符合学生心理特点、是否有利于培养学生的能力、是否调动了学生的学习积极性、对学生的学法指导是否恰当。

④ 看教学环节的组织和安排,也就是要考察教学结构是否合理,教学思路是否清晰,教学组织形式是否科学,教学的逻辑结构是否严谨,教学节奏是否得当和有效等。

⑤ 看教的效果,要考察预定的教学内容是否完成,是否达到了预期的教学目标,学生在课堂上的收获如何等。

⑥ 看教师的教学风格,考察教师对课堂上突发事件的处理、教师的教育智慧、教师的讲课艺术以及对课堂氛围的调控。

2. 学生"学"的过程质量

学生的"学",又称为学习,这一行为的英文单词为"learning"。一般认为,学习是指"学生有意识地为了积累知识、提高技能和自身修养而采取的活动,它既包括了个体行为的改变,又包括了个体意识倾向和潜能的变化"①。学生的学习质量是整个中小学校教育质量中最为关键的部分,而这部分又可以划分为学习过程质量和学习结果质量。这里主要探讨前者,而后者留待下一节再进行详尽的分析。

当前,对于学生的学习质量,人们更为关注的是学习结果质量,而学习过程质量受到的重视程度普遍不足。这与中小学校承担着升学压力,而学习结果是升学的唯一依据有关。当前,过分注重学习结果质量,忽视学习过程质量的弊病在中小学校教育中日益显露。厌学、逃学、身心健康受损已经成为中小学校内最令教育者饱受困扰的难题。因此,针对学生学习过程中存在的问题,通过设计学习过程质量标准以改善学生的学习过程质量,应该成为判断中小学校教育质量的一个不可或缺的部分。下面就来看看学生"学"的过程质量标准包括哪些较为核心的内容。

(1) 学生的学习动力

① 学习兴趣,包括下列三方面:第一,学生对学校生活的兴趣。增强学生对学校生活的认可度,对提高学生的学习质量有一定帮助。这就提醒学校教育者,在制定学校规划和日常教学活动时,应该重视学生在学校内的主体地位,为学生提供更多的参与机会,尤其是给学习上存在困难的学生更多的参与机会。这有利于学生整体学习质量的提高。学生对学校生活的兴趣,包括学生的同学关系、是否愿意参加学校集体活动、是否喜欢学校以及在学校是否会感到孤独等指标。第二,学生对家庭作业的兴趣。家庭作业主要包括五种类型:课后练习、预习新课、阅读课外书籍、查找资料、参加社区实践活动,当然也包括其他一些不大常见的类型。要提升学生学习过程的质量,就需要弄清楚学生都喜欢哪些类型的作业,原因是什么,什么样的作业适合哪一类学生,这些问题都值得做进一步的研究。第三,学生对教师类型的兴趣。根据北京市海淀区对全区各所小学所做的调查,学生喜欢的教师类型依次是幽

① 石中英.公共教育学[M].北京:北京师范大学出版社,2008:176.

默的、负责的、温和的、博学的、民主的、文雅的、漂亮的、年轻的、严肃的。① 可见,教师丰富的人格魅力和广博的知识修养才是学生最看重的特征,而漂亮和年轻等外在特征并不像一般认为的那样受学生关注。与此同时,教师们较重视的严肃的形象和学生对教师的期望之间的差距也较大。提升教师的内在修养,是提高学生认可度,改善师生关系的前提。

② 学习自信心。学习自信心主要包括学生对个人学习能力的评价、尝试解决困难问题的意愿、对取得优异学习成绩和完成学习目标的预期等内容。

③ 学习动机。内部学习动机包含学生对于学习目的和意义的认识、对于学习与未来工作和生活的关系、学习意愿的强烈程度等指标。

④ 学习压力。学生承受过重的学习压力会导致学习质量的下降。对学习压力的判断主要从学生在学习过程中产生的心理负担和焦虑,学生作业量的多少及难易度、考试的数量以及学校公布考试成绩之前的感受等方面来进行。

(2) 学生的学习方式

① 预习功课的习惯。每天预习新课,一方面说明学生具有良好的学习习惯,另一方面也有助于学生尽快熟悉新课内容。这对提高学生学业成绩有重要的影响。在学生学习内容不断增加而学习时间有限的情况下,教师应该引导学生采取最有效的预习方式,切实提高学习效率。

② 学习遇到困难时的解决方式。在学习过程中,学生更倾向于采用什么方式解决学习上的困难,体现了学生的学习能力水平。学生解决学习困难的方式通常有:自己想办法解决(独立思考和查阅资料)、请同学帮忙、向老师求助、向家长求助、接受营利性教育机构的辅导。

③ 对待作业错误的方式。学生在完成作业时出现错误,采用的方式主要是自己查书后改正错误,有的学生会与同学讨论后改正错误,有的学生则向教师请教后改正错误,也有一部分学生选择与父母讨论后改正错误。

④ 参与小组合作学习的方式。小组合作学习是目前课堂上较为常见的学习方式。学生参与的状态大致可以分为主动参与、被动参与和旁观三种类型。其中,主动参与表现为积极参与讨论和组织同学讨论;被动参与主要表现为听别人说和做记录;旁观的表现主要为不参与讨论。一般而言,提高学生参与活动的积极性和主动性,有利于提高小组合作学习的有效性。

(3) 学生的课外学习状况

① 课外学习的途径。课外学习对于学生而言,是对课堂学习的有益补充,能够使学生学到平时在书本上无法学到的知识。利用节假日进行参观、旅游,有利于学生积累生活经验,开阔视野,增长历史、地理、人文知识,是学生进行校外学习的一种有益方式。

② 课外阅读的状况。对课外阅读状况的了解主要基于学生每周阅读时间,有研究表

---

① 张卫光,孙鹏.北京市海淀区小学义务教育教学质量分析与评价研究报告[R].北京:北京师范大学出版社,2010:280-281.

明,随着学生阅读时间的增加,学生平均的学业成绩也有所提高,说明阅读对学业发展有促进作用。①

③ 参加社会实践的状况。学生参加社会实践的主要途径是参加学校组织的公益劳动或志愿者活动。有研究表明,学生参加社会实践的积极性和学生平均学业成绩的分布具有一定的一致性,即平均学业成绩越高的学生参与社会实践的积极性越高。② 这一现象的形成,可能与学生的生活态度有关,生活态度比较积极的学生,对学习活动和其他活动都抱有较高的积极性,其积极的态度与优良的学习成绩形成了相互促进的关系。因此,教师在平时的教育当中,应该注意培养学生积极的处事态度。

④ 图书馆资源利用状况。中小学校内的图书馆,也是学生进行课外学习时可资利用的资源。学生从图书馆借阅图书的数量可以在一定程度上反映学生的课外阅读量,而学生阅读量的增加对提升学生学习质量具有重要作用。

(4) 学生的学习负担

① 睡眠时间。教育部明确要求切实保证义务教育阶段的学生每日有不少于 9 小时的睡眠时间。与睡眠时间较多的学生相比,睡眠时间较少的学生更容易产生注意力不集中的现象,降低学习效率,而学生的学业成绩并不会随着睡眠时间的减少而提高。

② 作业时间。小学生每天做作业的时间为 1 小时左右,中学生每天做作业的时间为 2 小时左右,能高效完成作业的学生的学业成绩水平明显高于基本不做作业或做作业时间过长的学生。学生的作业包括来自学校教师布置的当天要完成的作业和来自家长布置的作业(包括家教或者课外辅导班布置的作业)。

③ 补课时间。学业成绩与补课时间之间并不存在明显的关系,补课时间的增加并不一定意味着学业成绩的提高。补课时间包括学校要求到校的补课时间和家长要求的补课时间(如家教或者课外辅导班)。

(三) 中小学校教育的结果质量

无论是教师的"教"抑或学生的"学",最终所指向的结果都是完全一致的,那就是经过"教"和"学"之后在学生身体与心灵上发生的变化。

中小学校教育的对象是中小学生,所谓教育是培养人的活动,而在中小学校中就是对中小学生的培养。但问题是,我们所说的对学生的培养到底是培养学生的什么呢? 唯有弄清楚这一问题的答案,我们才有可能更好地去把握中小学校教育追求的结果及结果质量。

学生,顾名思义,就是以学习为主要任务的(学)未成熟的人(生)。学生具有人之为人

① 张卫光,孙鹏.北京市海淀区小学义务教育教学质量分析与评价研究报告[R].北京:北京师范大学出版社,2010:285-286.

② 张卫光,孙鹏.北京市海淀区小学义务教育教学质量分析与评价研究报告[R].北京:北京师范大学出版社,2010:287.

所特有的社会性。学生作为一种社会角色，具有丰富的社会学意义。教育社会学者将学生视为一种独特的社会存在。“学生既非不承担任何社会义务的婴幼儿，也非以职业劳动而与社会进行交换的成人，学生是介于婴幼儿与成人之间的‘半’社会成员。这一社会属性导致学生在相当程度上带有‘边缘人’(marginal man)的特征。事实上，‘学生’本来也并非仅仅是学生。与教师不同，学生是学校中最游离不定的成员(the most transient)，因为他(她)们本来就是作为一个社会性未成熟者而生活于一个多重社会之中的。”①从这一界定可以看出，在其看来，以成人的标准来衡量学生，学生是一种未“成熟”的社会成员。正因为离“成熟”尚有不少的距离，所以学生才需要接受教育，尤其是正规的学校教育，学校教育的价值也就体现为能否帮助学生从未“成熟”状态走向“成熟”状态。

然而，学校不是一个万能的机构，它在教育上的有效范围已经被圈定，它的影响有其浮动的上限和下限。它能够改变一些东西，例如学生的知识、技能、态度等方面，但也不能够改变很多东西，例如学生的先天遗传素质、家庭环境、所处的社会阶层等方面。学校是在社会这个大背景中发生作用和影响的，而家庭、阶层和社会背景对学生产生的影响在很大程度上可能超过学校组织。在这些因素面前，学校对学生施加的影响是有限度的。也就是说，学生在接受学校教育的过程中，并不是所有的发展和变化都是学校教育的结果，而只有其中一部分是学校教育所促成的。而这一部分还需要判定其是否符合社会期待，符合社会期待的程度有多大。

学生在接受学校教育的过程中，最主要的活动无疑就是学习，学习活动是贯穿于学生生涯的核心组成部分。学生的发展和变化，正是通过学生的学习活动逐步表现出来的。在学校教育之中，学生的学习活动具有复杂的多样形态，“人类的学习行为是大量存在、非常复杂的，青少年学生也一样。有的学习行为是个体自主的，有的学习行为是有老师指导的；有的学习行为是有意识的，有的学习行为则是在无意识中进行的；有的学习是有组织的，有的学习是在日常的生活、工作与交往过程中进行的，如此等等。”②如果把学生所有的学习活动，包括那些无指导、无意图、无组织的学习行为，所产生的发展和变化都纳入到学生的学习结果当中，人们就根本无法判断哪些学习结果是学校教育所导致的，哪些学习结果是学生通过学校教育以外的方式(如家庭教育)所习得的。要评判学校教育质量也就无从谈起。所以，学习结果主要是指学校教育有指导、有意图、有组织地引起学生的学习行为，并使学生产生符合社会期待的发展和变化。这种发展和变化来自于人为，而非自然生长，它是一种“社会成熟”的反映，而非“自然成熟”的表现。从这一层意义上来说，它不仅是一种“结果”，更是一种“成就”，是学校教育对学生个体生命的“成全和造就”。因此，这种学习结果更准确地来说应该称之为“学习成就”。

在中小学校当中，学生的学习成就一般由两个部分组成，一部分是各个学科学习后取得的学业成绩，另一部分则是独立于各个学科进行考查的综合素质。两者的质量通常运用各

---

① 吴康宁.教育社会学[M].北京：人民教育出版社，1998：222.

② 石中英.教育哲学的责任与追求[M].合肥：安徽教育出版社，2007：294.

自的标准进行判断。

1. 学业成绩

学业,指学校的课业。[①] 学业成绩,就是学生在校修业期间在学习功课和完成作业上的实际表现。对学业的考查,主要就是根据学生的学业成绩水平来判断的。学业成绩一般通过不同学科的学业成绩测验来获取,这些测验大部分是纸笔测验,还有少部分是口头测验和操作性测验。中小学校教育中各种类型的测验和考试都属于学业成绩测验,而学业成绩水平则是中小学校教育的结果质量最为核心的组成部分。鉴于各学科课程标准已经列出各学科学习的目标和各个学段学生应该达到的目标,因此,学业成绩水平的高低主要取决于学生达到课程标准中所列出的学习目标的程度。达到目标的程度越高,相应的学业成绩水平就应该越高,同时也意味着学校的教育质量越高。

2. 综合素质

随着学业成绩测验在学校教育中的广泛应用,它所带来的负面影响也日益明显,而且遭到了社会各界的普遍质疑。在不少人看来,学业成绩是评判一所学校教育质量的最重要甚至是唯一的标准。而对学业成绩的重视又仅限于升学考试成绩,于是,学校就极有可能沦为只是为应试而存在的机构,而学校教育就极有可能成为"应试教育"。[②] 为扭转此种不良风气,2002 年 12 月颁布的《教育部关于积极推进中小学评价与考试制度改革的通知》明确指出:"既要重视学生的学习成绩,也要重视学生的思想品德以及多方面潜能的发展,注重学生的创新能力和实践能力"[③]。显然,中小学校教育的结果质量,不能再单纯唯学业成绩论高低,而必须在重视学业成绩的同时,高度重视学生综合素质的发展。为此,该文件还把学生的学习成就目标划分为"学科学习目标"(学业成绩目标)和"基础性发展目标"(综合素质发展目标)两部分。其中,"基础性发展目标"包括:道德品质、公民素养、学习能力、交流与合作能力、运动与健康、审美与表现六个方面,基本上涵盖了中小学校学生综合素质发展的各个方面。

案例链接 7-1

表 7-1　中小学教育质量综合评价指标框架(试行)[④]

评价内容	关键指标	指标考查要点	评价主要依据
品德发展水平	行为习惯	学生在文明礼貌、勤俭节约、热爱劳动、爱护环境等方面的认知和表现情况	

① 顾明远.教育大辞典[Z].上海:上海教育出版社,1998:1693.

② 苏启敏.从"学业至上"到"社会满意":论基础教育质量评价的价值取向[J].现代教育论丛,2008(9):7-10,75.

③ 教育部关于积极推进中小学评价与考试制度改革的通知[Z].人民教育,2003(Z1).

④ 资料来源:教育部.关于推进中小学教育质量综合评价改革的意见[Z].北京:教基二[2013]2 号,2013.

续表

评价内容	关键指标	指标考查要点	评价主要依据
品德发展水平	公民素养	学生在珍爱生命、遵纪守法、诚实守信、团结友善、乐于助人等方面的认知和表现情况	社会主义核心价值观、义务教育课程方案和相关学科课程标准、普通高中课程方案和相关学科课程标准、《中小学德育工作规程》《中共中央国务院关于进一步加强和改进未成年人思想道德建设的若干意见》《中小学生守则》《小学生日常行为规范(修订)》《中学生日常行为规范(修订)》《中小学文明礼仪教育指导纲要》等
	人格品质	学生在自尊自信、自律自强、尊重他人、乐观向上等方面的认知和表现情况	
	理想信念	学生的爱国情感、民族认同、社会责任、集体意识、人生理想等方面的情况	
学业发展水平	知识技能	学生对各学科课程标准要求的基础知识、基本技能的理解和掌握情况	义务教育课程方案和各学科课程标准、普通高中课程方案和各学科课程标准以及其他相关规范性文件等
	学科思想方法	学生对各学科思想和方法的理解和掌握情况	
	实践能力	学生关注现实生活、参加社会实践和志愿服务活动、解决实际问题、进行职业准备等方面的情况	
	创新意识	学生独立思考、批判质疑、钻研探究,解决问题的思路、方式方法等方面的情况	
身心发展水平	身体形态机能	学生身高、体重、肺活量和身体运动能力等达到《国家学生体质健康标准》要求的情况以及视力状况等	义务教育课程方案和相关学科课程标准、普通高中课程方案和相关学科课程标准、《国家学生体质健康标准》《国务院办公厅转发教育部等部门关于进一步加强学校体育工作若干意见的通知》《中小学学生近视眼防控工作方案》《中小学健康教育指导纲要》《中小学心理健康教育指导纲要(2012年修订)》《学校艺术教育工作规程》《教育部办公厅关于在义务教育阶段中小学实施"体育、艺术2+1项目"的通知》以
	健康生活方式	学生对健康知识与技能的了解和掌握情况,生活与卫生习惯、参加课外文娱体育活动等方面的情况	
	审美修养	学生在审美情趣和艺术修养等方面的发展情况	
	情绪行为调控	学生对自己情绪的觉察与排解、对行为的自我约束情况,应对和克服学习、生活中遇到的困难的态度和表现情况	
	人际沟通	师生关系、同伴关系、亲子关系等方面的情况	

续表

评价内容	关键指标	指标考查要点	评价主要依据
兴趣特长养成	好奇心求知欲	学生对某些知识、事物和现象的专注、思考和探求情况	及其他相关规范性文件等
	爱好特长	学生课余生活的丰富性，在文学、科学、体育、艺术等领域表现出的喜好、付出的努力和表现的结果	
	潜能发展	学生在某些方面表现出的突出素质和进一步发展的能力	
学业负担状况	学习时间	学生上课时间、作业时间、补课时间、睡眠时间等	义务教育课程方案和各学科课程标准、普通高中课程方案和各学科课程标准、《中共中央国务院关于加强青少年体育增强青少年体质的意见》《中小学学生近视眼防控工作方案》《教育部关于当前加强中小学管理规范办学行为的指导意见》以及其他相关规范性文件等
	课业质量	课程教学、作业和考试（测验）的有效程度以及学生的感受和看法	
	课业难度	课程教学、作业和考试（测验）的难易程度以及学生的感受和看法	
	学习压力	学生在学习过程中表现出的快乐、疲倦、焦虑、厌学等状态	

案例论坛

1. 学业成绩与综合素质是什么关系？
2. 身体和心理健康是否属于因学校教育而产生的学习成就？为什么？
3. “兴趣特长养成”除上述指标外还可以有哪些方面的指标？

二、中小学校教育质量的影响因素

中小学校教育质量的水平高低，除了有其自身的判断标准以外，还受到其他一些因素的影响，这些影响因素并不是无足轻重的，而是对学校教育质量的整体水平起着决定性作用的。所以，有必要对这些影响因素加以分析，使人们更好地了解它们所起的作用。

（一）社会与家庭的因素

社会与家庭因素是中小学校教育质量的外部影响因素。值得注意的是，这里的社会因素主要指学校附近社区对学校教育质量的影响,家庭因素则主要指家长重视教育的程度对学校教育质量的影响。两种影响均来自学校围墙之外,但无论是社区还是家长,他们却最为关注学校质量的好坏,因为这将会对社区和家庭的可持续发展产生重要的影响。

1. 社区环境

社区是“一定区域范围中的有关联的人群和组织的集合体”①。学校作为开放系统,它所接受的资源输入和输出主要来自其所属社区。因此,社区资源、文化和环境会对学校产生重要影响。另外,学校主要满足其所在社区居民的教育需求,所以学校普遍受到社区的重视,而且还会受到社区居民关于学校声誉评价的影响。对学校而言,社区主要扮演舆论监督者的角色,根据社区居民的具体情况对学校提出要求。社区对学校教育质量的影响主要表现为以下方面:

① 对影响学校的环境因素进行评价,如学校的周边环境,通过改进学校外部环境来帮助学校提升学校质量。

② 对社区内适龄入学儿童进行评价,为学校提供生源状况等信息,为学校的教育教学决策提供参考。

③ 对学校的社会声誉进行评价,为社区居民认识学校提供信息渠道,也为学校了解社区居民的教育需求构筑平台。

2. 家庭环境

家长虽然来自校外,但对学校质量的重视程度丝毫不亚于校长和教师。学生除了接受学校教育外,其余大部分时间多与家长共处,所以家长对子女学习情况也相对较了解。他们参与学校事务对提高学校教育质量大有裨益。亨德森(Henderson,A.C.)在其《形势不断表明:家长的参与能提高学生成绩》一文中列举了她所进行过的50项研究,发现经常参与学校事务的家长,其子女的学习表现要优于有着相同家庭背景但家长并未参与学校事务的学生。尤其对后进生而言,家长的参与起到了巨大的推动作用。② 基于家长的重要性,他们对学校教育质量的影响主要表现在以下方面:

① 对子女的学习成就水平进行评价,指出不足和有待改进之处,为学校管理者和教师提供改进学生学业成就的决策信息。

② 对学校的课程与教学进行评价,为学校管理者和教师改善课程与教学提供建议。

③ 对学校的校园环境、校风校纪和学校文化进行评价,帮助学校营造有利于提升学校质量的人文环境。

④ 对学校管理者的管理水平和教师的教学水平进行评价,指出存在的问题,帮助学校管理者和教师提升专业素质。

⑤ 对学校的教育资源状况进行评价,指出需要改善的地方,保障学校的正常运转和师生的常规教育教学活动。

---

① 黄崴.校本管理:理论、研究、实践[M].广州:广东高等教育出版社,2007:351.

② Hopkins,G.101 Ways Parents Can Help Students Achieve[OB].http//www.education-world.com/programmes.shtml.2003.

（二）学校的因素

学校内部对于自身的教育质量也存在一些影响，这些影响包括学校的物质条件、社会声誉、文化与风气、课程与教学管理水平，它们属于影响学校教育质量的间接因素。

1. 学校的物质条件

对学校教育质量而言，学校的物质条件是一个不容忽视的影响因素。所谓物质条件，包括学校的教室、宿舍、食堂、教学设备、图书资料、校园绿化和景观等方面。没有这些物质基础，学校就没有了发展的根基。学校的物质条件对自身教育质量的影响主要表现在以下方面：

① 学校的物质资源能够满足因师生的教和学产生的物质需求，为师生的教和学提供相应的环境。

② 学校的物质资源是师生达到教和学的目标，是提高教和学的效率的前提。

③ 充裕的物质资源有助于提升教师和学生的综合素质。

2. 学校的社会声誉

学校声誉是学校在长期办学过程中给社会各界留下的综合印象，是学校与学生、家长、企事业单位、新闻媒体、教育界等公众在社会交往中形成的知名度和美誉度。学校的社会声誉代表了社会对学校的普遍看法和信任感。学校社会声誉的优劣，对学校的生存起到举足轻重的作用，因为它会影响到学校在获取教育资源方面能否处于有利地位。学校的社会声誉对自身教育质量的影响主要表现在以下方面：

① 学校的社会声誉是学生报考学校的重要依据，对于吸引优质生源、提升学校教育质量意义重大。

② 学校的社会声誉有助于学校吸收社会的人力、物力和财力等资源，改善办学条件。

③ 学校的社会声誉是一种动力，能激励学校的管理者、教师和学生为维护本校声誉而努力提升自身的能力和水平。

3. 学校文化与风气

（1）学校文化

学校的教育理念一般渗透在学校教育者的意识态度和行为表现方面，也渗透在学校的规章制度及整个学校的物质和人文环境方面。这些方方面面的综合，就构成了学校文化。从文化涵盖的范围而言，学校文化有广义和狭义之分。广义的学校文化是指学校在教育活动中形成的教育观念、教育行为、教育制度和教育形象标志的总和。而狭义的学校文化则是指学校在教育活动中坚持的教育价值观。前者是后者的拓展与延伸，后者是前者的精神内核。学校文化不仅对教育活动具有预先规划的作用，同时也在教育活动过程中影响学校成员的教育观念并支配教育教学行为，它对学校教育质量具有明显的导向作用。

（2）学校风气

学校风气简称校风，一般是指学校内的成员共同拥有的比较稳定的观念、行为和习惯。

它体现在学校各类人员的精神面貌上，体现在学生的学风、教师的教风、学校干部的作风、各班级的班风上。良好的校风既是教育和管理的成果之一，又在教育和管理上具有特殊的作用，它有一股巨大的同化力、促进力和约束力，是一种精神力量和优良传统。具有良好校风的学校，师生会全身心地投入到教和学的活动当中，使学校教育质量始终保持在一个高水平的状态。

4. 学校课程与教学管理水平

课程与教学是学校所有工作的核心，课程与教学及其管理都是学校教育中必不可少的基本要素。

课程管理就是对课程政策、课程方案、课程制度、课程实施等做出一定规定。① 课程管理水平对学校教育质量的影响主要表现在以下方面：第一，能够为学校内国家课程、地方课程和校本课程的建设提供组织上、制度上的保证；第二，通过组织、协调、控制等管理手段，可以使课程建设与实施过程中所急需的经费、设备、师资、教材等必要条件发挥最大效益；第三，能够有力促进课程系统顺利运转。简言之，加强课程管理有利于提升课程质量，进而提升学校教育质量。

教学管理是学校教学行政人员为完成教学任务，提高教学质量，运用一定的原理和方法，通过一系列特有的管理行为，组织、协调、指挥和控制教学工作，以求实现教学目标的过程。② 教学管理水平对学校教育质量的影响主要表现在：它是学校教学正常运行的基础，有助于带动其他各项工作的开展，同时能够促进教师不断发展提高。学校教学质量的高低与能够通过教学管理发挥全校教师的集体力量有关，如通过先进的教学管理手段，推广成功的教学经验和高效的教学方法，使学校全体教学人员都能提高业务水平，人尽其才，学校能够长期保持在较高的教育质量层次上运行和发展。

（三）教育者的因素

学校的教育者主要包括学校的管理者（校长和中层领导）和教师，他们各自承担着不同的职责，发挥着对学校教育质量的不同影响。

1. 学校管理者的引领作用

学校管理者，尤其是校长的引领能力对学校教育质量而言是颇为关键的因素。学校教育质量的建立和改变，只有在最高管理者的主动参与和支持下，才可能获得成功。学校管理者在学校教育质量文化的建设过程中应充分发挥自身的价值领导力，从自己所信奉的教育理念出发，帮助学校全体成员达成关于学校教育质量的价值共识。③ 学校管理者在教育质量方面能否充分发挥价值领导力，取决于他/她是否对影响学校教育质量的各种因素有清醒

① 吴志宏，冯大鸣.新编教育管理学[M].上海：华东师范大学出版社，2008：195.

② 刘茗.当代教学管理引论[M].北京：教育科学出版社，1997：1.

③ 苏启敏.学校质量文化建设的基本理念[J].教育科学研究，2013(5)：47-51.

的认识。学校管理者应从影响学校质量的因素着手实施质量文化建设。

学校管理者通过与其他学校的横向比较,以及与自身发展的纵向比较,对学校教育质量水平进行价值定位。在此基础上,学校领导者还必须对学校教育质量影响因素进行SWOT分析(态势分析),即分析诸因素中哪些是学校教育质量的优势或劣势,哪些是学校教育质量的机遇或威胁。① 在有了清晰的定位以后,学校管理者还应构建关于学校教育质量的愿景(包括近期、中期和远期的愿景),并通过改变各种学校教育质量影响因素作为价值引导的手段,努力使这一愿景内化为学校全体成员的共同愿景。一旦学校成员在学校教育质量的愿景上发生了价值分歧或冲突,学校管理者还必须承担起价值协调的任务,在尽可能不损害学校成员个体利益的基础上,为学校教育质量共同愿景的实现而努力。唯其如此,学校教育质量文化的建设才有可能真正促进学校教育质量的提升。

2. 教师的专业素养

教师是履行教育教学职责的专业人员,承担教书育人、培养社会主义事业建设者和接班人、提高民族素质的使命。正因为教师是与学校教育共始终的一门职业,也由于教师的教是学校教育活动的基本组成部分,所以教师对学校教育质量的影响是不言而喻的。具体而言,教师专业素养的高低,会影响到学校教育质量水平的高低。教师的专业素养对学校教育质量的影响主要表现在:

① 教师通过完整、系统、扎实、精深地掌握学科专业知识,在科学体系中把握自己讲授的学科,在教学中通观全局地处理教材,根据不同的教育对象选择高效的教学方法进行教学,进而使学生的学习过程和学习成就得到优化,实现传承文化科学知识的任务。

② 教师以道德的方式教给学生一定社会文化环境中公认有价值的观念和事物。除了运用道德教育方式对学生进行引导,教师还必须在学校教育中承担一定的道德责任。这种道德责任并非强求教师成为道德上的“完人”,而是让教师在力所能及的情况下展现自己道德上向善的一面,至少不做有违道德的事。在这方面,教师理所当然会成为学生的榜样,通过提供正面的示范潜移默化地影响学生,使其成为具备良好公德的社会公民。

(四) 受教育者的因素

学校的受教育者主要是学生,他们是学校教育质量的承载者,在他们身上才有可能客观判断一所学校教育质量的水平。但是,他们自身所拥有的一些特质也会反映在学校教育质量上,由此影响到本校教育质量的水平。这些特质包括受教育者已有的学习水平和隐性资本。

1. 受教育者已有的学习水平

受教育者已有的学习水平特指他们进入学校前已经拥有的学习水平。人们通常把这一特质统称为“生源”的好坏。受教育者进入学校前的学习水平的确存在差异,这种差异一般

① 程凤春.学校质量战略的意义和构成[J].教育科学研究,2004(8):20-22.

表现为入学前的升学考试成绩或入学后的摸底测验成绩存在的差异。导致这种差异的原因是多方面的,有可能是由遗传导致的智力上的差异,有可能是社会和家庭环境的影响,也有可能是个人主观上的学习意愿不强。

受教育者已有学习水平如果在整体上较低,教师则可能要付出更多的努力才能使学校教育质量水平赶上受教育者已有学习水平整体上较高的学校。相反,如果受教育者已有的学习水平在整体上较高,那么,教师可能付出相对较少的努力就可能使学校教育质量水平达到甚至超过受教育者已有学习水平整体上较低的学校。当下,不少学校把生源视为学校之间进行考试竞争的生命线。它导致生源竞争现象的盛行,不少学校将学校教育质量的优劣归咎于生源的好坏,并且根据学校在竞争过程中的需要来选择生源,以提高学校的竞争力。事实上,影响学校教育质量的因素是多方面的,如果仅仅把受教育者已有的学习水平看作唯一的影响因素,就会使学校教育误入歧途。

2. 受教育者拥有的隐性资本

除了原有的学习水平外,学生的学习成就还受到其他因素的影响。例如,学生的地区背景差异、家庭背景差异。这些差异使一部分学生掌握了更丰富的社会性资源,这些资源使他们比其他学生更为熟悉学习过程中的知识、技能、方法等要素,凭借这种优势,他们能够取得更好的学习成就。布尔迪厄(Bourdieu,P.)把个体具有的社会性资源称为资本,在提出资本概念的基础上,他又区分了三种形式的资本:经济资本、社会资本、文化资本。(1)经济资本,这种资本可以立即并且直接转换成金钱,它是以财产权的形式被制度化的;(2)文化资本,这种资本在某些条件下能转换成经济资本,它是以教育资格的形式被制度化的;(3)社会资本,它是以社会义务("联系")组成的,这种资本在一定条件下也可以转换成经济资本,它是以某种高贵头衔的形式被制度化的。[①] 可见,资本优势是一种隐性优势,它通过间接的方式帮助学生更好地把握学习过程,取得优异的学习成就,进而提升学校教育质量水平。

案例链接 7-2

布罗芬布伦纳关于发展的生态系统理论[②]

美国学者布罗芬布伦纳(Bronfenbrenner,U.)在关于人的发展的生态学系统理论(Ecological systems theory)中提出,人的发展是一个成长着的人类有机体在其生命发展中与赖以生存的变化着的周围环境不断相互适应的过程。这一过程受到了有机体周围环境和环境之间以及有机体周围环境所依托的社会大背景的正式和非正式影响。他将社会生态环境看成是四个层次的同心圆系统,由内向外依次为微系统(microsystem)、中系统(mesosystem)、外

① 【法】布尔迪厄.文化资本与社会炼金术:布尔迪厄访谈录[M].包亚明,译.上海:上海人民出版社,2007:192.

② Bronfenbrenner,U.The Ecology of Human Development: Experiments by nature and design[M].Cambridge:Harvard University Press,1979.

系统（exosystem）、大系统（macrosystem）（见图 7-1）。微系统是诸如家庭、学校这些与人最直接相关的环境；中系统是指如个体与学校、与家庭、与社区的关系之间的相互关联；外系统是在社会结构中直接影响前一系统的部分；大系统是影响前三个系统的诸如教育、经济和政治系统的更大的文化模式。

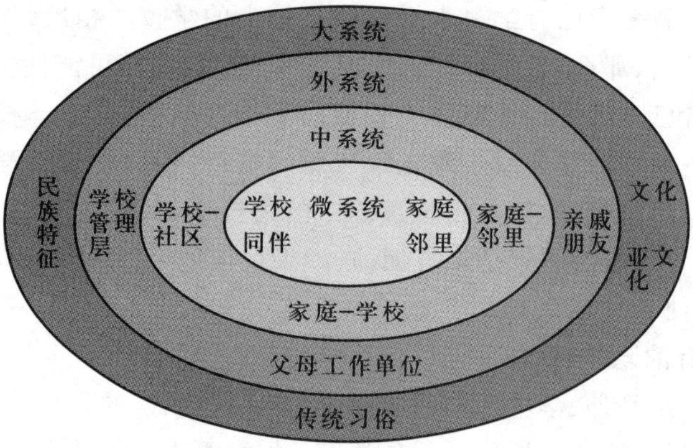

图 7-1　布罗芬布伦纳关于发展的生态系统理论图示

案例论坛

1. 你觉得对学校教育质量影响最大的是哪一层次的系统，为什么？
2. 你认为应怎样协调不同层次的系统才能提高学校教育质量？
3. 请针对不同层次系统对学校教育质量的影响提出具体的质量改进方案。

三、提高中小学校教育质量的途径

在当今这样一个充满竞争和变化的时代，各种类型的教育机构，包括中小学校在内，不可避免地面对着提高教育质量的压力。因为中小学校教育质量的水平事关整体教育水平的高低，而整体教育水平则关系到一国的人力资源水平，进而影响到一国的综合竞争力。为此，世界上不少国家均把提高中小学校教育质量视为教育改革进程中的重要组成部分，并纷纷出台相应措施，力求保证中小学校教育质量的持续提高。其中，教育质量评价是提高学校教育质量的各种途径中最为重要的一种。“所谓教育质量评价，就是教育评价主体在一定的教育价值观的指导下，根据一定的教育质量标准对一个国家、地区或学校的教育活动及其结果的全部或部分进行价值判断的一系列管理活动。”①从发起评价的目的来看，教育质量评价一般包括教育质量监控和教育质量改进两种基本类型。

① 陈彬.教育质量督导与评价[M].海口：南海出版公司，2004：124.

(一) 教育质量监控的途径

教育质量监控是指为了确保学校的教育活动及其结果能够满足社会和受教育者的需要,达到国家或其教育主管部门制定的教育质量标准而对学校的现实状况进行定期或不定期的督促检查。教育质量监控的根本目的是确保学校的教育质量达到国家或有关部门规定的要求。就评价发起者而言,教育质量监控属于外部评价,其评价主体主要是对教育管理具有行政监督权者,如教育督导机构及教育督导人员。之所以说它是外部评价,主要因为它是基于学校外部主体的需要而发起的,是从学校外部对学校内部进行的评价。教育质量监控包括教育过程质量监控和教育结果监控两种基本类型。

1. 教育过程质量监控

教育过程质量监控的具体手段比较灵活,这里主要介绍四种常见的过程质量监控手段。

(1) 现场观摩

现场观摩是教育质量监控经常使用的手段。所谓现场观摩,就是教育质量监控人员亲自来到教育现场,观察某项教育活动的实际运作过程,从而完成对教育过程质量进行监控的职责。

现场观摩的优点是能够直接观察教育活动的实际演变过程,有利于发现和收集第一手教育活动的实际信息,有利于激发教育者发挥自身的积极性和首创精神,有利于密切评价者与接受评价者之间的关系。不足之处是现场观摩中,评价者只能被动地观察活动情况,了解表面的活动特征,评价者与接受评价者之间的互动较少。

(2) 调查研究

调查研究,主要是指教育质量监控人员在一定教育价值观的指导下,运用科学的方法和手段,从教育实践中系统全面地收集有关教育活动的信息材料,并对其进行审查、整理、描述和解释的一种自觉的认识和监督活动。

重视调查研究是理论联系实际的重要体现。如果说现场观摩仅仅是以眼前的事物作为对象,那么,调查研究则适用面更广,而且对事物的认识会更加全面和深刻。所以,调查研究的优点是提高了监督的科学性和深度,其不足之处是需要监控人员有较强的调查研究能力和较丰富的调查研究经验。

(3) 随堂听课

随堂听课是指教育质量监控人员在对学校的教育过程质量进行监控的过程中,不打乱正常的教学秩序,而采取根据课表的安排,随机抽取一个或多个课堂听课,进而了解学校教育过程质量情况的一种常用方法。

随堂听课的主要优点是不打乱正常的教学秩序,不用教师和学生刻意去准备,也排除了学校领导和教师故意作秀,因此,课堂中反映出的教师的“教”和学生的“学”,其情况都非常真实而客观,存在的问题也能够比较清晰地暴露出来,容易达到监控的效果。其不足之处是容易产生误差,例如,所听的课可能并不代表教师和学校的整体水平,但却容易造成先入为主的印象。

(4) 明察暗访

明察暗访也是教育过程质量监控的重要手段。所谓明察暗访,就是指教育质量监控人员通过正式的督促检查(明察)和非正式的访问调查(暗访)的有机结合来达到对教育过程质量进行监控的一种手段。

由于明察总是存在这样或那样的不足,因此,有经验的教育质量监控人员常常会把从正式渠道获取的信息与非正式渠道获取的信息结合起来,以期对整所学校的教育过程质量有一个全面的了解。特别是非正式的暗访能够减轻访问对象的心理压力,从而得到更多相对客观而真实的信息。

2. 教育结果质量监控

教育结果质量监控仍然是一个亟待探索和发展的领域,目前还缺乏大家一直认可的监控手段。以下是根据中小学校教育的实际情况加以总结而成的四种比较常用的监控手段。

(1) 毕业生质量抽查

毕业生质量抽查是指对中小学校的毕业生采取综合素质测试、在新学校的综合表现评估等多种形式检查毕业生质量的质量监控活动。虽然现在还没有统一或公认的毕业生质量抽查的标准,但是,如果这些学生能够通过新学校对生源满意度的评估,就能够比较全面地了解学校的毕业生的整体质量水平。

(2) 大型考试成绩

大型考试成绩包括初中学业考试、高中阶段学校招生考试、普通高中毕业会考、普通高等学校招生全国统一考试等不同级别和类型考试。教育质量监控人员收集关于考试的完整数据信息,如优秀率、及格率、平均分、各分数段人数等方面,然后对数据进行统计、分析和解释,撰写考试质量分析报告,通过报告的形式,对学生考试成绩进行总体描述,从而反映出学校教育质量的基本情况。

诚然,考试成绩并不能全面反映学校教育结果质量的整体水平,它只是反映了学生学业成绩的现实情况。但不可否认的是,考试成绩的确是学校教育结果质量的一个非常重要的方面。学生的学业成绩和综合素质不应该也不可能是完全对立的,在正常情况下,它们应该是一个硬币的两面,是相辅相成的。只要能够科学客观地看待考试和考试成绩,那么,大型考试的成绩是能够在一定程度上说明一个学校的教育质量水平的。当然,要尽量避免只见考试成绩不见综合素质的应试教育倾向。

(3) 查阅学生的学习资料

记录学生学习成就的资料是学校教育结果质量的直观反映。这些资料通常包括两部分:一部分是学生的作业、小测验、问卷调查表、小论文、计划书、实验报告、作品集等表明学生学习成就的原始资料,另一部分则是来自其他人对上述内容的评价,如教师给学生的分数、等级、评语、改进意见,学生的自我评价,同伴的观察记录与评价,以及来自家长和社会的各种相关的、能说明学生学习成就的信息等。通过查阅学生的学习资料,质量监控人员能够更加直观地了解到关于学校教育结果质量的具体情况,有利于他们更准确地把握学校教育结果质量的水平。

(4) 各种竞赛成绩

了解各种竞赛成绩也是教育结果质量监控的重要手段。但是,过多过杂的竞赛无疑会增加学生的学习负担。但是,通过举办一些高水平的竞赛活动,不仅可以激发学生学习的兴趣,也能富有针对性地培养学生的不同特长。所以,各种竞赛成绩在适度和高水平的前提下,是帮助质量监控人员了解学校教育特色、学生是否实现全面而富有个性地发展的窗口。

(二) 教育质量改进的途径

1. 教育质量改进的意义

中小学校的教育质量监控属于外部评价,评价主体主要是教育督导机构及教育督导人员。但是单一的教育质量监控,由于它自身存在的一些特点,而产生一些无法解决的问题。

第一,每所学校的教育质量水平实际上高低不一,因而需要对其进行教育质量监控的频率和次数也不一样。当前,过多过频的教育质量监控,使不少学校的校长、教师、学生疲于应付,尤其是大量学校质量评比和检查,使学校正常的教育教学秩序受到不少干扰。

第二,教育督导人员从学校外部进入学校内部进行监控,他们对学校内部情况的了解与学校成员相比是比较有限的,无法准确及时地把握学校教育质量的状况,因而也难以因校制宜地制定改进学校教育质量的有效方案。

第三,教育督导人员在对学校教育质量进行监控时,所使用的评价标准主要是基于他们及其委托人的需要,而不是基于学校自身的需要制定的。使用这样的标准来评价学校,往往会使学校过于追求教育质量共性方面的目标达成,如考试成绩、升学率、达标率等,而忽视学校自身的特色发展。

针对教育质量监控存在的问题,需要寻找一种能够弥补教育质量监控不足的教育质量评价途径,由于这种途径主要基于学校内部对改进自身教育质量的需要而形成,因而是一种教育质量改进的途径。就评价发起者而言,教育质量改进属于内部评价,其评价主体主要是校长、教师、学生、家长、社区、教育专家等与评价有直接或间接利益关系的人员或机构。之所以说它是内部评价,主要因为它是基于学校内部主体的需要而发起的,是学校内部为改进自身的教育质量而进行的评价。2013 年 6 月颁布的《教育部关于推进中小学教育质量综合评价改革的意见》明确指出:"将内部评价与外部评价相结合,注重促进学校建立质量内控机制,改变过于依赖外部评价而忽视自我诊断、自我改进的做法。"①这一文件的出台,为中小学校自主建立教育质量改进机制提供了政策依据。

自 20 世纪 80 年代以来,世界上不少国家纷纷在学校层面积极尝试通过多种评价方法来实现学校内部教育质量改进的目标,如参与式评价(Participatory Evaluation)、全面质量管理(Total Quality Management)、赋权评价(Empowerment Evaluation)、校本评价(School-based

① 教育部.关于推进中小学教育质量综合评价改革的意见[Z].北京:教基二[2013]2 号,2013.

Evaluation)等。在我国,自主进行学校教育质量改进的尝试与研究较晚,基本上仍处于起步阶段,但也涌现出一些实践模式和研究成果。

以华东师范大学为首实施的"新基础教育"改革研究中,学校层级评价功能变革的相关研究便初露教育质量改进在中小学实践和推广的端倪。在"新基础教育"的"研究性变革实践"中,学校层级开展的教育质量改进活动主要分布在两个层面:一是教研组层面的"听—说—评课",其基本程序是:先由同事或教研人员进入课堂听课,教学过程结束以后,执教教师就自己本节课的设计意图、教学方案和实施效果等进行说明、解释和自评(说课);最后是听课人员对执教教师进行点评,提出建议,包括与上课教师就教学的相关问题进行一些讨论(评课)①;二是学校层面的"问—答—议事"。学校内部不同主体:从教师个人、教研组、管理层和领导层等都试图找到自己可能的发展空间,形成切合本校实际的发展规划以及在不同推进阶段中的具体目标、方法,旨在更好地改进学校教育质量。例如:基于校长答辩会的研讨性评价。第一步,在校长答辩会之前,学校先从学校内部和共同体关系两个维度完成自评报告,报告内容涉及:计划执行过程和完成情况;对主要的工作和绩效进行定性分析和定量分析;基本经验和亮点;现状和问题分析;未来两年的发展目标和问题解决措施;参与研究共同体的状态,收获、贡献和存在的问题等。第二步,校长和答辩团参加陈述、答辩。在答辩会上,听者仔细倾听,相互学习,推进学校自身的变革实践。② 当评价推进学校变革的过程积累到一定时期并取得一定效果之后,便又展开阶段性的集中评价来推动学校整体转型的发生。

此外,从2003年开始,我国香港地区建立了学校发展与问责体系,由过去分科进行的督学转变为对学校的整体系统的评价。教育主管部门也简化了各项规定,给学校更大的行政、财政自主空间,学校基于政府公布的指标框架,自行制定发展目标和计划,同时加强了专业问责和社会问责。但是,香港地区从学校层面探索改进教育质量的范围主要指向学生的学业成绩。其主要做法是:由香港教育统筹局和教育考试局分期协助学校进行自我评价,而且自评的程序会由外部评价专家组成的检查小组每隔四年复查一次,以协助学校发现改进的方向并提出改进意见。

我国台湾地区的实践模式依循的则是研究者与一线教学工作者共同探究的办法:绝大多数研究体现了"合作行动研究"(Cooperative Action Inquiry)的精神,经由研究者与教育工作者的互动合作关系,秉持反省、互惠的研究态度,针对学校迫切、急需了解的课题,共同研讨,进行研究,以解决学校课程发展的相关问题。③ 其主要做法呈现为三个阶段:① 酝酿阶段。研究者在充分考虑学校本身特性与教师需求的基础上,以渐进、缓和的方式进入学校。向学校教师说明校本评价的内涵与行动计划的构想,在学校教师大抵了解评价精神的基础上再进入下一阶段。② 基本训练—形成团队—评价过程的专业训练。主要以读书会或工

① 王建军.课程改革与教师发展[M].成都:四川教育出版社,2004:118.
② 张向众.学校转型时期的教育评价功能变革研究[D].上海:华东师范大学,2007:168-169.
③ 陈美如,郭昭佑.学校本位课程评鉴[M].北京:九州出版社,2006:209.

作坊的方式协助学校教师发展与校本评价相关的专业知识与技术。③ 合作评价阶段。主要是以“做中学”的方式进行评价学习，进而展开具体的评价方案。④ 反思阶段。包含两个层次的内容：一方面就评价行动过程及其结果本身的讨论；另一方面就校本评价如何根植学校的反省与讨论。主要以座谈的方式进行。[①]

2. 教育质量改进的基本步骤

教育质量改进是一项复杂而持久的系统工程，英国在实施严格的学校教育质量监控的前提下，也制定了学校教育质量改进的评价方案。这一方案事实上是对三个前后相互联系的问题进行回应：① 对学校总体情况的鉴定，即“我们的学校有多好”。② 学校自评的方法和工具，即“我们是怎么知道的”。③ 根据前两个步骤制订行动计划，即“下一步我们怎么做”。[②]（见图 7-2）

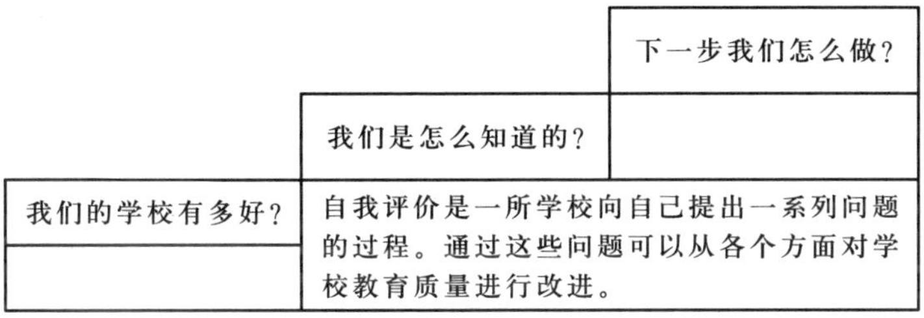

图 7-2　学校教育质量改进的评价步骤

其中，“我们的学校有多好”是对学校教育质量的客观性描述，这是收集事实性证据的第一个步骤。“我们是怎么知道的”是对评价方法科学性的监测，通过这一环节的调控，使得评价结论不但是基于前一步骤的大量事实性证据而得出的，而且得出这些事实性证据的方法也经得起推敲和检验，这就增强了评价的科学性和严谨性。“下一步我们怎么做”是对评价目的的表述，评价不只是为鉴定绩效而设置，它的目的更在于改进学校教育质量，换言之，所有前期的评价活动都是为做出一个完善、可行的评价计划做铺垫的，评价最终应该是归结到“下一步我们怎么做”上来。因此，只有回应这几大问题才能保证所有基于学校教育质量改进的评价活动具有清晰的思路和目标，防止评价活动有失偏颇和主观。

根据上述原理，基于教育质量改进的评价大致可以划分为以下五个步骤：制定评价标准、实施培训、收集质量信息、整理质量信息、提出改进建议。

（1）制定评价标准

评价标准是指导和衡量学校教育质量的尺度。没有质量标准，就无法知道学校教育质量的水平，也无法找出学校教育质量存在的问题，更遑论对学校教育质量加以改进。评价标准应该坚持以下几个方面的原则：

第一，标准要符合国家的教育方针和相关政策，并应随着社会发展而不断改进。

---

① 陈美如，郭昭佑.学校本位课程评鉴[M].北京：九州出版社，2006：216-225.

② 贾慧，刘朋.注重学校自我评估：英国教育督导评估的新走向[J].外国中小学教育，2006(1)：13-15，30.

第二,标准应该体系化。这里要注意两点:一是应针对特定的目的制定相应的配套标准;二是在确定标准时,要考虑对象群体中存在的差异,标准在平均水平上应划分不同层次的要求。

第三,标准要明确、具体,具有可操作性,不要模棱两可。

第四,要有群众基础,标准的制定应该充分听取评价涉及的利益相关者的意见,引导他们参与到标准制定的过程中来。

(2) 实施培训

即使已经制定好周全的评价计划,也需要有具备一定评价知识和技能的人员来实施,否则再周全的计划也只能停留在图纸阶段。对评价的熟悉源自于有关评价的培训,培训的对象包括参与评价的人员,如校长、教师、学生、家长。为这些人员举办培训班进行培训是较为行之有效的方法。培训班可以一周或两周举办一次,或者在寒暑假通过举办论坛或沙龙的形式进行,还可以以召开每月一次的定期会议的形式进行。培训的内容主要包括评价目标、评价主体、评价标准、评价步骤和方法的学习。培训由课堂讲授、应用模拟练习、小组讨论等教学环节组成。培训班可以通过聘请校外专家或学校中具有教育评价经验的人员来担任培训班的主持人。当学校的评价小组组建起来以后,这些主持人还可以为小组成员提供专业的指导,帮助他们完成实际的评价任务。

(3) 收集质量信息

收集质量信息是通过调查、测量等方式来获取关于学校教育质量状况的数据及描述性资料的活动。该活动通常使用的方法包括:考试和测验(包括论文式测验、标准化测验和问题情境测验)、问卷法、访谈法、作业及作品分析法、实验或实践报告分析法、行动观察法、自我诊断法、个案研究法等。在收集质量信息的过程中,要注意以下几个问题:

第一,方法科学化。测量是一门科学,它有专门的规范、方法和手段,;力求避免传统的主观任意的行为模式。测量应较全面地反映学校质量的特点,要有较高的信度、效度和区分度。

第二,收集质量信息的方法特色各异,其适用范围也各有所长,因而要尽可能综合地使用,例如以一种方法为主,其他方法为辅,这样能使信息更为全面和客观。

第三,资料应系统化、完整化。譬如,传统上收集学校教育质量信息只注意各个班级学生的考试成绩,将其进行横向和纵向的比较,认为这就可以说明教师“教”的真实水平了,但是,这种信息只说明了在某一质量标准下教师“教”的“达标”情况,但要真正揭示教师“教”的真实水平,还必须收集学生原有学习水平的有关信息作为比较的基础。所以信息的收集必须事先有一个系统的计划,使信息尽可能系统和完整。

(4) 整理质量信息

这一步骤是对收集到的质量信息加以整理,在此基础上进行描述和解释的活动。原始的质量信息常常是杂乱无章的、表面化的甚至是相互矛盾的,需要去粗取精,去伪存真,而且还需要将众多的信息条理化,从而使其易于分析和解释。信息的描述是指通过呈现经过整理的信息,说明质量现状。而信息的解释则是对导致质量现状的内在原因或外部因素做出说明。质量信息的整理过程应遵循以下几方面的原则：

第一，按评价方案责成学校内有关人员对质量信息进行认真细致的审核、汇总、查询和校正，确保信息真实可靠。

第二，严格根据统一的方案、方法、表格、格式进行综合整理，整理时注意标准的一致性，从而使质量信息具有可比较性和可判断性。

第三，在对质量信息整理分类的基础上，有条件的学校应建立本校教育质量的电子信息库，以便随时能够查询相关信息。

（5）提出改进建议

评价结果应该能够为评价结束后而采取的具体行动提供建议。没有适当的建议，学校教育质量就不可能通过评价得到改进，评价也就没有了存在的意义。评价者在其评价结果中尝试提出建议是必要的，即使到最后没有人愿意执行这些建议，提出建议还是不可或缺的一部分。因为根据评价结果提出建议对评价者及其工作水平而言就是一块试金石，能反映出评价者在多大程度上对评价结果作出了解释。在提出建议以后，学校可以根据建议对涉及学校教育质量的方面进行调整，实施全方位的改进工作，而且，建议还可以为下一次的评价指明方向，提供参考的依据。

案例链接 7-3

S 中学实施学校教育质量自我评估的经验①

S 中学校长 P 参加了关于学校教育质量自我评估的讲座，对运用自我评估改进学校质量很感兴趣，于是决定亲自组织学校成员进行相关试验。在前往北京接受专门培训以后，他回到学校马上开展学校自我评估的工作。P 首先成立了一个以校长、副校长牵头，校办公室、教务处、学生处、教科室和各年级组负责人及其他相关人员组成的学校自我评估工作小组。然后由校长亲自任命的组长率领该评估小组，借鉴兄弟学校已有的自评经验，开发了 30 余项学校自评所需的调查问卷、数据统计和分析表格等相关工具，如学生学业成绩问卷调查和分析表、学生综合素质问卷调查和分析表、教师教学活动效果问卷调查与分析表等。在此基础上，按照事先设计的评价标准安排各年级组、教务处、学生处、校办公室、德育处等部门分别发放调查表收集数据并进行资料分析，然后由评估小组进行汇总，最后由组长最终完成自评报告，并提出改进建议。S 中学实施自我评估的流程如下：

S 中学实施学校教育质量自我评估工作流程

评估准备工作	1. 成立工作机构。成立由校办公室、教务处、德育处、教科室和各年级组负责人及其他相关人员组成的评估小组，组长由 P 校长亲自任命

① 卢立涛.发展性学校评价在我国实施的个案研究[M].重庆：重庆大学出版社，2012：95-96.有删节。

续表

评估准备工作	2. 制作评估工具。由评估小组组长根据评估目的制定评价标准，再借鉴兄弟学校自我评估的经验，制作评估所需的调查问卷、数据统计和分析表格等相关工具，以使评估工作顺利开展
调查研究、数据采集与分析	3. P校长主持召开学校教育质量自我评估工作小组会议，布置调查研究、数据采集和数据分析工作
	4. 开展调查研究、数据采集和数据分析工作 4-1. 由教务处负责，进行学生学业成绩、中高考成绩等的数据统计、归纳和初步分析 4-2. 由德育处负责，对学生综合素质调查情况做初步归纳和分析 4-3. 由各年级组负责，每个年级任意抽两个班级作为样板，进行学生学习活动效果、学生综合素质问卷调查，就所采集的数据进行初步归纳和分析 4-4. 由各年级组负责，以学科备课组为单位，对所有教师教学活动效果进行问卷调查，并进行初步统计与分析 4-5. 由办公室负责，在全体教职工中对学校管理效果进行问卷调查，并作初步统计与分析 4-6. 评估小组对调查各部门的情况和数据作进一步归纳和分析 4-7. 由评估小组负责，对学校领导和管理水平问卷调查与综合问卷调查情况作归纳和分析
形成评估报告	5. 汇总调查结果，形成评估报告 5-1. P校长主持召开评估小组工作会议，由各有关部门汇报调查情况和归纳分析的初步结果，然后进行综合分析，得出评估的初步结果，定下评估报告的基调 5-2. 综合分析，形成报告文本。由评估小组负责，对所得调查情况和数据及各部门的初步归纳分析结果，做进一步的分析、研究，形成评估报告，由评估小组组长执笔完成报告文本
后续阶段	6. 学校中层以上管理人员扩大会议学习讨论评估报告 6-1. 根据评估报告提出针对各部门的整改建议 6-2. 评估小组形成整改计划
	7. 各部门根据整改计划实施整改
	8. 评估小组检查整改情况

案例论坛

1. 你觉得S中学开展的自我评估是否有助于改进学校教育质量，为什么？
2. S中学开展的自我评估在你自己的学校是否可行，为什么？

3. 请设计一套用于改进自己学校教育质量的自我评估方案。

拓展阅读

1. 陈彬.教育质量督导与评价[M].海口:南海出版公司,2004.

2. 教育部.关于推进中小学教育质量综合评价改革的意见[Z].北京:教基二[2013]2号,2013.

3. 张爱兰.构建中小学学校自我评价机制的研究与实践[M].北京:北京科学技术出版社,2010.

4. 卢立涛.发展性学校评价在我国实施的个案研究[M].重庆:重庆大学出版社,2012.

5. 杨明,赵凌,李舜静.北仑机制:区域基础教育质量评价研究[M].杭州:浙江大学出版社,2013.

专题八　完善考试招生制度：再建学生发展道路上的“桥梁”

问题导读

1. 考试招生制度应具备何种基本理念？

2. 当前中等学校考试招生制度主要存在哪些问题？其典型表现是什么？

3. 当前高等学校考试招生制度改革的重点和难点是什么？存在难点的原因是什么？

4. 结合《国家中长期教育改革和发展规划纲要(2010—2020年)》理解我国考试招生制度改革的未来趋向。

考试招生制度改革是教育改革的关键。恢复高考制度30多年来，我国建立了以高考为核心的考试招生制度，在促进教育发展、保障教育公平方面发挥了重要作用。但也应看到，现行的考试招生制度还存在很多弊端，其负面影响也越来越大。例如，高考的“指挥棒”效应依然强烈，基础教育“为考试而教、为考试而学”的应试教育倾向尚未有根本改观；高中招生的综合评价制度很不完善；高考内容与形式单一；集中录取制度侵害了高校的招生自主权和受教育者的选择权，等等。因此，考试招生制度改革势在必行。当然，考试招生制度虽然是一个专业技术性很强的制度，但却关系到千家万户的切身利益，社会关注度高，意见分歧很大，改革的难度也相应加大。《国家中长期教育改革和发展规划纲要(2010—2020年)》①(以下简称《教育规划纲要》)作为未来中国教育改革和发展的纲领性文件，为考试招生制度改革和完善设计了既有改革目标又有实施步骤的总体框架，围绕这一框架，我们来具体探讨我国未来考试招生制度的改革取向。

① 中共中央，国务院.国家中长期教育改革和发展规划纲要(2010—2020年)[EB/OL].http://news.xinhuanet.com/edu/2010-07/29/c_12389320.htm,2010-07-29.

一、考试招生制度的基本理念

考试招生制度改革的前提是确立合理的理念。这些理念既需要参照和吸取世界各国考试招生制度的发展趋势及优点，又需要充分考虑我国教育和社会发展的时代背景；既要体现考试招生制度发展的前瞻性，又要兼顾当前我国教育发展的现实基础。

（一）机会均等理念

考试招生制度的原初功能是选拔人才，但随着基础教育的普及化和高等教育大众化进程的深入，考试招生制度在维护社会公平方面的作用日渐凸显，并逐渐成为备受关注的重要职能。维护考试招生制度的公平价值，体现出教育发展的机会均等理念。也就是要在考试招生制度中贯彻起点公平、过程公平和结果公平理念，让所有人在面对考试和升学机会时，都有能力利用各种有利条件，并且在抓住这种条件的时候不存在先后和不受其他任何人为因素的影响。

当前，我国考试招生制度仍存在种种不公平现象，严重影响了所谓“中国最公平制度”的公平性和公正性。例如，由于教育资源不充足和不均衡导致的中学择校问题、外来人口子女升学问题、高考招生的地域性不均衡问题、重点大学招生的本地化问题、高考加分政策问题等，都成为影响考试招生制度公平性的重要因素。其中，高考招生考试中的问题更为突出。近几年，高考的地域性不平等问题日益受到关注。由于我国长期以来一直采取高考统一命题、各省市划定录取分数线的制度，而各省市招生定额的确定又缺乏合理性，导致各省市分数线和录取率的极大差异。虽然教育部也曾通过实施标准分积分法、各省市自主命题和自主招生等制度来改变这种地域不平等现象，但收效都不明显，难以解决根本问题。与此相关的问题是重点大学招生的本地化现象。部属重点大学的招生指标严重向所在地生源倾斜，导致本地考生进入名牌大学的几率和人数很高。北京一所名牌高中考入北京大学和清华大学的人数就相当于其他省市的总人数，难怪有人戏称北京大学应该改名叫“北京人大学”。而这种地域不平等又会导致高考移民、高考加分等腐败现象的发生。

因此，未来我国考试招生制度改革的首要理念应是切实贯彻机会均等理念，或者社会公平理念。《教育规划纲要》提出“按照有利于科学选拔人才、促进学生健康发展、维护社会公平的原则”改革考试招生制度，并提出了“清理并规范升学加分政策”等具体措施，以建立公平的考试招生制度。当然，真正贯彻机会均等的理念，还需要很多具体的措施，比如建立学生的综合评价制度、考试和选拔方式的多样化和弹性化、扩大高校自主招生权等。机会均等是一种理想状态，但只有不断向这种理想状态努力，才能最大可能地实现和保证考试招生制度的公平性。

(二)综合评价理念

教育的目的是促进学生的全面发展和综合素质的提高,这也是考试招生制度发挥其评价功能的重要尺度。因此,考试招生制度对学生的评价应充分体现对学生整体素质的综合评价,而不是仅停留在知识的掌握方面。当前考试招生制度在评价学生的功能方面存在评价方式单一、评价内容不全面等问题。因此《教育规划纲要》提出要“完善学业水平考试和综合素质评价,为高中阶段学校招生录取提供更加科学的依据”;高考方面,要“深化考试内容和形式改革,着重考查综合素质和能力”“普通高等学校本科招生以统一入学考试为基本方式,结合学业水平考试和综合素质评价,择优录取”。

《教育规划纲要》提出的理念和要求,表明综合评价理念将成为今后我国考试招生制度改革的重要指导思想。实际在此之前,我国很多省市已开始积极探索和开展考生的综合素质评价。江苏省于2006年就开始实施普通高中学生综合素质评价。评价内容包括道德品质、公民素养、学习能力、交流与合作、运动与健康、审美与表现等六方面,各学校具体组织实施。每个学生每学期一张“普通高中学生综合素质评价表”,最后在六张表的基础上形成总表,并为学生建立成长记录袋。① 湖北省从2010年开始实施普通高中学生综合素质评价。评价内容包括道德品质与公民素养、交流能力、学习能力与学业成就、体育与健康、审美与表现、个性与创新等六个方面。各学校制定本校的评价标准和办法。高中生每学期完成一次综合素质评价,前五次为过程性评价,第六次为终结性评价,统一折算为最终评价结果,与高考成绩、学业水平测试一起作为高校录取的依据。②

综合素质评价的关键是如何保证其公正性,避免设计主观判断评价的随意性和人为的弄虚作假行为,还要考虑到因为家庭经济条件和城乡差异造成的才艺、素养等方面的差异。因此,综合素质评价实施的关键在于公开透明,让评价的每个环节都能够受到社会监督。同时,还要建立良好的社会信用体系和严格的奖惩措施,一旦发现评价失实,就要对学校、教师和学生等进行问责,以避免造成新的教育不公平和教育腐败。

(三)发展性理念

考试招生制度对中小学教育和青少年的健康成长具有极大的引导作用。当前学生的学习和生存状态出现的诸多问题,很大程度上都是由不合理的考试招生制度导致的。因此,考试招生制度改革应秉持有利于学生身心、精神等不断健康发展的理念,以促进学生发展而不是制约发展为基本原则。所谓发展性理念,就是要基于学生自身现实状态与过去情况进行

① 江苏省教育厅.江苏省普通高中学生综合素质评价方案[EB/OL].http://www.jseea.cn/contents/channel_4/2007/05/705241421133.html,2006-09-22.

② 湖北省教育厅.关于启动湖北省普通高中学生综合素质评价管理平台的通知[EB/OL].http://www.hbe.gov.cn/content.php? id=7063,2010-03-10.

比较,对其发展水平、发展潜力和发展能力做出综合判断,建立质的评价方式;通过纵向比较分析来明确学生发展的优势与不足,从而鼓舞信心,明确方向,追求更好的发展。

在考试招生制度中贯彻发展性理念,需要在很多方面进行改革,因此难度很大,这也是考试招生制度改革推进缓慢的重要原因。发展性理念不仅要体现在考试的内容方面,更重要的是要体现在对学生日常学习的评价上,这是很困难但又很重要的一个环节。在学生综合素质评价中实施发展性理念,要有三个条件:第一,要建立能够有效运作、详细了解和全面观察学生的制度和机制。学生发展是一个复杂和长期的过程,不是一蹴而就的,因此要完整记录、审慎了解和全面分析这一过程,就要进行许多繁琐、反复的测量和观察,才能科学判断变化趋势,因而操作起来工作量较大。面对这样复杂的过程,如果不建立完善细致的制度和操作规程,最终可能会导致很大的混乱。第二,对评价者的素质与水平要求较高。综合素质评价作为以定性分析为主的主观性评价,不但要求评价者做到出以公心、不虚美、不隐恶,还要能够区别现象与本质,区别一时的失误与本质的发展缺陷,甚至要有抓住某些萌芽中或好或坏的发展因素的能力,这对评价者的学识水平、工作方法和工作态度,都提出了很高要求。第三,要依靠社会的高度诚信水平,至少要依靠评价者的社会公信力。考试招生是由一个机构、一批专家对学生做出发展性评价,进而以评价结果来甄选人才,这不仅取决于这些机构、专家自身的水平与修养,更取决于这些机构或人群的公信力。在当今社会诚信体系尚不完善、一些机构和个人的公信力低下的背景下,高利害的发展性评价更难操作。

综上分析,在我国教育机会短缺和不均衡、社会大众的教育选择过分单一、考试方式缺乏多元而民众对考试招生制度的公平性又充满期待的情况下,以发展性理念推动考试招生制度改革其实并不容易。因为无论是制度准备、评价技术准备,还是社会心理准备、习惯准备,都还有太多的工作要做,不可能在短时间内完成。但发展性理念是必须坚持的改革方向。在此理念指导下,考试招生制度改革的重点是把统一考试和招生转变为多元考试和招生,下决心把招生权、考试权交给学校或由学校委托的社会中介组织,以多元的考试引导学生在更适合自己发展需要的方向上展开竞争,使发展性向不同的学生多一点主动选择和重新开始的机会,从而促成更加多样的成才成人途径。

案例链接 8-1

高考特招猫腻的冰山一角①

多年前,来自山东小城的女孩小何(化名)和父亲第一次来到北京海淀区的那所全国重点大学时,心中唯一的念头是:“这次遇上贵人了,改变命运的机会来了!”谁也没有料到,几

① 资料来源:高考特招猫腻的冰山一角[EB/OL].http://news.163.com/10/0812/09/6DSHMI0V00011SM9.html,2010-08-12.有删节。

年后事情以悲剧而告终，小何作为一名被“操作”失败的特长生落选，本来灿烂的前途从此黯淡。和这件事有关的人则都将等待法律的裁决。

这是记者从检察官口中听到的一个有关特长生的故事，这并非个案，据北京市海淀区人民检察院对2006年至2009年立案查处的高校职务犯罪案件的统计，高校招生领域职务犯罪占35%，而贿赂类犯罪全部集中在艺术及体育特长生领域的招生过程中。而这些案件能够被查处，是因为在“操作”的过程中出了“意外”才最终败露，它们只是冰山一角，而被“操作”成功的特长生还有多少则永远是个未知数。

山东女孩小何一家遇到的“贵人”是北京某重点高校的篮球队主教练林建国，学校赋予他“为学校寻访推荐优秀运动员”的特殊权力使这位教练变得非同小可。

几年前，林建国和校招生办领导在山东招生时见到小何，觉得她是个好苗子，就找到小何的中学教练陈春宏，告诉他可以让小何来报考他们大学的体育特长生，到时候找他就可以，这从天而降的喜讯令小何一家欣喜若狂。几个月后，高校开始招收特长生，小何在父亲和教练的陪同下来到林建国所在的高校，林建国当即给小何做了身体测试，全部合格，并让小何跟着学校的女篮一起训练，以便提高成绩。对于林建国的关照，小何父亲非常感激，觉得只要跟好这位主教练，女儿的前途一片光明，于是他和陈春宏商量，是否应该打点一下，让林建国出力帮忙一定把小何招进大学。

此后，在教练陈春宏的联系下，小何的父亲先后给林建国送了5万元。不久之后，小何的体育特长生录取通过了，林建国说只要小何的高考文化课成绩过了特长录取线，学校肯定录取。然而事与愿违，小何当年的高考成绩离特长生提档线差5分。林建国说明年继续考，专业测试有他把关没问题，只需在文化课方面多下些工夫就可以了，于是小何开始复读。第二年高考，小何的文化课过线了，可是专业测试却出了“意外”。小何这一年为了补课忽略了训练，更重要的原因是，林建国已经到了退休年龄，在招生工作中的影响力大不如前，结果小何上重点大学的愿望最终成了泡影。绝望的小何父亲深感女儿前途被毁，愤怒地举报了林建国，整个“操作”过程由此被揭开。

小何的故事最终成为一个彻头彻尾的悲剧，收钱没办成事的林建国以受贿罪被起诉，而愤怒举报的小何父亲以行贿罪被起诉，为小何前途跑前跑后的中学教练陈春宏以介绍行贿罪被起诉，与小何命运密切相关的这三个人都面临着锒铛入狱。

通过对案件的梳理记者发现，所谓特长生“操作”其实并没有什么秘密可言，过程也相当简单，甚至几起案件中的受贿者都选择了同样的做法，那就是“收钱但不活动”。在招收特长生的过程中，出问题的通常是一些人手中的“自由裁量权”，例如林建国挑选球员的权力，还有一个艺术类院校系主任，是利用面试考生的打分权。由于特长生评价主观性很大，所以这些人的权力几乎无法监管。通常，他们即使收了考生家长的“打点费”也不会去真的四处打点，他们唯一需要做的就是利用手中“自由裁量权”，给本身已经拥有实力的考生再暗助一臂之力，神不知鬼不觉，最后皆大欢喜。

特长生招考的那点“猫儿腻”在社会上并非秘密，以至于有考生家长并不相信孩子有实力就能考取，为了保险起见，他们报考后的第一件事就是挖空心思找门路、走关系送钱，这个甚至已经成了“随潮心理”。这种现象是因为特长生和普通高考招生相比透明度低得多，一些高校招考体育、艺术类特长生的制度不够科学完善。有学校在特长生的面试中，存在评委人数比较少，某些人的“自由裁量权”过大等问题，评判机制的不科学成了腐败滋生的温床。

特长生小何的失败“操作”暴露出的仅仅是一所高校的招生漏洞，而被成功“操作”的“小何们”则隐匿在漏洞之下，他们的秘密也许永远不会被人揭穿。正像检察官所言，用制度制约权力是填补漏洞的唯一办法，亡羊补牢，为时未晚。

案例论坛

1. 小何的案例反映出高考制度的什么弊端？这些弊端是由什么因素导致的？
2. 高考“特长生”招生是否有存在的必要？
3. 如何消除高考制度中的不公平问题？

二、我国中等学校考试招生制度的现状、问题与改革路向

我国现行的中等学校考试招生制度自20世纪70年代末以来，经历了30多年的发展历程。在此过程中，中考招生制度改革从未停止过。进入21世纪的十余年间，由于新课程改革的推进和素质教育观念的深入，中考招生制度改革再次成为人们关注的焦点。作为义务教育阶段的终结性评价，目前的中考招生制度承担着水平或素质评价和选拔性评价两大功能。与高考不同的是，中考招生制度面对的是发展中的人，是心智水平并不成熟的人，担负着引导素质教育实施的重要责任。因此，中考招生制度改革面临着技术层面、政策层面、观念层面乃至社会制度方面的严峻挑战。针对这些挑战和近些年各地中考招生制度改革中存在的问题，《教育规划纲要》指出了改革的方向与具体措施。

（一）中等学校考试招生制度的历史与现状

改革开放后，我国中考招生制度经历了30多年的变革过程。20世纪70年代末，随着高考的恢复，高中阶段的招生也开始步入正轨，这一时期高中阶段教育的社会需求还不十分强烈，升入高中阶段学习的人数不多。一般高中没有升学考试，直接招收通过初中毕业考试的学生，但为了提高升学率，一些高中自己确定考试科目、内容、时间和录取方式来进行筛选，设立重点班，并取得了一定效果，这为之后设置重点高中提供了实践依据。地域是生源划分的主要依据，学生没有跨生源地选择高中的权利，学校也不允许招收招生范围之外的特长生。这一时期政府在中考招生宏观管理上的计划性和指令性特征明显，但在特定区域内高中拥有很大的考试与录取自主权。

随着社会经济的深入发展和基础教育改革的需要，中共中央、国务院于1993年印发《中国教育改革和发展纲要》，确立了20世纪90年代我国教育发展的目标、战略和指导方针。

根据这一文件，各地对中考招生制度进行了规范与完善。这一时期省级教育行政部门对中考的管理主要是方向引导，对考试的难度、方式和高中录取方式改革等方面进行指导。高中录取计划指标仍由省教育委员会下达，各地必须严格执行。20 世纪 90 年代中期以后，高中阶段招生实行初中毕业考试与高中招生考试分离、重点中学招生录取与各类职业学校招生录取相分离的办法，即所谓的“两考分离”，目的是促进高中的发展。21 世纪初，由于高中已超越职业学校成为初中毕业生的升学首选，无需再通过“两考分离”来促进高中的发展，各地中考又逐步走向“两考合一”。但这一时期的考试方式和内容已不适应素质教育的要求。

1998 年，教育部在江苏、湖北等省启动中考语文考试命题改革的试点工作，拉开了中考改革的帷幕。在此基础上，1999 年又提出了初中毕业升学考试改革的指导思想。此次改革的重点是将考查重点转到能力上来，提高命题的科学性，严格考试管理。1999 年的《中共中央国务院关于深化教育改革全面推进素质教育的决定》明确提出了加快改革招生考试和评价制度，改变“一次考试定终身”的状况和“采取多种形式改革高中阶段学校的招生方法”的要求。2001 年新课程改革开始后，考试与评价制度改革作为课程改革的重要内容和保障措施在前期改革的基础上得到了不断深化和强化。《国务院关于基础教育改革与发展的决定》（2001）指出：“建立并进一步完善适应素质教育要求的考试评价制度和招生选拔制度”；《基础教育课程改革纲要（试行）》（2001）进一步指出要改变课程评价过分强调甄别与选拔的功能，发挥评价促进学生发展的作用。这些政策部分放开了考试招生的权力，各地可以根据本地状况决定中考方式。中考招生制度在一定程度上发挥了教育资源的分配与调动功能。2002 年，教育部颁布《关于积极推进中小学评价与考试制度改革的通知》，提出建立以促进学生发展为目标的评价体系，明确了评价内容和方法。初中升高中的招生录取中，要综合考虑学生的整体素质和个体差异，改变以升学考试科目分数简单相加作为唯一录取标准的做法，除考试成绩以外，可试行参考学生成长记录等综合评价进行录取；积极探索建立招生名额分配、优秀学生公开推荐等制度。这就是新课程中考的核心思想。2004 年，中考改革开始在全国范围内展开，有 17 个国家级实验区顺利地进行了中考改革，并取得了实际的成效。在 2004 年中考改革实践探索的基础上，2005 年印发了《教育部关于基础教育课程改革实验区初中毕业考试与普通高中招生制度改革的指导意见》，要求实施新课程的地区积极推进中考改革。2007 年以后，中考改革在 500 多个省级实验区全面铺开。随着基础教育课程改革的深入推进，在中考改革进入全面推广阶段时，教育部于 2008 年颁布《关于深入推进和进一步完善中考改革的意见》和《关于进一步规范各地中考工作秩序的通知》，以深化中考改革工作。《教育规划纲要》对完善中等学校考试招生制度进行了具体规定，明确了今后我国中等学校考试招生制度改革的方向。

到目前为止，在《教育规划纲要》和教育部多个文件的指导下，全国各地积极尝试，建立了以初中学业水平考试为基础、综合素质评价相结合的高中阶段考试招生制度。学业水平考试严格依据课程标准和考试说明，反映课程标准对学生知识与技能、过程与方法、情感态度价值观等方面的基本要求，切合初中教学实际。综合素质评价关注学生全面均衡发展，关注学生的特长和潜能，从道德品质、公民素养、学习能力、交流与合作能力、运动与健康、审美与表现六个维度对学生的综合素质进行全面的评价。综合素质评价以学校为单位进行，采取教师评价、家长评价、学生自评和同学互评的多元评价方式，要求注重学生的整体表现，避免将日常片段的事实和记录作为评价依据。① 这一制度的核心理念就是要做到比较全面地评价学生，要能实质性地引导和推动学生全面发展。它有三个重要突破：突破单纯以学科分数相加作为录取的唯一依据，实现招生办法多样化，评价依据比较全面；改变分数评价为等级评价，减少不必要的竞争；首次在中考中引进综合素质评价并作为录取依据之一或参考。②

（二）中等学校考试招生制度的问题

在中考招生改革过程中，初中毕业学业水平考试和综合素质评价相结合的招生录取政策已在全国大部分地区取得了一定成绩，但同时也表现出一系列问题和矛盾，引起很大争议。

1. 学业水平考试存在的问题

（1）学业标准不完善

各省市出台的学业水平考试政策，在报告学生学业水平时毫无例外地采用了等级制，如优秀、良好、合格、不合格，或者 A、B、C、D 等方式。而当我们认真分析新课程改革的课程标准或多数省市的学业水平考试大纲时却发现，新课标没有对学生的学业水平订立明确的标准，很多地方的学业水平考试大纲也没有学业标准。因此，即使是采用了等级制这种不同于以往百分制的评价方式，仍难以无法摆脱传统的分数分等思路。并且即便如此，也没有说明为什么以这些分数为分等依据，各等级的内涵究竟是什么或者代表着什么并没有明确的解释和依据。

（2）过分关注传统主科

从近些年的实践来看，一些地区中考的科目设置仍过分关注部分学科，造成有的学校语文、数学、英语等考试权重较高的科目，其周课时高达 10 余节，而非考试科目则成了徒有虚名的“课表课程”，造成学生结构性的知识能力缺失甚至群体性偏科现象，这是与新课程改革和中考招生制度改革的基本理念相背离的。

（3）命题与评价不符合教育和心理测量的标准

各省市的学业水平考试在命题和评价中几乎都没有考虑过教育测量学和心理学原理的基本要求，突出表现在：试题编制没有考虑测量目标及其行为目标或认知要求；评分依据没有按照学科能力的表现程度赋分，造成分数的不可解释性；组卷主要考虑的是内容领域或主题知识的分配，没有以学业标准为依据，没有考虑测量目标和每个目标相应的行为目标或认

① 顾明远，石中英.《国家中长期教育改革和发展规划纲要（2010—2020 年）》解读[M].北京：北京师范大学出版社，2010：259-260.

② 余慧娟.让中考改革走上制度化、科学化道路：访教育部基础教育司巡视员朱慕菊[J].人民教育，2008(13-14)：7-10.

知要求的比例。①

（4）成绩报告方式不科学

学业水平考试及其成绩报告至少应起到两个方面的作用：为学生学习和学校教学服务，向学生、家长、学校提供学生学习、学校教学效果以及课程对学生发展的价值等信息；向不同层次的管理机构提供学生的学习成果以及整个教育体系的绩效等信息。但从目前的情况看，学业水平考试成绩报告很不完善，是中考招生制度中最为薄弱的环节。各省市的学业水平考试的成绩通常只是通知学校学生每门课的成绩及总分，或每门课的等级，而没有任何关于学生学习、学校教学和课程绩效的信息，也没有将成绩提供给家长等相关利益主体。

2. 综合素质评价存在的问题

（1）评价方法不完善

目前的综合素质评价方法尚不够合理和完善，这是影响和制约学生综合素质评价的关键问题。在各省市的评价制度中，很多关键问题尚未得到明确合理的解决。例如，综合素质评价每一个方面的具体评价指标是怎样的？应该怎样评价？A、B、C、D 等评价结果的不同等级是按照什么标准确定的？教师、学生等各个评价主体及其评价结果之间有何关系，怎样计算评价的综合结果？上述问题都是非常具体的操作性问题，如果解决不好，会从根本上影响综合素质评价的效果和公正性。

（2）评价结果使用不够合理

作为高中招生的重要依据和条件，综合素质评价的要求和标准过低，绝大多数学生都能达到。这使得综合素质评价流于走过场和形式化，没有起到应有的素质区分和导向作用。甚至各地还存在将综合素质评价结果与高中招生“软挂钩或假挂钩”现象，即将其作为普通高中招生投档线或入围条件，由于一些地方的这一“门槛儿”过低，对高中录取所起的作用也相应减弱；而采用差额投档者，由于各地多采用分数表达成绩，成绩相同者很少，差额比例也过小，导致综合素质评价结果的作用范围极小。

（3）评价公正性缺乏认可度

由于“综合素质”本身所具有的模糊性，使专家、学校和家长等相关各方对综合素质评价的公平和公正性表示怀疑。在评价方法和标准方面，迄今为止尚没有一个公认的定义和测量方法，因此对它的评价也只能是众说纷纭。在评价主体方面，评价主体多元化并不一定产生公正的结果。教师在评价学生时要回忆一个班级甚至更多学生的情况，难以全面公正；同学和家长评价受到高利害关系的影响，容易出现诚信问题，甚至导致刻意的“揭发”和“指责”，难以保证客观性。而对于掌握评价权力的学校、教师等评价主体来说，在没有相关监督保障的情况下，如果评价结果占的比重过大，容易产生暗箱操作和腐败现象。

3. 高中阶段招生存在的问题

（1）普通高中招生录取方式需要改进

① 顾明远，石中英.《国家中长期教育改革和发展规划纲要（2010—2020 年）》解读［M］.北京：北京师范大学出版社，2010：261.

由于学业水平考试和综合素质评价在普通高中招生中并没有发挥应有的作用，因此不管是取消毕业考试和升学考试而统一代之以学业水平考试，还是把毕业考试与升学考试二者分离，都没有改变目前普通高中招生按照总成绩从高到低录取的方式。在这种录取方式中，分数高的上“重点”高中，而分数低的则只能去一般高中甚至技校或中专，这无形中就抬高了升学考试的地位，促使初中还是以分数高低来评价学生，使基础教育在“应试教育”的道路上越走越远，也使得我们的纠偏变得越来越难。近年来，为解决上述问题，各地根据教育部的要求采取了诸如指标分配、推荐、保送等多种形式改革录取方式。但是这些新的录取方式也存在着公平性等诸多问题，如推荐录取、特长加分、附加分录取等方式在实施过程中由于缺乏严格的监督机制，容易存在灰色操作空间，导致社会中弱势群体的子女在竞争中处于不利地位，致使不公平现象产生。

（2）中等职业学校招生方式需要完善

中考招生制度的目的是把学生选送到适合其潜质和兴趣的学校，继续接受适合的教育，以促使学生的最优发展。在高中阶段教育中，普通高中和中等职业学校（技工学校）是并行的两种类型，为初中毕业生提供了不同的就学机会。但目前我国中等职业教育发展水平相对滞后，招生制度还不完善。由于很多地方把高中阶段的发展重点放在普通高中上，忽视了中等职业学校的发展，造成其地位低于普通高中，也使得学生和家长把中等职业学校视为不能进入普通高中的无奈选择，而不是根据学生的兴趣和需要进行选择。这不但不利于中等职业教育的发展，也给普通高中造成了压力。

（三）中等学校考试招生制度的改革路向

1. 完善学业水平考试

（1）完善学业标准

学业水平考试这一制度的建立是一项复杂而系统的工程，针对当前学业水平考试标准不完善问题，需要教育专家、心理专家、中学管理者、一线教师，以及学生及家长等共同参与，共同完善学业标准，为学业水平考试及其成绩评定确定具体可行的标准。这一标准具体包括：高质量的学业内容标准，即每一门课程要教给学生什么，要达到什么程度；明确的表现水平标准，即要使教师和学生明白不合格、合格、良好和优秀具体代表着教学和学业的什么程度，它不但要向学生阐述学习的具体层次目标，也要向教师阐述教学的具体要求。

（2）注重各学科全面发展

针对当前偏重传统主科的问题，应进一步推广统一考试与校内考试相结合、考试与考查相结合的办法，鼓励采用纸笔测验、开卷考试、实验操作、听力测试、成果展示及面试答辩等多种形式，逐步增加对学生动手操作能力、实践探究能力、创新思维能力的考查和评估。学业考试的命题要严格依据学科课程标准，加强试题与社会实际和学生经验的联系，注重考查学生对基础知识的掌握以及在具体情境中分析和解决问题的能力，坚决杜绝设置偏题、怪题。切实保证考试形式与考试内容有利于课程改革的健康发展和素质教育的落实。以此鼓励学校开齐课程，开足课时，促进学生的全面、和谐、有个性地健康发展，引导教师教学理念的转变和教学方式的改进，重视培养学生的创新精神和实践能力，促进学生学习方式的转变。①

（3）依据教育与心理测量标准命题和评价

从本质上看，学业水平考试属于教育和心理测量领域的范畴。如果不按照教育和心理测量的理论和技术要求进行考试开发，就会严重影响考试结果的有效性，进而影响据此结果得出的判断。因此，从中考招生制度的长远健康发展出发，我国需要加快制定适合国情的教育和心理测量国家标准，任何从事教育考试的机构和部门都必须按照此标准的要求，从事学业水平的设计、开发和管理，学业水平评价也应以此为准。② 只有这样，才能保证中考招生制度的科学性和有效性。

（4）完善成绩报告方式

针对当前学业水平考试成绩报告不科学的问题，应尽快研制和完善报告的内容和方式，使之有利于发挥应有的作用。完整的成绩报告至少应包含以下内容：报告对象、成绩报告量表、学业标准描述、评价单位、报告单位、测量误差、分数呈现方式和报告媒介。其中，报告对象包括学生、家长、教师、学校管理者、所在区域教育行政部门等，并且应根据不同对象设计报告内容和格式；学业标准表述应清楚地描述各个等级的具体标准，以便使用者能够清楚地理解学生达到的水平；误差报告可以使报告对象清楚地了解成绩的可靠性和准确性，提升报告的可信度；报告媒介可以选择纸质或手机、网络等现代媒体传递。

2. 推进综合素质评价

（1）完善评价方法

针对综合素质评价的方法不完善、评价指标含义不清晰、评价主体关系不明确等问题，应做出以下改进：在评价内容上，应进一步加强对评价指标和维度的研究，明确每个指标和维度的基本内涵；对指标的维度进行二、三级细分，并明确细分指标的观测点，形成系统化的指标体系，确保评价内容可观察、可量化、可操作。在评价方法上，应采取更多元化的评价方法，如行为观察、情境测验、成长记录等，以全面了解学生的发展情况。从发展趋势看，综合素质评价应该是量化评价和质性评价相结合、个性评价和共性评价相结合，形成立体、综合、多层次的评价方法体系。

（2）促进评价结果的合理应用

针对综合素质评价标准过低的问题，教育部应要求各省市结合当地教育发展水平，适度提升评价标准，以避免综合素质评价流于形式。各地应总结综合素质评价的经验和成果，加强交流和研讨，促进各地取长补短，相互学习，形成更为具体完善、切实可行的评价体系，促进综合素质评价的科学化，提高综合素质评定结果的公信力。教育行政部门应对相关政策

① 余慧娟.让中考改革走上制度化、科学化道路：访教育部基础教育司巡视员朱慕菊[J].人民教育，2008(13-14)：7-10.

② 顾明远，石中英.《国家中长期教育改革和发展规划纲要（2010—2020年）》解读[M].北京：北京师范大学出版社，2010：261.

和措施进行配套改革，将综合素质评价实施情况作为学校是否规范化办学的一个硬性指标。对综合素质评价结果在高中招生中的使用要提出明确要求，避免“软挂钩”，防止“假挂钩”。应在现有电子档案的基础上，扩大容量、完善功能、明确使用程序和权限，建立省、地、县、校学生电子档案系统，为建立诚信制度奠定基础。

（3）提升评价的公正性

为消除社会各界对综合素质评价公平性和公正性的质疑，避免各利益主体之间的不客观评价、防止暗箱操作和腐败现象，政府应建立相应的保障制度，如公示制度、审核制度、申诉与举报制度、诚信制度、追踪回溯制度等，确保各个环节都能够客观、公正、透明。还需要充分宣导综合素质评价的理念和意义，使全社会树立正确的评价观和教育观，加强各利益主体间的协调与配合。

3. 改进高中阶段考试招生方式

（1）改进普通高中招生录取方式

近年来，很多省市在普通高中招生录取方式上进行了多种改革尝试，取得了很好的效果。比如有的地方采取“指标到校”的录取方式，将重点高中的录取名额平均分配到所有初中，以避免初中为争夺重点高中名额而开设“重点班”“尖子班”，使初中教育更加关注全体学生的均衡发展；有些“重点”高中采用推荐生录取、特长生录取、附加分项目等录取的方式；还有的地方采取学业水平考试与综合素质评价相结合的录取方式，普通高中录取新生将在主要依据学生学业水平考试总成绩的基础上，参考学生在校日常学习成绩及基础性发展目标评价成绩，生物、地理、信息技术、思想品德、历史等级评价为 D 级的考生不得被普通高中录取。上述尝试体现出了今后的发展方向。在普通高中录取中，应该改变以升学考试科目总分作为唯一标准的做法，切实将综合素质评定的结果作为高中阶段学校招生的重要依据，关注学生的特长与潜能，促进学生有差异的全面发展。探索建立在文化考试基础上的综合评价、择优录取机制。积极推进优质高中名额分配、划等统招、差额投档、推荐保送、特长录取及必要的面试考查等多种招生办法，逐步扩大普通高中学校招生自主权，帮助薄弱学校尽快崛起，促进优质教育资源不断扩大。

（2）完善中等职业学校招生方式

针对当前中等职业学校招生制度存在的问题，在今后的中考招生制度改革中，应“发挥优质普通高中和优质中等职业学校招生名额合理分配的导向作用”①，加大中等职业学校招生力度，促进中等职业学校发展和高中阶段招生考试制度的完善。中等职业学校应当根据自身办学特色和资源优势，探索自主招生的办法，有条件的地区和学校应尝试实行注册入学。在国际上，注册入学已经是非常成熟并行之有效的入学制度。我国一些成人和职业院校已经实行了这一招生制度，今后将是中等职业学校招生方式改革的方向。

---

① 中共中央，国务院. 国家中长期教育改革和发展规划纲要（2010—2020 年）[EB/OL]. http://news.xinhuanet.com/edu/2010-07/29/c_12389320.htm，2010-07-29.

三、我国高等学校考试招生制度的现状、问题与改革路向

高校考试招生制度改革是教育改革的关键。恢复高考制度30多年来,高考制度很大程度上促进了教育发展,保障了教育公平。但是,现行高考招生制度的弊端也是显而易见的。例如导致应试教育问题长期难以得到纠正、严重侵害了高校的招生自主权和受教育者的选择权、降低了高等教育竞争力等,因此,高考制度改革势在必行。

(一)高等学校考试招生制度的历史与现状

我国现行的高考招生制度是在1977年恢复高考后逐步建立和完善的。经过30多年的发展,形成了较为完善的考试招生制度。

1977—1984年是我国高考招生制度的恢复与重建时期。1977年,高考制度的恢复与重建工作正式启动。国务院发布《关于1977年高等学校招生工作的意见》,指出在废除“文化大革命”中的推荐制基础上,恢复“文化大革命”前的考试制度。该《意见》明确规定,“应根据德、智、体全面衡量,择优录取的原则,实行自愿报名,统一考试,地市初选,学校录取,省、市、自治区批准”。① 由于当时国家还来不及出台统一的教学大纲,所以1977年的高考由省、市、自治区命题统考。1978年,教育部又出台《关于1978年高等学校招生工作的意见》,规定“实行全国统一命题,由省、市、自治区组织考试,评卷”。至此,统一高考制度得到恢复。在接下来的几年中,考试科目、内容、组织形式、录取方式、相关机构设置等高考招生制度的各个方面都得到重建,由此,我国现行高考招生制度体系逐渐建立起来。

1985—1998年是我国高考招生制度的全面改革期。1985年,国家决定在广东进行标准化考试试验,在上海进行高中毕业会考试验,这标志着我国高考制度进入全面改革时期。1985年,中共中央发布《关于教育体制改革的决定》,提出了改革高校招生计划和毕业生分配制度,并第一次提出了扩大高校办学自主权。1993年,中共中央、国务院颁布《中国教育改革和发展纲要》,对高等学校招生制度改革提出了具体要求:改变全部按国家统一计划招生的体制,实行国家任务计划和调节性计划相结合。在保证完成国家任务计划的前提下,逐步扩大招收委托培养和自费生的比重;改革学生上大学由国家包下来的做法,逐步实行收费制度。② 1998年的《中华人民共和国高等教育法》明确了高校在招生方面的权力,提出高校根据社会需求、办学条件和国家核定的办学规模制定招生方案,自主调节系科招生比例。这一时期,主要对高考科目、考试形式、招生体制、录取方式等方面进行了改革:高考科目方面

---

① 杨学为.高考文献(下)[M].北京:高等教育出版社,2003:69.

② 中共中央,国务院.中国教育改革和发展纲要[EB/OL].http://www.moe.gov.cn/publicfiles/business/htmlfiles/moe/s6986/200407/2484.html,2013-08-20.

进行了多次改革与探索,1991 年国家出台“三南方案”,在湖南、海南和云南试行“4×4”科目改革,1995 年国家正式宣布实行“3+2”方案改革,即普通高考科目分文史类与理工类,所有考生参加语文、数学和外语,文科加考政治和历史,而理科则加考物理和化学;考试形式方面,在 1985 年广东试验的基础上,1989 年开始逐步实施标准化考试;招生体制方面完成了“单轨—双轨—并轨”改革,1985 年改革“统招统分”的计划招生制度,实行“国家计划招生,单位委托培养、定向招生及招收部分自费生”的“双轨制”,1994 年取消“双轨制”,实行“并轨制”,即采用统一的国家计划,实行同一分数线和收费标准,到 1997 年全国所有普通高校招生的“并轨”全部完成;录取方式方面,1985 年建立了保送生制度,1993 年开始高校自主选拔录取试点;招生机构设置方面,形成了国家,省(市、县)与高等学校三级招生部门的组织机构。

1999 年至今,是高考招生制度深化改革的时期。世纪之交,我国高等教育开始进入大众化阶段,高考招生制度的新一轮改革被提上日程。1993 年的《中共中央国务院关于深化教育改革,全面推进素质教育的决定》指出:“加快改革招生考试和评价制度,改变‘一次考试定终身’的状况。高考科目设置和内容的改革应进一步突出对能力和综合素质的考查。扩大学校的招生自主权和考生的选择机会。逐步建立具有多种选择的、更加科学和公正的高等学校招生选拔制度。”①2001 年的《基础教育课程改革纲要(试行)》指出:“高等学校招生考试制度改革,应与基础教育课程改革相衔接。加强对学生能力和素质的考查,改革高等学校招生考试内容,探索提供多次机会、双向选择、综合评价的考试、选拔方式。”②2004 年教育部颁布《2003—2007 年教育振兴行动计划》,提出“以全面推进素质教育为目标,加快考试评价制度改革”“结合新课程的全面推进,深化高考内容改革;推进高考制度改革,进一步建立以统一考试为主、多元化考试和多样化选拔录取相结合,学校自我约束、政府宏观指导、社会有效监督的高等学校招生制度”。③《教育规划纲要》指出:“完善高等学校考试招生制度。深化考试内容和形式改革,着重考查综合素质和能力。逐步实施高等学校分类入学考试。完善高等学校招生名额分配方式和招生录取方法,建立健全有利于促进入学机会平等、有利于优秀人才选拔的多元录取机制。”④1999 年以来的高考招生制度改革,在考试形式、考试内容与科目、高校自主权方面进行了相应的改革尝试。考试形式方面,我国积极探索了多次考试、分类招考等模式,如 2000 年北京试行春季和秋季两次考试模式;2002 年广西壮族自治区实行本、专科招考彻底分离的“二次高考”模式;2005 年教育部批准上海 3 所高等职业院校实行单独考试试点,将高职院校与普通高校招生分离;考试内容方面,国家逐步将高

① 中共中央国务院关于深化教育改革,全面推进素质教育的决定[EB/OL].http://www.moe.gov.cn/publicfiles/business/htmlfiles/moe/moe_177/200407/2478.html,2013-08-20.

② 教育部.基础教育课程改革纲要(试行)[EB/OL].http://www.moe.gov.cn/publicfiles/business/htmlfiles/moe/moe_309/200412/4672.html,2013-08-20.

③ 教育部.2003-2007 年教育振兴行动计划[EB/OL].http://www.moe.gov.cn/publicfiles/business/htmlfiles/moe/moe_1778/200710/27717.html,2013-08-20.

④ 中共中央,国务院.国家中长期教育改革和发展规划纲要(2010—2020 年)[EB/OL].http://news.xinhuanet.com/edu/2010-07/29/c_12389320.htm,2010-07-29.

考命题权下放到省份，实行分省命题，初步形成“统一考试、分省命题”的格局，到2008年18个省、市、区拥有高考命题权；而扩大高校的自主招生权也成为改革的主要内容之一：2001年教育部首先在江苏三所高校率先进行自主招生改革的试点；2003年北京大学、清华大学等22所知名高校推行自主招生，但考生仍需参加全国统考；2013年开展自主招生的高等学校已达91所。

经过近十余年的发展，我国已建立了较为完善的高等学校考试招生制度。这一制度包括统一的考试制度、集中招生录取制度和招生计划制度。现行的考试制度包括报考资格、考试形式和考试内容三部分，其基本特征是全国统一考试。报考条件已基本实现开放化和规范化；考试形式为一年一次考试，基本采取统一笔试形式，试行“统一考试、分省命题”；考试内容总体分文理两类，科目主要有3+X、3+X+1、3+1、3+学业水平测试+综合素质测评等几种。现行的考试招生录取制度包括招生方式、录取标准、录取方式和招生机构四个部分，其主要特征是集中录取。招生方式主要有全国统一招生、高校自主招生、保送生三种；录取标准主要看笔试成绩，分省分数排名位次是最主要的录取标准，高中学业成绩、获奖、面试等还只停留在尝试阶段，还没有成为录取标准；录取方式主要是基于统一录取体制，实行“分批录取”；招生机构主要分为国家，省（市、县）与高校三部分，三者构成一个体系。现行的高校招生计划制度采取“并轨制”形式，即不再区分指令性计划和调节性计划，所需经费由国家、社会和个人共同分担，国家不负责分配就业；招生计划包括年度招生计划和招生来源计划两部分，其编制主体涉及教育部、省级招生部门和高校。招生计划制度实质上是高校生源资源的一种配置方式和分配规则，即高校所需生源由国家教育部门经其举行的高校入学统一考试筛选后再统一分配到各个高校，是高校招生考试的根本制度。

（二）高等学校考试招生制度的问题

虽然近年来高等学校考试招生制度改革取得了巨大进展，但很多旧有问题并未得到根本解决，并且随着社会改革的深入，很多深层次问题和新问题逐渐凸显。这些问题涵盖从宏观到微观的各个方面，以下我们就其中的主要问题进行分析。

1. 宏观层面：区域公平问题

在高等教育大众化阶段，人们对高等教育公平的诉求不再停留在“量”的层面，而是转向“质”的要求。“质”的公平将逐步成为高等教育公平问题的核心所在。具体表现在三个方面：一是优质高等教育资源严重短缺与社会公众对高质量高等教育的迫切需求之间的矛盾成为当前的主要矛盾；二是质量差异成为了不同社会阶层接受高等教育的主要差异；三是区域之间高等教育的质量差异大于数量差异。① 因此，城乡公平、区域公平、阶层公平、配置公平等高考招生制度的公平性问题开始备受关注。在这些问题中，区域公平问题近年来最

① 钟秉林，赵应声.我国高等教育大众化进程中教育公平的重要特征[J].北京师范大学学报（社会科学版），2007(1)：5-9.

为社会所关注。在中国高考招生制度改革的多个两难困境中,“排在第一位的就是考试公平和区域公平之间的矛盾”①,它使高考招生制度本身受到质疑,甚至被称为“中国教育最大的不公”“最刺眼的不公正”②。高考招生制度的区域公平问题源于对“分数面前人人平等”原则的质疑。我国现行统一高考招生制度虽然实现了各高校大都面向全国招生,具备了“分数面前人人平等”的形式公平,但同时采取分省定额划线录取的方式,各省录取名额并不是按照考生数目平均分布,这就使各省的录取分数线存在很大差异,被称为“倾斜的高考分数线”。这种分数线的地区差异某种程度上反映了区域不公的现实。尽管很多人认为这样做是为了保证不同地区青年人相对均等的受教育机会,是实现教育公平的积极做法,同时政府也制定过一些旨在保障区域公平的招生政策,如对边远落后地区考生的优先或降分录取,但这种补偿性措施无法从根本上消除高考制度的区域不公现象。因为政府针对欠发达地区考生的政策补偿,与发达地区学生享受到的优势教育资源以及由此带来的高考分数倾斜相比显得微不足道,这显然有悖于高考制度自身所倡导的公平原则,也背离了旨在维护区域公平的分省录取制度的初衷。另外,高等教育资源的分布不均加剧了区域不平等。发达地区高等教育资源充沛,中西部则缺少足够的高水平院校,导致发达地区分数线低而录取率高,中西部地区则分数线高却录取率低。高考招生制度的区域不公平导致了“高考移民”“异地高考”等社会问题,这些问题的备受关注反过来也更凸显了制度的不公平性。区域间的分数线差异促使人们通过各种办法将学生户口迁到高考录取线较低的地区。而近两年各地围绕“异地高考”引发的社会问题则更凸显了区域不平等和区域保护主义思维。上述问题都是对高考招生制度公平性的巨大侵害,亟须进行改革。

案例链接 8-2

非沪籍女孩无法参加中考辍学 励志推动教育公平③

15 岁的“非沪籍”生占海特已经辍学半年,最近除了在家自学英语、数学以外,还要忙着帮老爸老妈应付各种各样的骚扰,这一切都和她在微博上高调争取异地高考权利有关。她是第一个站出来争取异地高考权利的非沪籍在读学生,也是第一个在微博上和京沪籍人士就异地高考“约辩”,还是为异地高考权利而上访的人中年龄最小的。

辍　学

占海特 4 岁半跟随父母来到上海。从幼儿园到小学、初中,她大部分时间都过得开心快

① 樊未晨.高考话题引出多个两难困境[N].中国青年报,2005-07-04(16).

② 李立峰.中国高校招生考试中的区域公平研究[M].武汉:华中师范大学出版社,2007:2.

③ 资料来源:刘金松.非沪籍女孩无法参加中考辍学,励志推动教育公平[EB/OL].http://news.qq.com/a/20121201/000186.htm,2013-08-21.有删节。

乐。但在小学毕业时,她第一次遇到了户籍带来的烦恼,作为“非沪籍生”的占海特要么接受统筹分配,就近入读一般甚至较差的公办初中,要么选择民办“名牌”初中。最终她考入了浦东一所质量不错的民办初中上海新竹园中学。

进入一所自己满意的中学后,占海特继续着自己的快乐生活。但在七年级的时候,一位班主任老师提醒她说:“你没有上海户口,可能要回老家中考。”得知这个消息后,她的学习兴趣开始减弱,成绩也在下降。爸爸占全喜得知原委后安慰她说:“不用担心,到时政策会变的。”当时,呼吁放开异地高考的呼声日渐高涨,在每年3月召开的全国两会上,异地高考改革都会成为代表们关注的热点话题之一。

在家人的劝慰下,占海特的成绩慢慢有所回升。转眼就到了九年级,中考报名的各种文件和表格陆续下来了,但占海特每次都被排除在外。春节后,老爸开始带着她到上海市政府信访办上访,信访办的人让父女俩去教委。一位负责接待的教委工作人员不紧不慢地对她说,去读中职校吧,不愿意就回老家。最终全班只有她一个人没有资格参加上海中考。参加中考无望的占海特今年5月份提前回家,成了一名辍学少年。

争 议

辍学后的占海特,除在家学习高中课程外,偶尔会跟着老爸一起去上访。去的次数越多越绝望。每次得到的都是冷冰冰的格式化的答复。但在网络尤其是微博上,占海特开始感受到了自己的影响力。2012年10月21日,其在个人实名认证微博上发出了“约辩”邀请:“京沪非户籍家长到教育部门上访,要求开放随迁子女就地高考,屡遭户籍居民包括年轻未婚居民阻挠……为了正义和真理,本姑娘邀请京沪户籍人士于10月25日在大沽路100号上海教委辩论,欢迎报名参加”。

这个颇具气势的微博“约辩”吸引了众多粉丝关注。虽然没有人报名,但在25日当天,还是有一些占海特称呼为“光头党”的沪籍青年出现在现场,并喊出了“抵制异地高考,蝗虫滚出上海!上海不需要外地蝗虫!”等口号。非沪籍家长则高喊“争取高考权利,教育平等,我们是新上海人”。沪籍和非沪籍成年人在相互对峙中,15岁的占海特显得有点局促不安、不知所措。她事后解释说,“他们一直在骂,根本不是来辩论。”占海特的出现在引起关注的同时,也引发了争议。沪籍人士质疑她只是被家长强推到前台,一些非沪籍家长也认为不应该让一个原本需要享受教育权利的孩子走到前台去争取教育权利。

占海特后来慢慢理解了父母的难处,在其写的最新一篇名为《教育公平,我的梦想》的文章中她写道,“慢慢地,我才知道,我的父母不仅没有错,而且很伟大。”占海特有一个目标,要用自己的实力达到和上高中一样的学习效果,甚至远远超过这个水平。她说:“上海教委断了我的高中路,而我要用我自己的实力和努力战胜这个失败的教育体系。”

如今,她已经会使用一些宏大词汇来表达自己的观点,在《教育公平,我的梦想》一文的摘要中,她用上“十八大报告遗温未冷”这样的语句。她在文中还写道:我希望就地高考政策不要与父母的职业、收入、纳税、房产、社保等挂钩。若是如此挂钩,穷人的孩子何日才会有出头之日?如何才能通过教育改变命运?

案例论坛

1. “异地高考”问题的成因是什么？其解决的难点在哪里？
2. 上海市教育主管部门的态度反映了什么？
3. 解决异地高考问题的途径是什么？
4. 比较和讨论广东、上海、北京等省市的异地高考政策，指出其合理性和问题。

2. 中观层面：招考方式问题

目前我国高考招生方式存在以下问题：一是一考定终身。高考作为高中毕业和升学的终结性考试，决定着考生能否被高校录取，且每年只有一次。这意味着要想进入理想大学就只能全力一搏；加上一次考试的内容和考查的知识点有限，难以全面反映学生的能力和水平。因此，学生面对双重压力，往往会产生焦虑，影响考试发挥，乃至心理健康。而一次考试的失败，可能导致其一生的命运被改变。二是考试选拔功能单一。目前以分数线层次将学生划分为本科、专科高校的方式存在严重问题。学术性院校和职业性院校对知识、能力和素质的要求有很大区别，而在目前专科基本属于高等职业教育的情况下，按照同一份试卷考查不同类型高校需要的学生显然不利于学生和高校发展。三是特殊政策存在争议。为了照顾特殊人群和选拔优秀学生进入高校，我国高考制度中设置了一些特殊政策，如加分政策和保送生制度，但这些制度在实施过程中都不同程度出现问题，导致新的不公平和腐败问题。高考加分政策最初是为了照顾特殊人群和鼓励在某些方面有突出表现的学生。但由于加分种类繁多、监管不严，一些人利用关系造假，使人们对加分政策的公平和公正性产生强烈质疑。保送生制度也是一样，其不需要参加高考就能直接被录取，且社会监督机制不完善，产生了很多舞弊现象。四是自主招生制度存在不足。自主招生制度是为了避免保送生制度的弊端，从 2001 年开始实施的辅助招生制度。它是由学生自己或中学推荐参加高校组织的考试，并以此得到在高考中加分资格的招生制度；高校可以自行制定招生原则与方法等。① 自主招生的初衷是为了促进中学素质教育和打破普通高考一统天下的局面，收到了一定成效，但也存在很多不足：高校的选拔自主权过小，一般不超过 10%；招生方式类似“小高考”，考试内容和方式与高考类似，等于是高考的重复，使得很多具有天赋的“偏才”和“怪才”无法被录取，有悖于初衷；由于缺乏有效监督，导致中学为学生造假，高校招生工作也缺乏社会的监督。②

3. 微观层面：内容与技术问题

高考的考试内容及考试技术直接关系到高中阶段的教学和学生的知识结构。20 世纪 80 年代以来，我国高考已开始重视能力考查，虽然并未获得决定性的进展，但高考命题“要把知识立意转变为能力立意”的思路和方向得到进一步明确。在内容改革的同时，高考标准化运动、作文评分误差控制、无纸化评卷、计算机在考试管理中的应用等高考技术方面的改

① 胡瑞.当前我国高校自主招生政策分析[J].现代企业教育，2009(6 下)：157-158.

② 顾明远，石中英.《国家中长期教育改革和发展规划纲要(2010—2020 年)》解读[M].北京：北京师范大学出版社，2010：278.

革也获得了很好的效果。但就高考的内容和技术看,仍有很多需要进一步完善的地方。

首先是考试内容与形式单一。高考的主要功能是检验学生在基础教育阶段对知识和能力的掌握程度,并作为高校选拔人才的依据。但目前的高考试题内容多样性不足,只有文科和理科两大类,不同层次和类型的高校使用同一张考卷,考查同样的内容,这样不利于学生的自由选择、教师的因材施教和素质教育的开展。同时,考试内容对知识的考查较多,对能力和素质的考查较少。尽管近年来“重知识、轻能力”的问题有所改善,但知识层面的试题内容仍占主导,不利于学生能力的培养。其次是考试技术不够完善。主要表现在考试命题缺乏科学程序、计分方式简单和试卷分析技术落后等方面。考试命题无论是国家层面还是各省命题,都很大程度上依赖命题者的经验和理解能力,编制的题目也缺乏难度、区分度、项目偏差及信息量等方面的质量检测和筛选,难以保证试卷的公平性和高质量,甚至近几年还因检查不严格而出现错题的现象。计分方面,目前高考总分还是使用各科分数简单相加的方法。这种方法忽视了各科试卷的难度差异,会无形中改变各科的权重,造成水平相当但擅长不同学科的学生最后的总分有差异。因此,近年来很多地方在使用标准分,但标准分只适用于一个地区的一套试卷,在区域比较方面存在问题。分析技术方面,对于全国和各省的试卷分析主要通过专家评价、学生反馈、老师反响和考生抽样数据的统计分析四个方面进行。这种主要基于传统的问卷量化分析和经典测量理论的试题、试卷分析方法存在样本依赖等局限,①方式需要革新。

(三)高等学校考试招生制度的改革路向

1. 宏观层面:促进区域公平

解决高考招生制度的区域公平问题牵涉到很多方面,根本原因是高等教育资源的区域不均衡。因此,要在根本上消除这种不平等,促进和最终实现高等教育资源的区域平衡是最核心的途径。尽管近年来高校连续扩招,但就高校招生的区域发展而言,中西部和东部地区在升学方面的矛盾仍然没有得到根本解决。政府必须明确自己在这个问题上的责任,充分利用好政策与法律手段促进发达地区与不发达地区之间高等教育的均衡发展。从长远来看,必须通过提高中西部地区的经济发展,改变高校布局结构的不平等状态,大力扶持中西部地区高等教育,提高教育水平。在现阶段,应区别不同情况分别制定策略,建立全国性的、区域性的、校际之间的教育资源配置平衡机制,逐步缩小不同发展水平地区的高等教育水平差异,促进高等教育资源在区域间的合理公平配置。

在现阶段难以实现高等教育资源合理配置的情况下,改良招生配额制和改革分数线划定方法是必要和有效的举措。首先是改良配额制。高考招生制度中的分省定额录取政策导致不公平的原因不是配额制本身,而是配额的方式存在问题。目前各省录取定额并非按人口基数或考生数量平均分配,而是按各地高等教育资源的状况,以及优先照顾城市考生的原

① 王蕾.Rasch 测量原理及在高考命题评价中的实证研究[J].中国考试(研究版),2008(1):33-40.

则操作,发达地区配额多,而不发达地区配额少,使区域间存在剪刀差。因此,政府应采取措施进行宏观调节,调整当前的配额比例:一是对基础教育落后的地区要有地方保护和政策倾斜,加大招生力度,政府可以根据地区差异折算系数加以补助;二是对高校资源丰富、高考分数低的地区要控制招生人数,扩大当地高校外地生源的比例;三是改革高校招生计划管理形式,将高度集中的指令性计划变为适当灵活的指导性计划,使招生计划建立在科学合理的基础上。为此,应允许高校根据自身具体情况在一定范围内适当调整招生计划并及时向社会公布。各省招生录取指标名额要经过一定的程序公开进行,甚至要提交人大审议通过,接受公众监督,而不仅是由教育行政部门内部确定,确保维护高等教育入学机会获得的有序与公平。① 其次是改革分数线划定方式。现行高考分省定额招生划线录取制度的主要依据是1996年国家教育委员会发布的《普通高等学校本、专科招生计划管理意见》,针对配额制出现的问题,应予以修订。为了使高考招生更加公平,各省区的分数线应该参考各省区考生比例和人口比例,按一定的权重最终确定。当然,这里还牵涉到高校的办学主体及其利益问题。我国高校是中央、省和市三级办学,而基于谁投资谁受益的原则,对于省属和市属大学来说,以相同分数录取其他省份考生,对本省考生是不公平的。那么怎样才能做到既保证高等教育公平,又符合谁投资谁受益原则呢?我们可以借鉴美国的做法进行改革:凡中央财政投资的部属大学,除依法对少数民族学生等群体实行优惠政策外,应研究彻底改革现行的招生录取办法,废除大学属地考生和外省考生招生录取名额分配不均和按照名额划定分数线的不合理制度,改为面向全国执行以人口基数和考生基数比例均等的政策,实行比例平等规则。省属和市属大学除了对本省、市名额分配给予倾斜,对其他各省市考生也应执行比例均等统一的录取标准。但考虑到其教育经费主要来自本省、市财政收入,可在学费方面对所在区域内外的考生做区别规定,这样做既符合有关国际人权公约和国内教育立法的规定,符合高等教育平等的要求,也符合谁投资谁受益的原则。②

2. 中观层面:建立多元机制

解决高考招生方式的问题,需要建立多元化的考试制度。主要包括以下方面:一是为克服一考定终身的弊端,建立一年多次考试、多次选择的制度。《教育规划纲要》指出:“以考试招生制度改革为突破口,克服一考定终身的弊端,推进素质教育实施和创新人才培养”“探索有的科目一年多次考试的办法,探索实行社会化考试”。这就是要避免目前高考对失误“零容忍”的弊端,减少学生一次失误带来的影响。打破一考定终身,最有效的办法就是探索部分科目在高三一年中进行多次考试的形式,学生可以参加任意一次或多次考试,约定最终成绩。二是为克服考试选拔功能单一问题,逐步实施高校分类入学考试。进行分类考试,是基于学术性与职业性院校对学生的要求不同,需要使用不同的试卷进行选拔,以区分两类学校不同的选拔标准。这不是对职业教育的歧视,而是一种因材施教、因材施考的方法。因此,《教育规划纲要》指出:“逐步实施高等学校分类入学考试。普通高等学校本科入

① 王后雄.我国高考政策的公平性研究[D].武汉:华中师范大学,2008:209-210.

② 柳海民.平衡与制约:保证教育公平的一种选择和借鉴[J].外国教育研究,2003(6):33-34.

学考试由全国统一组织;高等职业教育入学考试由各省、自治区、直辖市组织。”通过建立高校分类入学考试制度,可以使有不同就学要求的学生通过不同类型的考试进入高校,既可以减轻高考组织成本,又能够使高校录取到适合的学生。三是为消除特殊政策弊端,建立多元化的评价指标。多元招生机制不仅仅表现在招生方式上,还体现在评价指标上。目前将高考成绩作为唯一评价指标太过单一,因此《教育规划纲要》提出了多元评价指标,即统一考试的基本方式加学业水平考试和综合素质评价,并提出了择优、自主、推荐、定向和破格五种多元录取的形式。① 需要注意的是,应该用多元化的评价指标体系涵盖多元录取方式,这样才能真正消除特殊政策的弊端。在多元化的评价指标体系中,择优录取是指统一考试成绩加中学综合表现;自主录取是指高校根据自己的育人要求进行个性考察;推荐录取则是将中学推荐作为评价学生的因素之一,而不是一种决定性因素;定向录取是根据考生地区和就业选择进行多元化评价;破格录取就是对特长学生进行更大程度的录取优惠。② 四是为弥补自主招生制度的不足,应扩大高校的权力。自主招生是高考招生制度改革的方向,逐步扩大高校权力是完善这一制度的必然途径。扩大高校招生权力包括加大对高校自主招生的放权力度、扩大自主招生比重、探索高水平院校联考制度和强化监督机制。

3. 微观层面:提高命题质量

考试内容和技术方面的问题关系到命题质量和高考的公平性与准确性。因此《教育规划纲要》指出:“深化考试内容和形式改革,着重考查综合素质和能力。以高等学校人才选拔要求和国家课程标准为依据,完善国家考试科目试题库,保证国家考试的科学性、导向性和规范性。”为提高命题质量,考试内容和技术方面需要在以下方面进行改革。

首先应进一步推进高考的标准化。我国高考标准化改革已进行20多年,但无论从公众观念还是操作层面都还存在偏颇。标准化设计从测验框架设计到考试评价的全过程,高考的标准化应该是整体的标准化。因此,应积极吸收国际先进经验和总结先前经验,进一步推进高考的标准化改革进程。其次是改革考试内容,从知识衡量转向能力考查。《教育规划纲要》作为国家正式文件首次提出高考要“着重考查综合素质和能力”,这是对“德育为先、能力为重”的人才培养模式的呼应。为达到这一目标,高考命题要根据各学科考查的能力目标,列出考查知识结构、能力结构的双向细目表,编制学科能力结构图,并对每一道试题进行能力功能定位;减少大量计算和记忆性的题目,给学生留出更多思维空间;此外还要注重试题素材的现实性和时代性。再次是优化考试大纲。鉴于目前我国高考命题过分注重教学大纲,拘泥于课程,难以测量学生的综合能力,并且忽视了课程标准和教学大纲未能涵盖的内容,接下来的改革应更加重视学生创新能力和实践能力的考查,并通过学业水平考试和综合素质评价等方式,弥补统一考试难以衡量的部分。最后是推进考试技术的革新。《教育规划纲要》提出要逐步完善“国家考试科目试题库”,这是高考改革的基础性工程。它可以使高

① 中共中央,国务院.国家中长期教育改革和发展规划纲要(2010—2020年)[EB/OL].http://news.xinhuanet.com/edu/2010-07/29/c_12389320.htm,2010-07-29.

② 杨东平.2020:中国教育改革方略[M].北京:人民出版社,2010:158.

考结果实现全国方位内的可比较,有利于高考的信息化,并保证命题过程的标准化和高质量。在高考计分方面,应进一步优化国际通用的标准分方式,以实现全国试卷和分省命题试卷及不同年度试卷的可比较。而在高考结束后,还需要对考试的信度、效度、难度和区分度等进行分析,作为衡量高考试卷质量的依据,以保障高考的科学性和公正性。① 总之,微观层面的高考改革应在命题、施测、评分和评价等方面引进先进的教育测量和评价理念、技术和方法,建立起适合我国高考特点的高考测量和评价技术。

拓展阅读

1. 刘海峰.高校招生考试制度改革研究[M].北京:经济科学出版社,2009.
2. 张民选.高校招生考试制度改革研究[M].上海:上海教育出版社,2008.
3. 李峻.我国高考政策变迁研究:基于“利益相关者理论”的分析[D].武汉:华中科技大学,2009.
4. 吴霓.农民工子女异地中考政策研究[M].北京:教育科学出版社,2011.
5. 李立峰.中国高校招生考试中的区域公平研究[M].武汉:华中师范大学出版社,2007.

① 顾明远,石中英.《国家中长期教育改革和发展规划纲要(2010—2020年)》解读[M].北京:北京师范大学出版社,2010:268.

专题九　建设现代学校制度：更新中国基础教育的“外壳”

问题导读

1. 现代学校制度建设兴起的背景是什么？
2. 如何理解现代学校制度的内涵和特征？
3. 现代学校制度建设的关键举措有哪些？

学校是制度化教育体系的基本构成单位，学校教育改革发展的实质性突破就是学校制度创新和建立现代学校制度。现代学校制度建设是当代中国教育改革与发展的一个重大理论和实践课题，也是一项制度重建的创新性工作。目前，关于现代学校制度的理论研究和实践探索尚处于起步时期，有关现代学校制度的理性设计和实践探索也处于实验阶段。本专题着力探讨现代学校制度的兴起背景、基本内涵与主要建设路径。

一、建设现代学校制度的缘起

现代学校制度是相对于计划经济体制下的传统学校制度而言的，是学校制度自身发展的新阶段，其实质是现代学校教育所历经的变迁在制度层面的反映。国内对现代学校制度的理论研讨和实践探索始自20世纪90年代中期。1998年，黄兆龙借鉴现代企业制度的基本理论，对以国有民营为主要形式的现代学校制度进行了初步的理论探索；①浙江省台州市椒江区作为中国教育学会教育改革实验区，从1997年开始探索具有椒江教育发展特色的教育股份制模式，并逐步尝试在正规中小学教育领域建立现代学校制度。②“现代学校制度”的提出与构建既是我国社会变迁过程中公民社会、市场选择与政府行为的博弈均衡，又是我

① 黄兆龙.现代学校制度初探：兼论国有民营学校管理模式[J].中小学管理，1998(1)：24-26.
② 董碧水.一批民办股份制学校涌现[N].中国青年报，2002-01-11.

国传统学校制度发展的现实困境的必然诉求,也受到西方新公共管理运动与教育私营化运动的影响。

(一)我国社会转型期社会、市场、政府的博弈均衡

探讨现代学校制度的生成语境,不能离开产生现代学校制度的深层社会变革背景。只有对宏大的社会运动路向和时代特征有准确的判断,现代学校制度改革才能在更深层、更广阔的社会参照中凸显出来,从而显现这一学校教育制度性变革的社会意义和历史意义。当代中国的社会结构,正在经历着一场深刻而复杂的变革,面临着由封闭一元性社会向开放多元性社会、由农业社会向工业文明、由计划经济体制向市场经济体制的深刻转变。学校系统与社会系统变革具有高度的相关性,任何学校教育制度都是特定的宏观社会制度的产物。在社会大系统整体发生变动的当今时代,学校教育制度的改革必然与这个时代的政治、经济、社会、文化发生直接或者间接、隐性或者显性的关联,现代学校制度改革就成为宏观的中国社会结构与制度变迁在学校教育领域的高度浓缩。就实质而言,制度是一定历史条件下形成的正式规范体系。“任何制度本质上都是利益制度,都是主体的利益博弈、协调与整合的产物。”①换言之,制度是各个利益主体均衡导向的博弈规则,是博弈的参与者相互协商和互动的结果。相应地,学校制度也是人们通过利益博弈而达成的界定个人和组织在与学校相关事务上的选择行动的规则和准则。社会、政府、市场是制约学校教育发展的三种基本性力量,在不同的社会结构下,三种力量的利益博弈格局不同,也就形成了不同的学校教育制度。在计划经济主导的传统社会结构下,政府是唯一的教育资源供给者,以政府为主导性发展模式的公办学校在整个教育体系中居于基础性地位,教育资源配置方式采取行政主导的单一性、计划性配置模式,国家几乎对全部的学校教育事务实行严格而全面的控制,任何相对于国家之外的社会力量和市场力量都被排斥在学校教育体系之外。国家承担整体上的公共教育责任,在一定条件下能够从整体上协调教育发展,集中有限资源建设优质学校,提高资源的使用效率。但是,这种政府一统教育的局面也直接导致学校教育同质化发展、办学自主性缺失、学校缺乏自组织的内在动力等问题。随着中国社会结构的变迁,政府、市场、社会三种力量的利益格局重新构建,国家与社会间的结构开始分化。国家与社会之间关系的变化大致可以从以下方面透视出来,“从‘领域合一’向‘领域分离’的社会结构转变;从‘利益一体’向‘利益多元’的利益结构转变,从‘权力秩序’向‘市场秩序’的社会分层机制转变”②。这种变化体现在学校教育领域,自改革开放以来,传统的国家包揽办学的局面被打破,国家垄断教育的格局被打破,由此引发了一连串的学校教育制度改革,包括教育管理体制的重心不断下移,权力资源的分配在政府体系内部和政校关系上都呈现剥离和分权趋势;以校内劳动、人事、分配制度改革为突破口,中小学全面实行校长负责制;教育经费投入体制

① 冯建军.论现代学校制度的公正性[J].教育科学研究,2008(11):5-8.

② 徐冬青.公共治理:现代学校制度建设“新探索”[M].南京:江苏教育版社,2011:49.

从国家单一财政体制转向多渠道筹集办学经费的格局;市场竞争为基础的教育选择行为开始涌现,等等。应该说,中国社会结构变革引发了学校教育领域内的深刻变革,带来学校教育观念、制度、行为等各个层面的变化。但是,也应该看到,改革开放以来学校教育体制内改革的基本路径是以政府主导、自上而下的方式推动的,政府动员以及强制性、命令性的机制仍是改革与发展的主要动力。政府强势的改革方式存在手段单一、缺少弹性、刚性管理等弊端,在市场经济深入发展的今天,学校办学的管理重心偏高、体制效率偏低、学校依附性突出、教育资源浪费等现象仍然突出。因此,在中国社会结构深刻变革的背景下,实现政府、市场和社会三种力量利益博弈平衡的制度安排是什么?现代学校教育机构应该在什么制度框架下运作?学校教育体制变革和政策调控的目标在哪里?如何解决好学校教育发展中公平与效率、规模与质量的关系?等等,这些问题都是学校教育持续深入改革发展需要探索的问题,也是现代学校制度建设的理论和实践探索的重要问题。

(二)传统学校制度面临的现实困境

在计划经济体制下,我国学校制度呈现出与计划经济体制高度的一致性。公立学校系统在学校教育体系中发挥主导作用,成为规模最大的公营机构,也是实现国家公共教育责任和建立国民教育体系的绝对主力。在发展过程中,政府统一的规划和管理造成学校教育体制上的僵化和运作上的刻板,学校制度建设相对滞后,暴露出以下弊端:第一,从政校关系而言,政府管理得过多过死,学校办学主体地位不清晰。在传统的教育管理体制下,国家是学校教育资源的唯一或者主要提供者,国家设置并直接管理学校。学校是处于以国家为中心的纵向行政关系中的附属机构,学校本身不是独立的办学实体,缺乏办学自主权,学校的人、财、物、课程以及其他教学业务方面接受政府的直接管理和约束,缺乏实现自主管理和校本管理的制度空间,导致学校从结构到功能、从内容到方法、从制度到环境都呈现出高度同质性的现象。第二,从学校内部管理而言,学校作为政府的附属机构,学校内部管理同样采取科层制结构,学校权力被过分集中起来,并且缺乏对校长权力的实质性有效制衡机制。这导致部分学校校长缺乏民主意识,专制作风比较严重,教职工难以有效地参与到学校重大决策和管理活动中,学校管理的经验化、非制度化现象比较普遍。第三,从校社关系看,学校办学的封闭性比较突出。在传统的学校制度中,学校教育以校园为主要的学习场所,基本上全部的学习活动都在校园和教室中进行,学校是唯一的教育机构,校园以外的教育资源很少对学校教育发挥积极的影响。学校和社会之间缺乏互动沟通的体制和制度基础,社会力量难以参与、配合学校管理和学校教育,学校也很少介入社区文化建设,学校基本上处于一种“闭门办学”的状态。实践表明,当前我国的学校制度相对落后,这已经成为妨碍和制约我国教育教学改革发展和学校功能真正实现的制度障碍。现代学校教育要获得进一步发展,就需要克服这种“制度性障碍”,重新思考和设计现代学校制度框架。因此,加速现代学校制度建设越来越成为我国当前学校教育改革迫在眉睫的重大命题。

（三）西方新公共管理运动以及教育市场化运动的影响

20 世纪 70 年代末 80 年代初，西方市场经济发达国家掀起了一场声势浩大的行政改革运动，这场行政改革运动被看作一场“重塑政府”“再造公共部门”的“新公共管理运动”。新公共管理运动产生了一种相对于传统的韦伯式科层制而言的新的行政范式，其核心取向是采用商业管理的理论、方法及技术，引入市场竞争机制，提高公共管理水平及公共服务质量，改革的关键词包括重新定位政府角色、专业化管理、绩效管理、引入竞争、以顾客为中心、产出控制等。在新公共管理思潮的影响下，西方各主要资本主义国家先后开展了公立学校教育制度的改革。这场改革对传统公立教育体系的政治化和科层制提出猛烈批评，抨击公立教育体系存在效率低下、资源浪费严重、免于公众问责等诸多弊端。改革者们极力主张教育的市场化，用自由市场原则重组公立教育机构，强调基于市场机制建立一种新的学校制度，最终实现提供优质学校教育和提升公立教育系统绩效的目标。在这一改革浪潮中，择校、教育市场化被视为提高教育质量的有效手段，市场化教育改革的主要策略包括：扩大学校自主管理权限、实施教育民营和教育券制度、增加家长和学生的选择权、政府只对学校实行间接调控。于是，校本管理、择校制度、特许学校、教育券、教育私营化等改革措施纷纷呈现，猛烈地冲击了传统公立教育体系的制度框架，深刻地重组了公立教育体系。校本管理，顾名思义，它是以学校为本位或者以学校为基础的管理模式，强调教育管理重心的下移和教育管理权力从教育行政部门下放到学校，其目的在于促使学校成为自主办学、自主发展的主体，最大限度地提高学校管理的有效性，最终为公众提供更高质量的教育服务。在西方教育市场化运动的冲击下，我国学校教育体系也进行了多种改革探索，如浙江省台州市椒江区 1996 年提出“教育股份制”构想，并于同年 12 月成立“书生教育事业有限公司”，探索建立市场化导向的多元教育投资体制；浙江省长兴县 2001 年 5 月在我国开创了实施“教育券”制度的先河，突破了传统的教育资源配置方式，改变了政府对基础教育的投入方式，有效地推动了当地教育资源配置的公平性。

二、现代学校制度的内涵与特征

中国语境下的“现代学校制度”一词最早出现在 20 世纪 90 年代中后期，这一词汇具有浓厚的本土色彩和特定的问题指向。进入 21 世纪，“现代学校制度”从实践、学术用语上升为政策议题。2003 年教育部发布的《关于加强依法治校工作的若干意见》中，在推进依法治校工作的目标中，提出建立现代学校制度。2004 年教育部发布的《2003—2007 教育振兴行动计划》在“加强制度创新和依法治校”中，提出“探索建立现代学校制度”的新要求，为建立现代学校制度提供了政策依据。2010 年国家颁布的《国家中长期教育改革和发展规划纲要（2010—2020 年）》中，确定了未来 10 年中建立现代学校制度是一个重要的教育政策目标。

十几年来，"现代学校制度"在学术、实践、政策层面受到的关注不断"升温"，人们在现代学校制度的内涵与特征的认识上，取得了不少有价值的经验和看法。这些关于现代学校制度内涵的多种理解，直接影响到现代学校制度的目标、内容与具体制度安排。

（一）现代学校制度内涵的多元认识

严格来说，现代学校制度并不是一个内生的学术概念，而是借鉴"现代企业制度"的概念用法。从20世纪90年代中期到现在，现代学校制度的理论研究和实践探索历经近二十年，参与现代学校制度讨论的不仅限于学术界，实践界和政府领域的关注也非常多，现代学校制度的研究范围从最初的非公立学校教育领域逐渐扩展到所有的学校教育组织，公立学校和民办学校、基础教育和高等教育都被纳入到了现代学校制度的分析范畴和研究视野。随着研究视域的扩大，现代学校制度的内涵也不断丰富和更新发展。人们从不同层面、不同学科视角、基于不同立场阐述关于现代学校制度的理解，形成了关于现代学校制度内涵、特征、目标与内容的多元性认识（见表9-1）。

表9-1　国内各界关于现代学校制度内涵的代表性观点

代表性学者	主要观点
中央教科所《基础教育阶段现代学校制度的理论与实践研究》课题组①	现代学校制度特指在知识社会初见端倪和全面建设小康社会的大的社会背景下，能够适应市场经济和建设学习型社会的基本要求，以完善的学校法人制度为基础，以现代教育观念为指导，学校形成依法自主、民主管理，能够促进学生、教职工、学校和学校所在区的协调和可持续发展的一套完整的制度体系
顾明远②	现代学校制度基本特征可以用20个字概括：产权明晰，自主经营，管理科学，自我发展，自我约束。具体来说：(1) 学校应有办学的自主权，有自我支配资源的权力；(2) 学校应是自主发展的，有自我调节、自我约束的机制；(3) 学校应是学习型组织；(4) 学校应有科学、民主的管理制度；(5) 学校应是开放的，与家庭、社会有广泛联系
黄兆龙③	借鉴现代企业制度，现代学校制度是一种适应社会化大教育和社会主义市场经济体制、政治体制、科技体制改革的内在要求，以学校法人制度为主体，以有限责任制度为核心，以教育管理专家经营为表征，以学校组织制度和管理制度以及新型的政校关系为主要内容的现代学校体制

① 中央教科所课题组.基础教育阶段现代学校制度的理论与实践研究[M].北京：教育科学出版社，2008：11-13.

② 顾明远.建立现代国民教育体系与现代学校制度建设[J/OL].http://www.pep.com.cn/czls/js/lsxh/hyzl/201010/t20101011_925641.htm.

③ 黄兆龙.现代学校制度初探：兼论国有民办学校管理模式[J].中小学管理 1998(8)：24-26.

续表

代表性学者	主要观点
李继星①	基于转型时期对学校制度价值的重新认识，现代学校制度是指在新的社会背景下，能够适应市场经济发展和建设学习型社会的基本要求，以学校法人制度和新型的政校关系为基础，举办者产权与学校日常管理权基本分离，学校依法自主管理，由教育管理行家负责学校日常管理，教职工依法民主参与，学校与社区中的各种组织及家长密切合作，指导和约束学校可持续发展的一套完整的制度体系
朱小蔓②	现代学校制度特指在知识社会初见端倪和全面建设小康社会的大的社会背景下，能够适应市场经济和建设学习型社会的基本要求，以完善的学校法人制度为基础，以现代教育观念为指导，学校依法自主、民主管理，能够促进学生、教职工、学校、学校所在社区的协调和可持续发展的一套完整的制度体系
朱怡华③	现代学校制度是相对于传统学校制度而言的，符合现代教育基本理念与指向，能适应学校教育现代化和社会主义市场经济体制、政治体制改革的内在要求，以具有法人主体地位的学校为基点，以有效调节政府、学校、社会三者关系为核心，以促进学生发展及校长、教师专业发展为目标，以新型的政校关系和学校自主发展机制为主要内容，体现现代教育特征，保证素质教育目标实现，促进学生最优发展的学校制度系统
余利惠④	现代学校制度的核心是校本管理，以此为基础建立政校职能分离，法人制度健全，行家治校，组织管理科学，学校与社会环境良性互动以及发展目标明确等具有现代学校特征的制度体系

从上面关于现代学校制度内涵的表述中可以看出，现代学校制度研究涉及很多方面。研究者从不同的视角、基于不同的侧重点对现代学校制度的内涵予以界定：在政治层面上强调政府简政放权，建立新型的政校关系，学校形成自主发展机制；在经济层面上强调学校产权清晰和强调教育资源市场配置方式；在法律层面上强调建立学校法人制度；从管理层面上强调校本管理、专家治理和民主参与；在教育学层面上强调学校及师生发展目标。从各种界定的逻辑起点看，经济学、管理学视野的认识更多地源于现代企业制度的启示和借鉴，政治层面更多地反映宏观的社会结构变迁对学校制度改革的影响，教育学层面的认识更多地源自对于学校组织特性的分析。此外，还有一些学者从制度体系内容的角度，认为现代学校制度包括宏观和微观两个层面，宏观层面反映社会的政治和经济制度在学校制度上的缩影，包括学校的管理体制、投资体制和办学体制等，微观层面指学校内部的组织结构即组织结构的

① 李继星.现代学校制度初论[J].教育研究，2003(12)：83-86.
② 朱小蔓.关于现代学校制度的含义、特征、体系的初步认识[J].人民教育，2004(17)：2-6.
③ 朱怡华.把学校还给学校：谈“现代学校制度”建设[N].中国教育报，2004-02-10.
④ 余利惠.实施校本管理，构建现代学校制度[J].教育发展研究，2003(12)：67-70.

分层、内部权力体系的构成和运行机制等。① 这些不同角度的关于现代学校制度内涵的认识之间并非完全独立,而是彼此有所交叉和相似,也体现了人们关于现代学校制度内涵与特征的认识不断深入和拓展,从最初注重学校内部管理制度转向政府、社会、市场博弈平衡的教育治理格局研究,从主要在民办学校领域转向包括民办、公办和转制学校的办学体制一体化的制度建设研究,从最初借鉴现代企业制度回归到学校教育组织特性和促进师生发展的根本目的上。

(二)现代学校制度的多种价值取向

通过上述对现代学校制度内涵的代表性认识的呈现和分析,可以看出,现代学校制度研究的起点可以有多种选择,不同认识背后的价值取向也呈现较大差异,由此形成现代学校制度构建的不同逻辑。因此,我们还需要对现代学校制度认识背后的价值取向进行分析,进而理解不同的制度设计和制度演变逻辑(见表 9-2)。

表 9-2 关于现代学校制度认识的不同价值取向

价值取向	主要特征
行政取向	基于政府立场进行现代学校制度设计,主要探讨政府在公共教育发展中的管理职能和角色定位,新公共管理思潮是主要的理论资源,核心问题是探讨教育权力资源的重新分配,包括政府系统内部与政校之间的新型权力格局
法制取向	现代学校制度本质上是关于学校各利益主体的权利和利益关系安排与协调的一套规则体系。现代学校在取得法人资格的基础上,通过构建学校法人制度和法人治理结构等制度化保障的形式构建现代学校制度
市场取向	借鉴现代企业制度,将学校教育进行市场取向的改革,让市场机制在教育资源配置中发挥基础性作用,依据所有权与经营权分离、产权清晰为准则建立现代学校制度,股份制和公司化是重要方略
管理取向	基于学校微观层面的制度变革,着眼于学校内部制度建设,其理论资源依托于国外的相关学校改进和效能研究以及校本管理的理论和实践经验,从学校具体管理制度(如决策、教学、教师)和管理技术上形成现代学校制度的目标、内容、实施框架、策略、方法等方面的可操作性方法
教育取向②	立足于中小学教育特性,为纠正现代学校"应试、选拔、忽视人格和谐发展"等功能偏离现象,以现代学校制度的规范功能保障学校教育促进人的发展的最终目标的实现

① 兰军.关于现代学校制度构建的探讨[J].江汉大学学报(人文社科版),2003(5):90-93.
② 李兴洲.现代学校教育制度的教育学创建[J].北京师范大学学报(社会科学版),2007(4):21-27.

续表

价值取向	主要特征
生态取向①	生态取向基于生态理念的价值取向研究学校主体与环境的关系,这种取向一是强调“人”的主体地位,研究主体的结构状态、变化规律以及优化主体的生存方式;二是强调“和谐环境”的重要性,突出一种长远的学校内外各种“动态关系”的平衡
伦理取向②	从制度伦理的视角看,现代学校制度设计的伦理基础在于:一是现代学校制度设计应渗透人道、正义及制度自由的伦理意蕴;二是现代学校制度设计合理性的评价标准包括人的全面自由发展程度、公共意志与公共利益的体现与满足程度、效率与效益的提升与协调程度以及教育公正的实现程度等

从目前关于现代学校制度研究的主要文献资料中,我们可以梳理出上述7种主要取向。现代学校制度认识的多种取向既体现了现代学校制度所依托的不同理论资源,也反映了学校组织本身特性的复杂性和多样性,更是不同利益主体的利益反映或者折射。例如,从影响学校组织的基础性因素看,有政府、市场、社会三种主要力量,不同力量对于学校制度的作用方式和建设逻辑也不同;从学校组织属性上看,它既是一个以促进人的发展为目的的专业性教育组织,也是一个需要建立自主发展机制、追求办学效能的市场主体。不同价值取向下对于现代学校制度的研究都会衍生出一系列问题,各种价值取向下的理论和实践研究之间也有一定的交叉和重复。就行政取向的现代学校制度建设而言,主要是处理好政府内部上下级政府之间、政府与学校、学校与社会、政府与社会几个主要关系,涉及的具体制度有教育公共物品的提供与生产制度、教育中介组织培育制度、简政放权、学校教育质量监控制度等;市场取向的现代学校制度建设借鉴了现代企业制度的运作方式,强化学校经营的理念,内含着产权清晰、自主经营、市场竞争、学校选择等问题;管理取向的现代学校制度建设强调学校内部治理理念和管理制度变革,关注学校内部的管理经营效率,追求基于校本的学校效能提升。

(三)现代学校制度的内涵及特征

总的来看,现代学校制度研究,离不开中国社会转型的宏观背景,离不开现行学校制度面临的问题和困境,也无法脱离学校教育制度改革与发展的世界图景。在中国集中统一式的教育体制脉络中,现代学校制度建设的根本目的在于理顺政府、学校、社会与市场之间的关系,形成政府宏观管理、市场有限介入、社会广泛参与、学校自主办学的学校治理格局。这

① 朱小蔓,刘贵华.功能·环境·制度:基于生态理念的现代学校制度建设[J].华东师范大学学报(教育科学版),2006(6):1-7.

② 王家云,徐金海.制度伦理视域下的现代学校制度设计[J].教育发展研究,2013(10):11-15.

也是本专题对于现代学校制度内涵、特征、目标和建设策略等认识的逻辑起点。

基于上述逻辑起点,借鉴已有认识成果,所谓现代学校制度,就是在中国社会结构转型的宏大背景下,以"政校分离、社会参与、独立经营、自主办学"为主要标志,以形成学校公共治理格局为核心,最终促进学生、教职工、学校可持续发展的一套完整的制度体系。可以看出,这一关于现代学校制度内涵的阐释主要围绕三个问题展开:一是政府与学校关系的问题;二是学校内部治理关系的问题;三是学校与社区关系的问题。这也是世界学校教育制度改革与发展所着力解决的问题。首先,建立现代学校制度需要政府转变管理职能,建立新型政校关系。这是现代学校制度建设的前提。所谓"政校分开"①:第一,政府不再直接管理学校,剥离学校与政府之间的直接隶属关系,使政府能够在公开、公正的前提下向所有教育者和学习者提供良好、公平、有效率的服务。第二,政府成为教育活动秩序的供给者,使政府由过去公共教育产品的唯一提供者转变为公共教育供给多样化的倡导者,成为公共教育各主体关系的协调者,以及良好公共教育产品直接或间接供给的服务者。第三,通过建立学校法人制度,实现政校分开,真正赋予各级各类学校和其他教育机构面向社会和市场依法办学的自主权。第四,强化政府的服务角色和责任意识,使政府主要从以单方保护学校利益为重点转变为兼顾学校利益与保护公共教育消费者的合法权益为重点。这四点要义基本清晰地反映了政校分开的内涵,也是从宏观层面上对现代学校制度的描述。其次,建立现代学校制度需要学校在微观层面上进行内部管理制度创新。从管理环节上看,学校制度包括决策制度、执行制度和监督制度;从制度内容上看,包括教学管理制度、教师管理制度、教育质量评价制度等。现代学校制度要完善学校内部治理结构,形成决策监督制度、民主参与制度、学术—行政分工合作制度、发展性评价制度等,提高学校的制度建设能力,依靠制度的规范功能促使学校实现教育目标。最后,建立现代学校制度,要确立学校与社区的良性互动关系。现代学校制度要求学校从封闭办学走向开放办学,建立学校与社区有效互动的体制机制基础。随着市场经济的深入发展,学校在办学过程中,充分有效地利用社会中的信息、智力、人力和公共设施等资源,鼓励家长、社会人士、知名企业事业组织等参与学校办学和管理活动,从投资体制、管理体制和发展机制方面改变学校运作模式,这是现代学校制度建设的重要路径,也是现代学校制度建设的又一个实践价值所在。

(四)关于现代学校制度内涵的进一步认识

现代学校制度本质上是关于现代学校的一套制度规则体系。现代学校制度中的"现代"一词,并不具有历史分期意义上的时间含义,它不是指现代社会开始以来所建立的、与现代社会处在同一个历史起点上的关于学校的规则体系。现代学校制度之所以区别于传统学校制度,根本原因在于制度的价值取向不同,以及基于不同的价值取向形成的新的学校管理理念与管理方式。关于现代学校制度内涵,我们可以进一步从以下几个方面加深认识:

---

① 中国教育与人力资源问题报告课题组.从人口大国迈向人力资源强国[M].北京:高等教育出版社,2003:119.

第一，现代学校制度具有伦理意蕴和价值取向。制度设计蕴含着伦理价值，它包含赖以存在和建立的伦理道德原则与价值追求以及人们依据相应的价值标准对制度进行的合理性评价。作为一种制度改革与创新，现代学校制度蕴含着人们对于人性解放、人性关怀、教育公正与自由、公共意志与公共利益实现等价值的追求。只有理解了“现代学校制度的伦理性”或者“制度中的伦理”，才能有效地减少学校教育的负面影响，最大限度地发挥现代学校制度的人性价值。

第二，现代学校制度规定了主要教育利益主体的行动边界。制度是一套关于人们行动的规则、规范体系，它为人的活动提供必要的条件和一定的保障，既包括权利和义务的明晰，也包括活动空间和范围的确定。现代学校制度是以学校为核心发生的一系列正式的规则和规范体系，它不仅是对学校内部治理结构的设计，还包括学校与教育行政部门、社会的关系的处理。现代学校制度打破了过去官僚的、科层的学校教育管理体制，进而规定了几类重要的教育利益主体——学校、政府、社会——各自的权利、义务、责任边界，为建立符合学校组织属性的政校关系、校社关系以及学校内部治理关系奠定制度基础。

第三，现代学校制度反映了现代学校教育的基本属性及其价值次序。现代学校制度是关于“现代学校”的一系列规则体系和制度安排，学校属性是现代学校制度建设正当性的依据，决定了现代学校制度构建的基本方向和总体架构。学校属性具有多样性，如：公立学校是政府利用公共资金举办的一种公共教育组织，它应体现公共价值，旨在改善和实现公共利益；学校是知识传授和育人场所，是一种具有独特的教育教学规则的专业性组织；从法律关系看，学校是民事法律关系的主体，等。学校属性的多元化衍生出具有冲突性的价值取向，如学校事务中民主管理与专家治理的关系、学校行政性和专业性的关系、学校经营性与教育性的关系等。解决学校制度设计中的价值问题就需要在各种冲突性的价值取向中进行相对优先排序，然后在制度层面做出调整，通过多样化的制度设计实现对多种价值取向的平衡或者价值排序。

第四，现代学校制度本质上是一种“学校教育制度”，它可以借鉴现代化企业管理的理念和规则体系，但从伦理层面上，学校这种专门化的教育机构始终将人的发展放在最重要的位置上，现代学校制度建设归根结底是以人的发展为目标的。在当前学校制度建设实践中，一些学校中出现了以追求效率和竞争性的市场经济理念支配下的制度，“个体竞争、绩效主义”等管理模式盛行，没有尊重学校教书育人工作的长效性、合作性、隐性等特质，破坏了学校的教育氛围，最终影响到学校教育质量的整体提升。现代学校制度既要追求效率，更要追求人文关怀、人性的发展与人的幸福，后者才是占据现代学校制度的核心价值追求。

三、建设现代学校制度的关键举措

现代学校制度建设是一个复杂的系统性工程，它涉及政府、学校、社会等多个教育利益主体之间利益关系的重新调整和安排，也受到诸多因素的影响和制约。现代学校制度不仅是学校外部社会关系的制度框架,也是学校内部行为活动的规范,是学校外部制度设计和内部制度设计的统一。理想的现代学校制度设计应处理好三个层面的问题:一是政府层面的制度,包括现代学校的举办制度、政府对于学校的管理制度等;二是学校层面的制度,包括学校内部治理结构、学校各项规章制度等;三是社会层面的制度,包括社会评价制度,以及学校与家庭、社区的关系的制度等。

(一)构建现代学校制度的前提:政府与学校的权能划分及制度安排

现代学校具有公共性和专业性的双重属性,这决定了政府与学校之间的权限划分及制度安排是现代学校制度建设的首要内容和基础性工作。立足政府层面,正确处理政府与学校的关系,清晰界定政府与学校各自的权利、义务、责任体系,既要保障学校的教育教学专业自主权,也要保障教育的公益性和实现学校的公共责任,这是新型政校关系的核心。

1. 重塑政府角色,合理确定教育行政管理权力的边界

在我国,学校制度改革的直接发动因素来自于政府。对于建立现代学校制度的过程来说,也是政府的制度输入与制度创新能力不断提高的过程。转变传统政府职能和角色的定位,从理念、职能、角色、机制等多个方面确立在新型学校治理关系下的公共政府形象,才能为建设现代学校制度和形成新型教育公共治理格局奠定主体条件。在学校教育领域,政府教育行政权力存在的正当性基础在于学校机构是一种国家利用公共财政资金举办的公共组织,具有公共性和公益性。一方面,国家需要对学校组织实施宏观管理和领导,以保证最大限度地实现教育的公共价值和公共利益。比如:确保学生和家庭平等地获得最基本的教育服务,确保公民社会所需要的民主价值得到培养等;另一方面,政府不能将学校视为政府的附属机构,将学校纳入官僚体制内进行管理。“公共远不是政府的同义词,它是政府机构、非营利组织和公民为了改善公共利益而相互作用的过程。”①从办学主体来看,学校教育的公共性不代表只能由政府作为唯一主体举办教育,也可以包括非营利性组织和自愿组织;从学校治理层面来理解,学校教育的公共性需要政府代表全民意志促使学校最大限度地实现公共教育利益,但这种治理不应是一种科层制结构或者纯粹的行政权力运作,而是在广泛的参与中、在相互批判和合作中实现公共利益。

在计划经济体制下,政府采用“全能政府”的管理模式,教育治理模式是一种一元化的政府治理。从政府职能和角色定位看,存在“公权力越界”和“角色重叠”的问题:第一,教育服务的提供者与生产者的角色重叠。政府既是教育产品的提供者也是教育产品的直接生产者,集学校举办者、办学者与管理者于一身,直接参与学校具体的办学活动,从制定学校发展目标、微观教育教学过程、学校后勤服务等各方面都可以看到政府对于学校的直接管理,政府教育管理模式的行政性色彩浓厚,不利于学校自主发展。第二,办学过程中的管理者与监督者角色重叠。作为学校的经营办学者,政府的典型行为就是以行政命令、计划指令为手

① 【美】乔治·弗雷德里克森.公共行政的精神[M].张成福,等,译.北京:中国人民大学出版社,2003:43-46.

段，深度介入学校运作过程；同时，政府也是学校教育质量的主要监督与评估者。也就是说，政府既是学校教育市场的直接竞争者，也是学校竞争规则的制定者和执行者，裁判与运动员合二为一的身份特征导致学校之间缺乏公平的竞争环境和竞争秩序。现代学校制度运作的首要外部条件就是政府转变管理职能，重新框定教育行政权力的合理边界。在一般意义上而言，现代政府职能的定位及其转型方向应该是清晰的，即由计划经济的无限责任政府、统治型政府转向市场经济条件下的有限责任政府和公共服务型政府。具体到学校教育领域，从政府权限范围看，教育行政管理权力主要运用在关涉国家政治意志表达的学校外部事务领域，或者说那些应该纳入到公共性范畴的事务领域，比如基于教育资源公平考量的师资调配、体现公共利益的课程设置标准及学习质量监测、保证学校社会责任的教育绩效考核和问责等事项，以及政府授权给学校带有明显的管理职能的事务，如学籍管理、学位管理、教师职称评定等；从政府的调控手段看，政府要改变行政指令型的直接管理方式，充分运用立法、规划、拨款、政策指导、信息服务、评估监督等间接行政手段、法律手段和经济手段，从过去的政策调控模式向法律规范转变，从而为整个学校的发展提供一个稳定的制度框架和基础。

2. 尊重学校组织的教育专业特性，处理好行政与专业的关系

学校组织的行政性和专业性是两个非常重要的学校组织属性。如何处理好这样两个属性，也是现代学校制度建设中的关键问题。一般来说，行政机制和专业机制是学校的两个很重要的运作机制，由此延伸出来的是政府的行政权力与学校的专业权力之间的关系处理问题。从学校的根本使命看，它是一种以育人为天职的专门化场所，是一种具有独特的教育教学规则的专业性很强的组织。学校组织的专业性体现在几个方面：第一，人员专业性：教师是专门从事教育教学工作的专业人士，个体获得从教资格必须经过长期的专业教育，并需要遵守相应的专业伦理操守等；第二，技术专业性：教育教学工作是一门科学，它遵循教育科学的逻辑而不是权力逻辑或者循经验行事，教育教学工作要依循基本的教育科学技术规范；第三，场所专业性：学校是专门从事教书育人工作的场所，它以生产、传授和创新知识为基本活动，以人的培养为最高使命。学校组织的教育专业属性是确立政府与学校关系、尤其是确立政府行政权限边界的一个重要逻辑起点。对于学校这种专业性组织，除了在行政权力内部或者外部建立监督制约机制外，更重要的是强化学校作为专业组织的专业权威和地位。政府只有尊重学校的专业性属性并按照专业特点进行管理和评价，才有可能促进学校的内在发展。从学校治理的层面看，学校组织的专业属性要求学校实行一种技术治理或者专家治理，学校基于自己的历史文化、所处的地域、社区等特征制定长期发展规划，确定办学方向、目标和任务，在资源使用、教育教学事务、社区家长参与等方面享有办学自主权。

（二）构建现代学校制度的关键：优化学校内部治理结构

学校是现代学校制度建设的主体。现代学校制度建设实质上是一个促进学校他律—自律—自治的过程，学校自身对现代学校制度性改革的认识、需求和准备是构建现代学校制度的内部条件，优化学校内部治理结构和制度设计则是构建现代学校制度的关键环节。

1. 建立校长的激励约束机制，完善学校的决策、监督、问责制度

在学校层面，现代学校制度内部框架主要由校长负责制、全员聘任制、岗位责任制、绩效工资制、教职工代表大会制等组成。校长负责制和教职工代表大会制体现了学校的决策机制及其监督机制，学校的办学自主权主要通过校长负责制来体现，校长负责制及其监督机制便成为学校的核心制度问题。现代学校中实行校长负责制，是源于学校教育组织的专业性以及提高管理效率的需要。在学校管理实践中，校长的权力主要有两种类型：一是决策权，即经由学校决策委员会讨论，对编制年度发展计划、学校中长期发展规划和年度预算之类的学校重大事务具有最后的决定权；二是执行权和管理权，即组织执行国家规定的课程大纲教学任务；组织开展科研活动；依据本校及学生需要开发相关课程；检查、组织评估教师教学情况；安排师资培训；负责校内工作岗位的安排；依法规或学校章程负责教师、管理人员的招聘与管理；统筹教学物质设备购买及其他后勤事务管理工作；协调校际之间、学校与社区及其他业务相关部门的关系。当前，我国社会正处于价值转型和制度创新时期，校长权力的合理性、伦理性和规范性受到质疑，在很多情况下，学校内部权力结构处于失衡状态，校长的职位权力过于膨胀，多元利益主体的话语权缺失，无法有效切入到校长权力的监督系统中。从委托—代理理论的视野看，在学校管理体系中，校长是联系政府与教师的中间环节，政府、校长、教师几类主体构成了多重委托—代理关系。一方面，校长接受政府的委托，作为代理人行使各种学校管理权力；另一方面，校长作为委托人也要负责督促教师代理人执行各项教育教学活动。校长同时作为委托人和代理人，一方面，需要对校长的管理行为建立强有力的激励机制，政府、社会等主体及时、充分肯定校长的办学和管理成就，比如校长职业阶梯的上升、名誉或者经济形式的奖赏；另一方面，也需要针对校长办学行为建立约束监督和问责机制，防范校长负责制实施中可能产生的道德风险，比如利用自主办学权力获取货币形式的经济收益或者满足个体的权力欲望。制度是利益的表达，监督机制是防止决策偏离方向、不遵守程序，防范学校腐败和特权的重要保证。问责制是对享有权力并负有责任的权力机关和个体的不负责任的行为进行惩罚的一种机制。实施问责制，就是要使学校领导和管理人员对其不负责任的行为付出代价，从而推动学校制度公正地运行。学校问责制既包括学校教育体系内利益相关主体对学校的问责，上级教育行政机关是学校的问责主体，学校的教代会、工会、学代会、家长委员会也是学校的问责主体，还包括学校外部的公众和舆论媒体对学校的问责。

2. 建立行政—学术分工合作的学校治理模式

学校组织具有行政性和专业性两种基本属性，行政机制和专业机制是两种不同的治理逻辑，这使得学校管理中通常会出现科层取向与专业取向之间的矛盾，与之相应的行政权力与学术权力的互动和配置方式直接影响到学校的管理效益。学校中行政与学术的矛盾性体现在：一方面，学校管理并不具有纯粹的行政色彩，学校管理人员在承担管理性工作的同时，也会兼任一些教育教学业务工作；另一方面，学校中学术的独立性也不是非常明确的，尤其是在中国传统的“官本位”文化和科层式学校管理体制的环境下，教学专业人员的专业自主权和学术权力往往会受到行政权力的干预、甚至支配。现代学校制度的建设要尊重学校组织的专业权威和地位,为了尊重和保障学校学术权力的独立性,现代学校需要建立行政—学术分工合作的治理结构,在学校层面建立学术委员会,由学校内部具有较高学科水平、教育教学水平、丰富教学经验、高尚师德的教师组成,负责审议学校的教育教学专业事务,包括:对学校教学质量状况进行评估,指导教师开展教育教学研究,负责教师教学水平和教学能力的评审鉴定工作,等等。

案例链接 9-1

杭州市××中学学校学术委员会章程①

第一章 委员会宗旨

第一条 为进一步推进××中学的校内民主化进程,保障校内的"学术独立和学术自由",保障教师的合法权益,特制定《杭州市××中学学术委员会章程》,经××中学教工代表大会讨论通过后实施。

第二条 在"为我们共同的孩子开创光明前途"的办学理念指导下,促进和保障学校学术独立和学术自由。

第二章 任务和性质

第三条 委员会的任务

1. 对将要引进、招聘的教师和聘用期将满的教师做出教学业务评估。
2. 对申报晋升职务的教师做出教学业务评估。
3. 对满意度低或者家长、学生投诉较集中的教师做出教学业务评估。
4. 对竞聘上岗教师做出教学业务评估。
5. 担任校内教学比武活动评委。
6. 参与评选"教坛新秀""校园名师"等。
7. 参与校内教师的等级审核、确认工作。
8. 参与校内科研活动和科研评审。
9.选举新的学术委员会成员。
10.为学校提升教育教学质量做好各项咨询工作。

第四条 学术委员会的性质

××中学学术委员会是独立于学校党务和行政的教师学术自治组织。

第三章 委员会组织

第五条 委员会的组织

1. 委员会由师德好、教学业绩卓越、教学业务能力强、学术水平高、受学生欢迎、受教学

① 周俊.现代学校制度建设的理论与实践[M].杭州:浙江大学出版社,2010:38,75.

同行好评的非行政干部的教师组成。

2. 委员会由五到七人组成,任期三年。

3. 委员会主任、副主任由委员会选举产生,任期三年。

4. 委员会成员可以连任,无任期限制,直到离校。

5. 委员会的所有决议均应由超过所有成员三分之二的成员,通过无记名投票方式,以超过三分之二票数产生最后决议。

6. 委员会全体会议由主任、副主任主持,工作计划、总结等均由委员会独立制定。

7. 学校教导处代表行政协调委员会工作。

第四章 委员会工作

第六条 委员会主任的工作

1. 制定委员会工作计划或者总结草案、确定会议议题,主持委员会工作、发布工作信息、沟通与学校行政的关系。

2. 主任或者副主任根据学校工作安排,可应邀列席校务会议。

第五章 委员会规定

第七条 委员会的自律规定

1. 委员会应保持独立性,保证学术纯洁,不受外界干扰。

2. 委员会应积极开展活动,保证工作正常、连续。

3. 委员会应教育委员们努力学习,进一步提高业务水平和科研水平,凭学术良知和科学理想的态度做出公正而客观的判断。

4. 委员应十分珍惜自身荣誉和委员会荣誉,发扬优秀师德风范和学者风范,为全体员工做出表率。

第六章 委员会与行政

第八条 学校行政和学术委员会的关系

1. 学校行政应十分尊重委员会的独立性,尊重委员会决定,参考委员会集体做出的判断。

2. 学校行政将委员会活动的经费纳入学校的财务预算,确保委员享受必要的津贴。

3. 学校行政对委员会的工作只有建议权,没有决定权。

4. 学校行政应为委员会的工作创造良好的环境。

5. 如学校行政认为本届委员会无法正常履行章程所规定的工作任务或者自律规定,可以建议教代会解散并重组委员会。

6. 学校行政认为委员会某成员无法胜任教师工作或者委员工作,或者有严重错误的,可建议委员会免除其委员职务另行增补;如委员会反对行政提出的免职建议,学校行政可提交教代会讨论表决;如委员会评选的新委员或者免除委员职务,学校行政认为不妥的,可建议委员会复议,如委员会拒绝,学校行政可向教代会提议表决。

××中学学校学术委员会强调以专业为先,尊重教师的专业地位,能够客观而公正地解决教学专业问题。例如,一次期末考试后教师集中阅卷,一个年级组的老师因为披卷中对评分标准和要求产生分歧，闹得很不愉快。一位新调入的教师找到主管校长反映问题，按照惯例，校长会出面了解情况，对事情进行处理，可是这件事情涉及教学专业问题，因此，校长联系了学校的学术委员会，请他们来处理教师的投诉。学术委员会认真听取教师意见，从专业的角度审查试卷评分要求和标准，重新梳理了所有试卷，统一了标准，让年级组的教师心服口服。

案例论坛

1. 学校学术委员会的学术权力有哪些类型？
2. 学校中学术委员会的委员选拔标准有哪些？
3. 您认为应该如何处理学校中行政权力与学术权力的关系？

3. 完善民主参与式的现代学校内部管理制度

现代学校制度追求的伦理价值中，最为重要的是体现民主性和公平性。“人类在社会合作中设置制度的目的在于分配各种权利和义务，与制度最为密切的伦理价值就是正义或者公平。”①在一个组织中，成员对于无效率制度的容忍性远远大于对不公平制度的容忍度，只有效率而缺乏公平的制度往往会由于成员的不认同和抵触而产生巨变。因此，民主和公平是现代学校制度最为基本的伦理价值追求。在长期的集权式教育体制之下，我国学校制度的制定和实施通常采取一种自上而下的方式，这在相当程度上限制了学校内部各类主体参与构建学校制度的自由度与自主性。一旦学校制度建设缺乏相关利益主体的参与，学校成员就可能对执行和遵守制度产生一种排斥心理，直接阻碍规则被有效执行和贯彻。现代学校制度，尤其是直接涉及学校内部人员切身利益的学校内部管理制度，要保障各主体在利益分享上的正当性，保障各类主体在制度建设的过程中能积极地发出自身的声音，有效地维护个人利益的合法性和正当性。制度公平不仅包括制度对利益分配结果的公平性，也包括分配过程的公平性。制度出台的过程不是简单的形成文本的过程，而是各方利益团体的博弈均衡，利益团体全程参与的过程是对制度内容认同理解的过程，这个过程比制度本身更有价值。从制度公平理念出发，现代学校要设计和制定一整套学校的民主管理制度，确保所有学校成员的基本民主权利，如知情权、表达权、参与权、表决权等，这是现代学校制度建设是否成熟和学校管理是否有效的重要标志。

案例链接 9-2

“草根式”出台的教师考核制度②

许多学校都有教师激励制度，如星级教师、骨干教师、教师职级等，这些制度对促进教师

---

① 陈燕.公平与效率[M].北京：中国社会科学出版社，2007：272.

② 周俊.现代学校制度建设的理论与实践[M].杭州：浙江大学出版社，2010：56-58.

的自主发展起到了积极的作用。于是，某学校领导也欲尝试在学校中推行星级教师制度。文稿起草前，学校领导班子认真参考了几所兄弟学校的做法，又经过反复对比、斟酌。在拟订讨论稿的时候，校长将它定位在促进教师集体的进取之心，同时，为学校培养名师创造条件。最后，学校领导班子信心满满地准备在教代会上提交教师讨论。

但是，令他们意外的是，在教代会上，大多数教师对该方案持反对态度。尽管反对的理由各种各样，但总的来说，教师们觉得，一方面，这个方案中将教师工作分教学、教育、科研等几个方面，通过若干个指标进行评价，达到一定的标准后评为相应的星级，鼓励教师冒尖，一改往日“干好干坏一个样”的积习，有利于激发教师的工作热情，同时，也为那些有才能的教师发挥个人风采提供了平台。但是，另一方面，该方案却又人为地将教师群体置于相互竞争之中，用星级的方式把教师分为几个等级。也就是说，对于评上星级的教师来说，他们的工作业绩获得了肯定，但对于那些平日里默默奉献的教师，特别是对于从教几十年的老教师们来说，方案并没有提出一套认可人们工作成绩的方式，也就是面临着“淘汰”的风险。学校似乎变得不那么讲“人情”了。因为，仅仅凭借一种简单竞争的方式，或者单一的评价制度，只能让少部分人受益，而对于那些没有评选上“星级”的教师们而言是不公平的。尽管学校领导反复协调，数易其案，但该方案在一片质疑声中被否决了。

由于这个原因，学校依旧没有教师考核制度，工作的好坏没有评价的标准，自然也没有激励作用，教师习惯以个人喜好来评价工作，并认为这是民主的表现。学校要制定考核制度，与教师的奖金挂钩，这对于习惯了“民主”价值观的教师们来说接受这个制度很不容易。学校决定尝试采用“草根式”的方式来制定这个制度。学校行政会讨论决定组成“制定考核制度项目组”，项目组人员的组成采取自愿和指定相结合的方式选择。校长和工会主席任组长。组长提供样本，让项目组成员“挑刺”，然后，布置任务：“你认为合理的考核制度应该有哪些内容？”一周以后，请项目组成员自由发表意见，由于每个人的出发点不同，所以意见的分歧相当大，在会上大家争论十分激烈，甚至针锋相对。但形成了几个相对集中的意见：考核是促进学校发展的，很有必要；考核要奖励工作量大、教学质量高、提优明显或者改变班级落后面貌明显的教师。有了这样的认识后，项目组提出了框架性意见，即考核分出勤、师德、教学科研、班主任工作四大块内容；项目组成员分为四个相应的小组，在部门负责人指导下，拟定考核细则；第三个星期，由项目组成员深入教师中解释细则，并听取修改意见，将意见汇总组长处，在行政会议上，认真审议考核条例；最后，提交教代会讨论。在讨论过程中，虽然个别教师对奖金多少提出异议，但许多教师都认为，考核目的不是让教师拉开奖金数，而是激励教师轻负高质，如果不考核，对认真工作的教师不尊重。这样，一份令教师们满意的教师考核制度历经波折，终于出台了。

案例论坛

1. 从制度公平角度分析，校长带头制订的教师考核方案遭否决的原因有哪些？
2. 一般而言，教师参与学校内部管理的参与领域与途径有哪些？
3. 请设计一个“草根式”的教师绩效考核制度出台方案。

4. 建立现代教师人力资源管理体系,促进教师专业发展

教师人事制度和分配制度是现代学校内部管理制度变革的一个敏感话题。在学校教育中,如果不考虑学生的家庭背景,教师是影响教育质量的最关键因素。因此,一套科学有效的现代学校教师管理制度是提高学校效能的关键。我国教师管理制度变迁与教育体制改革、公共事业单位改革、公务员制度改革等多项社会改革相互呼应。在计划经济体制下,学校教师管理模式采用事业单位人员管理机制,带有浓厚的事业单位人事管理色彩,没有体现教师专业人员的职业属性。改革开放以来,国家高度重视高质量教师队伍建设,陆续建立教师职务制度、资格认证制度、岗位聘任制度、评优推先制度、教师考核制度等,推进了教师管理的制度化、专业化进程。但从目前教师管理理念与模式看,政府和学校对教师的管理仍没有突破传统的事业单位人事管理方式。以教师绩效考核制度为例,在实施绩效工资的背景下,教师绩效考核制度暴露出一些突出问题:考核目的仍强调考核作为学校发放绩效工资、岗位聘任、评优评先的依据,忽视促进教师专业发展的价值;考核指标仍然沿袭"德、能、勤、绩"的公共部门人事考核框架,指标的性质偏于量化的、客观性业绩评价指标,无法体现教师的专业工作特质;考核流程是一种单向的、标准化流程,缺乏教师的参与、对话与沟通机制。教师是学校持续发展的重要人力资源基础,现代学校需要转变传统的教师人事管理理念,建立促进教师专业发展的现代人力资源管理体系。在绩效考核方面,学校要从注重过去业绩评价的奖惩性教师人事考核模式转向到建立一种全程的、综合性的教师绩效管理体系,一个完整的教师绩效管理流程包括制订绩效计划、实施绩效计划、绩效监测与评估、绩效辅导与改进四个基本环节,学校要着眼于教师绩效管理过程的各个环节进行相应的制度设计,通过建章立制引领教师的专业成长,从而提高教师个体的绩效水平最终提升学校组织的整体绩效。

案例链接 9-3

××中学促进教师发展的区分性教师评价制度①

××中学以促进教师发展为目标,构建和实施基于教师差异的"个性化、区分性、服务性"的教师评价制度。

一、实施"因材施评"的个性化教师评价标准

学校制定《教师自主选择申报教师个性特色评价项目实施办法》,让每位教师充分结合自己的教育教学个性特色和独特的教学风格,填写《教师个性特色项目申请表》,整理所填项目的过程材料和阶段成果,如班级管理有方、备课有特色、教学辅导有个性、教具与学具有创新、自主作业设计、个性化阅读、校本课程开发、学生评价创新、辅导竞赛、社团活动指导等

① 周俊.现代学校制度建设的理论与实践[M].杭州:浙江大学出版社,2010:120-139.

方面,切实体现“人无我有、人有我优、人优我新”的独特性,学校按照其独特性和显著性,给予相应的评价。

××中学教师个性特色项目申请表

姓名		学科		工作时间		学历		职称	
个性特色项目名称									
个性特色项目解释									
个性特色项目教学价值									
个性特色项目评价方式									

二、构建多主体、多目标、多项目的教师评价方案

学校以往的教师评价项目主要强调教师的工作量和质量指标两大方面。新的教师评价制度从多个角度设置评价内容,包括师德、教科研、课堂教学、班主任工作、教学成绩等,着重于单项评价,而不仅仅是给出一个整体评价结果。

××中学拼盘式教师绩效评价方案

评价指标	评价主体	评价时间	评价方式
教师行为规范	学校领导同事	学期终	领导、教师、学生问卷
教学(常规教学环节)	教务处教科室	学期中	有标准地检查各项教学量表(以华东师大课程观察量表为基点)
教学展示课	学科教研组长	学期中	专用展示课评价
教学专题研究课	教务处、教科室记录任务小组活动档案	学期中	角色和研究改进记录
校本课程开发	学生档案记录	学期中	课程建设与开发资料
教育科研	教科室	学期终	年会、论文答辩
班主任工作以及学校兼职工作	政教处办公室	学期终	班级特色分析量表、工作成果、创新评价量表

三、采用区分性教师评价制度推动不同层面教师的专业发展

学校根据教师不同的成长阶段,把教师分为新手教师、经验教师、需援助教师,对于不同层次的教师给予不同的评价。对于经验教师,制定了《名师成长规划》和《校骨干教师、学科带头人评比及其管理办法》,评价周期2~3年。新教师的评价体现刚性内容的比较多,评价周期往往是一个学期,学校基于发展新手教师的教育教学能力的前提,开展了新手教师与资深教师结对,由结对过程中该教师的相关表现及其所取得的成绩作为评价的发展性材料,构建了合理的评价流程:为新手教师安排成长顾问—新教师与结对教师一起讨论专业发展规划—在学校相关职能部门监督下执行—顾问教师与新教师在规划框架内做成长跟踪报告—分析并再次合理规划—向学校教师专业发展规划组委会提交建议。

四、精心设计和提供教师专业发展支持性资源

教师评价的目的不是控制教师，而是促进教师的发展。因此，学校根据教师评价的结果，基于教师内需成长，提供各种资源支持教师持续的专业发展活动，包括开展课题行动研究、协作式教育叙事研究、“照镜子—促反思—共成长”课例研究活动、德育技能探讨例会等。

××中学教师自我评价与发展需求表

项目	内容
在你的工作中，你最认可的有哪些方面？	
在你的工作中，你认为需要改进的有哪些方面？	
你在专业发展中遇到哪些困难？	
在过去一年或者两年时间内，你采取何种途径提升自己的专业水平？	
在未来一年或者从长远来看，你希望用何种方法来提高你的专业水准和丰富你的教学经验？	

案例论坛

1. 案例中的教师评价制度的主要特征有哪些？
2. 您所在学校的教师评价制度设计与实施的主要问题是什么？
3. 请您设计一个本校教师评价制度的改进方案。

（三）构建现代学校制度的保障：构建学校—社会良性互动机制

《国家中长期教育改革和发展规划纲要（2010—2020年）》明确提出“建立中小学家长委员会，引导社区和有关专业人士参与学校管理和监督”，这为当前推进现代学校制度建设提供了一条重要路径，即社会参与路径的现代学校制度建设。社会参与体现了公民依法享有的公共教育事务管理权的回归，有利于提高学校的自组织能力，也促使学校教育服务能够更加贴近社区和民众需求。构建和谐的学校—社会良性互动机制可以从密切学校与社区联系、家长参与学校管理和建立教育中介机构三条路径展开。

1. 建立学校与社区的紧密互惠关系

学校与社区建立密切关系的目的有两个：争取获得对于学校的公共支持，改善学生学习与成长的质量；提出社区的目标以改善社区的生活质量。因此，学校与社区之间应该是一种互惠、合作关系，而不是“学校中心”的单向支持关系。从社区对学校的贡献看，社区是学校进行生活教育实践的场所，社区的环境与生活可以为学生提供认识乡土风情与各种学习机会；社区可以提供教学的相关资源，社区内的机构可以提供实际参访或相关资料的服务，来自各行各业的家长或社区居民可以是配合学校教学的资源；社区也是支持学校发展的动力，社区实际生活中所反映出来的问题，如生态、环保、卫生、健康、终身学习等问题都可以成为学校教育的拓展领域。在建立学校与社区的关系上，学校不能够只是强调“善用社会资源，

促进学校发展”，也要发挥学校对于社区文化精神建设的价值，包括：学校透过乡土教育与相关课程整合，增进社区学生与居民对当地人文景观的了解，提升社区凝聚力；学校开放学校资源与社区共享，将学校建设成为社区的精神中心、文化资源中心；学校教育通过倡导的价值，对社区文化产生冲击。

2. 建立家长参与学校行政与教学的制度

在当前学校教育中，家长参与是非常重要的一个环节，它是父母教育权的体现，也是促进学校管理民主的重要意蕴。家长参与包含以下三个层面的意义：第一，在广义上，指家长关心自己子女的教育所采取的任何行动，如配合家访、参与亲子共同的作业或活动、提供教学的建议、参与学校义工或决策等。第二，指家长参与援助学校教学与辅导的相关活动，如学校义工、参与校外教学等。第三，狭义上指家长参与学校的决策过程，如家长会代表出席教评会、校务会议等。家长参与实质上是父母教育权的保障和实现。家长教育权利是指学生家长（未成年人的父母或法定监护人）依法享有的、与子女或被监护人接受教育相关的各种权利，包括为子女选择不同类型学校和同类学校的权利、决定学校某些课程开设的权利和为子女选择某些课程或课程内容的权利、参与国家和地方教育政策制定的权利、参与学校民主管理的权利等。家长教育权利主要在学校层面实现，其实现程度与学校的内部管理体制、管理思想和经营模式有很大关系。例如，付费上学的私立学校家长的愿望和意见能够更多地被学校重视和采纳，但公立教育体系内部的封闭性管理体制从根本上制约了家长教育权的实现。在现代学校制度建立过程中，家长教育权利制度的建设非常重要，现代学校制度建设应该从学校管理体制和制度上明确并落实家长的教育权利：第一，现代学校制度建设要从法规上明确赋予家长的教育权利的内容，包括：家长为子女选择不同类型学校的权利、家长参与学校民主管理尤其是在重大问题上的决策参与权利、家长决定学校某些课程开设和课程内容选择的权利等。第二，完善学校管理体制，切实保障家长教育权利。公立学校要打破一直以来囿于政府部门和学校内部的封闭性管理体制，建立家长参与学校管理的体制机制，如成立由多方教育利益团体（教育行政部门、教师、社会人士、家长代表等）组成的学校董事会，形成学校重大事项上（校长遴选、财务、课程开设等）的集体决策机制；将家长参与学校民主管理的制度写入学校章程并建立相应的监督机制；规范家校合作制度的内容，包括家校合作的目标与规划、家校合作的互动平台、家校合作的考核评价与奖惩措施等。第三，学校可以采取一些宣传、教育形式提高家长教育权利的维权意识和能力。

案例链接 9-4

××小学关于学生作业的家长问卷调查①

各位家长：

① 周俊.现代学校制度建设的理论与实践[M].杭州：浙江大学出版社，2010：77-78.

为了不断追求“轻负高质”的教学目标，××小学坚持从理念引领、培训提高、制度规范等多个层面提高教师的认识水平和教学能力。不可否认的是，我们的学生始终面临着升学的竞争，面临被社会选择，同时家长的需求不一，教师的认识和能力不一，不同班级、学科、学生发展不均衡。为了进一步提高办学质量，我们针对全体家长做一个有关学生作业的问卷调查，一来是了解家长的想法和态度，二来是了解教师们布置作业的成效。请您在百忙中完成问卷。为了保证问卷的真实性，解决家长的顾虑，问卷只要求您填写孩子所在的年级，不需要填写学生或者家长的姓名，问卷不必上交给班主任，请孩子进校门时直接投入信箱。我们将认真收集家长意见，整理出具有代表性的问题，不断促进教师提高教学水平。

感谢您的配合！

学生所在校区　　　　　　　　学生所在年级和班级

1. 有些家长认为小学没有必要布置那么多的课外作业，童年应该是快乐的；而有些家长认为小学很重要，孩子不能输在起跑线上，作业太少，孩子就吃亏了。您同意哪种观点，为什么？

2. 学校提倡教师分层布置作业，如果老师按照难易程度来分层布置作业，您同意这种做法吗？为什么？

3. 您最欣赏老师布置的哪些类型的作业，为什么？您最不喜欢老师布置的哪些作业，为什么？（可以从家长和孩子两个视角谈）

4. 据您的观察，您的孩子的老师布置的作业的量是偏多还是偏少？哪些作业是没有必要的，哪些作业是应该加强的？

5. 您是否赞同教师对经常不完成作业的孩子采取“罚做”方式给予惩罚？为什么？

通过这份作业问卷调查，学校管理者了解到了家长对教师布置作业的希望和教师布置作业中存在的问题。例如，对于分层布置作业的问题，有85%的家长表示反对分层，这与学校的认知相违背，经过分析，了解到家长反对的主要理由是担心分层作业无形中将孩子分成了三六九等，伤害了孩子的自尊心。这不是分层作业本身的问题，而是由于目的不明确造成的简单操作引发的问题。学校在教学管理中认真研究对策，提出“作业改进”的要求，提倡作业布置的开放性的特点，学生在完成作业时根据自己的能力和兴趣选择了不同的答题方向，实现了分层作业、因材施教的目的。

案例论坛

1. 关于作业的家长民意调查的主要目的是什么？
2. 现代学校可以采取哪些方式建立家校互动平台？
3. 您认为目前学校在家校互动管理工作中主要存在哪些问题？

3. 培育教育中介机构，有效参与学校治理

教育中介组织，是指按照一定的法律、法规、规章（或根据政府委托），遵循独立、公开、

公正的原则,在教育活动中发挥沟通、公证、监督和评价功能的机构,如教育决策咨询研究机构、教育信息管理机构、教育督导与教育评估机构、行业协会等。教育中介组织是连接政府、社会和学校之间的桥梁和纽带,它既不是政府的附属物或者派出机构,也不是学校的代言人或者办学实体,而是介于政府与学校之间发挥着双向服务、双向沟通的职能。教育中介组织存在的主要价值在于鼓励社会各界广泛参与教育决策与教育管理,提高政府教育决策和管理的科学化、民主化水平,同时促使学校组织建立自律机制。目前,我国教育中介组织基本上还处于起步和逐步培育阶段,存在着发育不成熟、类型贫乏且分化不够、与政府的关系模糊等问题。在全球性的公民社会思潮下,教育中介组织在教育权力配置过程中需要处理好与政府、学校、市场三者之间的关系。从政府层面看,教育中介组织本质上是一种非政府的社会权力运作主体,它要从对政府的依附关系转变为一种合作伙伴关系,即得到政府的支持和自主,又需要受政府的规范和引导;从学校层面看,教育中介组织为整个学校教育市场提供专业服务,是对学校办学行为和办学质量的一种社会评价和监督力量,有助于促进学校自律;从市场层面看,各类教育中介组织的存在促进办学市场中权利结构的多元化,多元权力主体的相互制约才能保证教育资源配置效率的最大化,在资源交换的过程中促使学校乃至整个办学市场良性发展。

拓展阅读

1. 朱小蔓.基础教育阶段现代学校制度的理论与实验研究[M].北京:教育科学出版社,2007.

2. 范国睿.多元与融合:多维视野中的学校发展[M].北京:教育科学出版社,2002.

3. 徐冬青.公共治理:现代学校制度建设“新探索”[M].南京:江苏教育出版社,2011.

4. 周俊.现代学校制度建设的理论与实践[M].杭州:浙江大学出版社,2011.

5. 蒲蕊.政府与学校关系的重建[M].武汉:武汉大学出版社,2009.

6. Robert R.教育人力资源管理:一种管理的取向[M].褚宏启,等,译.重庆:重庆大学出版社,2003.

专题十

改革学校道德教育：重塑中国基础教育的"灵魂"

问题导读

1. 学校德育的基本理念包括哪些方面?
2. 社会转型期学校德育面临怎样的挑战?
3. 当前学校德育存在的问题有哪些?
4. 学校德育改革的举措有哪些?

学校道德教育作为全面发展教育的重要组成部分,一直以来都备受关注。但是,由于各种原因致使德育效果长期低效甚至无效,学生思想道德的发展受到严重影响,学校德育工作面临着前所未有的挑战。为此,学校应当创造育人为本的制度和精神文化氛围,推动教师成为有道德教育意识和能力的人,突出学生的道德主体地位,激发其道德体验,促进师生、生生间的沟通与对话,以期改善德育现状。

一、学校德育的基本理念

德育理念是指人们经过长期蕴蓄而形成的关于德育发展的一种理想性、精神性、持续性的相对稳定的价值追求,具有科学性和前瞻性。它是"德育的根本指导思想",决定了德育的发展方向,也是德育改革成败的关键,因此,"提升德育理念是德育深层次改革的需要,是德育改革的最高境界"。①

(一)以人为本,培养完人

人本德育,就是以"人"为出发点,以"人"的方式对待人,以"成人"为目的的德育。② 学

① 班华.德育理念与德育改革[J].南京师大学报(社会科学版),2002(7):73.

② 杨超.现代德育人本论[M].广州:广东人民出版社,2005:95.

校德育树立"以人为本"的理念,是把社会所要求的、具有全面综合素质的"人"放在一切教育活动的中心,坚持人的自然属性、社会属性、精神属性的辩证统一,充分发挥人的主观能动性、积极性和创造性,按照一定社会的要求和德育过程本身的规律,促进个体个性化基础上的社会化,达到个性化与社会化的统一,使之成为具有社会所要求的品德而又不失个性的社会成员为根本的指导德育实践活动的理念。以人为本的道德教育,相信道德是为人的生命成长和幸福生活而创造的,"人的需要既是人进行道德创造、道德辩护的根本动力,也是其根本目的"①。所以,"道德教育不仅强调提高国民整体素质,保障民族和国家的长远利益,同时必须尊重学生的人格尊严、身心特点和发展规律,关注学生个人的生活及生命状况,关心其成长的烦恼和需求,并且在关爱中引导学生的道德需求,实现道德引导、提升之目的"②。

以人为本的德育,是以人的发展为立足点,积极倡导以人为中心的德育理念,凸显了对人的全面发展的要求。人的全面发展观是在人的历史局限的与人的无限发展的可能性两者既矛盾又统一的基础上提出来的,集中表现了人追求本身完美的观念状态。③"完整的人是以品德(或德性品格)发展为内核和基础的。如果用球型隐喻人的发展,那么品德就是球心,也是支架。它处于内核,可以统摄整个球的内涵和球面,与人的身体、智力、情感和审美发展都有密切关联,因此,对人的整体发展具有支撑性、延伸性和统摄性作用。"④德育是学校教育的重要组成部分,是贯穿培养全面发展的人的各种教育的灵魂和核心。德育对人性整体素质的提升,对人性完美的向往,其根本在于对人自身全面发展的追求,它把教育与人的个性、自由、尊严、幸福和价值紧密联系起来,体现出人文关怀和道德实践归属。它要求教育的培养对象,不仅仅是一个劳动者,更是有明确奋斗目标、高度审美情趣,既能创造又懂得生活的全面发展的人;关注人、培养人和发展人既是德育的出发点,也是归宿。

总之,以人为本的德育的根本目的就在于对人性的唤醒和尊重,最广泛地调动人的积极因素,最充分地调动人的创造力,最大限度地发挥人的主观能动性。因此,以人为本的德育主张培养和发展多方面和谐发展的人,即我们常说的"人的全面发展"。

(二)关注当下,回归生活

道德问题广泛地存在于学生的生活中,学校道德教育也应该在学生广泛而真实的生活中进行。

道德源于生活。⑤ 道德产生的前提是人类长期的生活、生存实践。鲁洁教授曾指出:"在长期的生活、生存实践中人类逐步形成了一种具有道德指向的生活方式,这也是人类所特有的生活方式。在这种生活方式中蕴含着具有道德内涵的社会文化和人的精神气质。人

① 戚万学,唐汉卫.以人为本的道德和以学生为本的道德教育[J].中国教育学刊,2003(1):7.
② 朱小蔓,刘次林.转型时期的中国学校德育[J].上海师范大学学报(哲学社会科学版),2009(6):25.
③ 张澍军.德育目的与人的全面发展观[J].学校党建与思想教育,2003(3):16.
④ 朱小蔓,其东.面对挑战:学校道德教育的调整与革新[J].教育研究,2005(3):4.
⑤ 高德胜.道德教育回归生活的基本问题辨析[J].南京师大学报(社会科学版),2005(5):75-76.

类之所以形成具有道德指向和有道德内涵的生活方式，是因为人的生活是一种不断超越中的生活，是在永远追寻更加美好生活中的生活，生活本身总是在赋予生活以更大的价值，这种生活的向善性就是道德存在的生活论根据，也是道德存在的本体论承诺。道德不是源自于神的意旨、先验的理性，也不是来自生活以外、生活之上的某种知识与理论，道德基于生活，生活是任何道德生成的普遍性前提。”①

德育必须回归生活。“‘回归生活’的道德教育倡导以生活为逻辑来组织德育过程，不再将客体化、理论化、普遍化的道德作为道德的主要存在形态，不再完全寄托于依靠知识化的学习来培养学生品德，而将生活视作道德的源泉，将过有道德的生活（不是道德知识的获得）作为德育的根本目的。”②回归生活的道德教育要联系生活、贴近生活，关注学生的现实生活，直面生活中的问题和困境，反对在知识的“真空”中进行道德说教、道德灌输；回归生活的道德教育要求德育工作改变远离学生生活实际、过分理想化和封闭于学校之中的现象，切实从学生的生活出发，基于生活中的现实，面对生活中的需要，解决生活中的问题与困惑，鼓励学生在生活中学习生活，过有道德的社会生活。③“回归生活道德教育就是要让学生在热爱生活、了解生活、亲身感受生活的过程中来培养德性，学会过一种道德的生活，而不是在现实生活之外的另一个或抽象或说教的世界里去培养一个人的道德。”④总之，“回归生活世界的根本要义就是在使教育回到人、人的生活中来，把促进人的发展和生活的完善作为教育的根本出发点和归宿”⑤。

（三）知行统一，重视践行

知行统一，是德育的内在要求，关键在于践行。

知行统一，即教育者在自身具备良好道德修养的前提下，通过德育理论与德育实践使受教育者在接受相关的德育理论、形成理论自觉的基础上能够在社会实践中不断地身体力行。因为，“道德规范从来不是一个单纯的理论问题，道德只有和人的行为统一起来才具有其社会意义和社会价值”⑥。道德就其本质而言，即含有“知”“行”两个范畴。知和行，或道德意识活动和道德实践活动本就是相互依存、相互促进的。真正意义上的道德实践活动必须出自一定的道德意图，必须是主动对人与人关系自觉体验认识之后形成的在一定的动机指导下做出的；真正意义上的道德意识活动也必须落实在行动上，转化为人们完善社会和自身的行为实践活动。只行不知，不能算道德上的行；只知不行，也不能谓之真知。只有两者相互结合、融为一体，才能形成真正的道德。正如朱熹所言：“知与行，功夫须并列，知之愈明，则

① 鲁洁.德育课程的生活论转向[J].华东师范大学学报（教育科学版），2005(9)：11.

② 钟晓琳，朱小蔓.德育的知识化与德育的生活化：困境及其“精神性”问题[J].课程·教材·教法，2012(5)：94.

③ 朱小蔓，刘次林.转型时期的中国学校德育[J].上海师范大学学报（哲学社会科学版），2009(6)：26.

④ 李敏，朱小蔓.德育进步与教育改革引领下的初中思想品德课程发展[J].当代教育科学，2011(22)：13.

⑤ 鲁洁.教育的原点：育人[J].华东师范大学学报（教育科学版），2008(4)：15.

⑥ 张继缅.中华儒学精髓[M].北京：中国物资出版社，1995：89.

行之愈笃;行之愈笃,则知之益明,二者皆不可偏废”。[①] 因此,我们在强调道德认知的同时,必须重视情感熏陶、意志锻炼和行为的养成,实现知行统一,真正提升受教育者的道德意识和道德行为,这是德育的根本要求所在。

知行统一,贵在践行。“纸上得来终觉浅,绝知此事要躬行。”只有当学生能够自觉地将道德认知转化为道德实践时,德育才是有效的,也就是说,不引向实践的品德是毫无价值可言的。而且,德育实践也是克服学生言行不一的最好途径。[②] 因此,德育的内容即“知”不是纯粹知识性的东西,仅仅让学生知晓和理解道德内容是远远不够的,如果不能把所学的道德知识运用到实践中去,不仅难以提高自身的道德素质,而且道德水平也无法得以体现。因此,德育不仅有开启理性解惑传道之责任,更注重到达实处的实践要求,即要求受教育者具备道德践行的能力。德育就是要使学生的道德认识内化并升华为道德信念和道德理想,再将其转化为惯常的道德行为。培养学生良好的行为习惯,实现由知到行的转化,做到知行统一才真正实现了德育目标。

(四)从“好孩子”到“好公民[③]”

对“好孩子”的狂热和迷信最终无法实现“完人”的道德梦想,只有“好公民”才是理性、现实的道德选择。[④]

传统教化要培养的往往是“好人”或“好孩子”,这不但没有解决个体生存和发展中遇到的许多问题,反而制造了许多新问题。“好孩子”的教育只需寻求知识的确证性,但却漠视了一切有关儿童情感的价值问题,漠视了儿童的情感和他的一切精神的存在,造就了“理性”的儿童。他们会自觉或不自觉地将“好孩子”当成自身的自在存在,自觉主动地去追求

---

① 《朱子语类 · 卷一四》

② 江泽民.关于教育问题的谈话[N].人民日报,2000-03-01.

③ 多数学者倾向于将“citizenship”译作“公民资格”,也有学者将其译成“公民身份”(如郭忠华将英国学者 Derek Heater 的著作 What is Citizenship 翻译成“何谓公民身份”)或“公民权”(如刘满贵将美国学者 Judith N. Shklar 的著作 American Citizenship-the quest for inclusion 译成“美国公民权—寻求接纳”),本文采用“公民资格”的译法。

在这里,所谓的“好公民”,就我国目前的现状来看,就是指合格公民,即一个在法律上合法的公民,其参与社群的品质能够合乎人们对一般“公民资格”应有品质的期待。换言之,一个合乎法律定义的公民能够善尽其作为公民应有的职责才算是一个真正的公民。笔者之所以选择法律意义上的“合格公民”是基于以下原因:首先,在公民理论的相关讨论中,容易将两个不同的概念混为一谈,“以法律地位来界定的公民观”(citizenship-as-legal-status),即在特定政治共同体中完整的成员资格;以及“以合意行为来界定的公民观”(citizenship-as-legal-status),指公民属性的范围与质量,是指公民在这个政治共同体中的参与作用。(见,许纪霖.共和、社群与公民[M].南京:江苏人民出版社,2004.)其次,在对“公民资格或公民身份”的评判中,首先是从法律意义上询问“作为一个公民意味着什么”,包括其应该享有的权利及应尽的职责,其次才是对以行为来界定的公民概念的讨论,此类讨论多强调公民的责任与德性。虽然多数学者认为一种适当的公民理论应该更多地强调责任与德性,但是少有论者提议以剥夺消极人群的公民资格这类方式来换取修正那种以法律地位界定公民的理论。最后,在英国和美国等国家,当被问及公民资格意味着什么时,人们谈论更多的可能是权利而不是责任,对大多数人而言,公民资格意味着拥有权利的权利。但是,就我国当前的现状而言,公民意识觉醒的较晚,公民教育几乎等同于道德教育,道德教育又多为德性说教,公民的权利意识及能力教育则极为薄弱。基于此,强调法律意义上的合格公民,即既具备权利意识和能力,又能善尽其责的公民,应是一种现实、冷静的选择。

④ 袁宗金.学校道德教育的转向:从“好孩子”到“好公民”[J].教育理论与实践,2005(5):43-44.

社会所要求的规范、行为，以求得社会及他人的认可。这造成的结果是，他们不再是他们自己，而被一种彻底的、异化的、非本真的状态所笼罩和裹挟，犹如沉睡的"乖宝宝"一样，逐渐丧失了明辨是非的能力及反抗意识和能力。

"好公民"则把学校道德教育从"圣人教育"拉回到了现实的"平民教育"，"好孩子"是脱离了个体的无根基的教育，"好公民"却找到了"根基"，找到了"存在"的"家"。"好公民"的培养就是要让德育恢复儿童的完整存在，体现了人们对现实生活的价值追问和反思。虽然现实的生活因为各种不完满性不可能实现完美，但却是有意义、有价值的，因为，首先它是真实的。因此，"好公民"要求人们首先应该学会真正关心自己，知道或者能感受到自己的真正需要所在。以"好公民"为道德教育的目标，可以有效改进学校现行的道德与社会性教育，关注学生的社会学习和生活，重视学生的自我教育和自主发展，是使学校道德教育回归人的生活世界的必然。①

然而，什么是好公民？当前并没有统一的标准。但可以明确的是：当代公民资格是指"个人在一个民族国家中，在特定平等水平上，具有一定普遍性权利与义务的被动或主动的成员身份"，②或作为"该社会成员的特定地位，其内涵包括了各种权利、法律与社会责任，并坚持平等、正义与自治的价值"。③ 因此，"好公民"既不会只强调个体权利，也不是指那些放弃一般道德考虑，完全接受权威所认定的公共善的人，而是"保持了对权利诉求的同时，也着重强化对于职责、共同体和公共善的诉求"④，并力图在二者之间寻求某种平衡的社会化个体。与这种公民资格的内涵相匹配的公民美德则至少包括两个方面的内容：一方面，与个体自由、个体权利相关，公民美德的要求体现为对个体自由、个体权利的平等尊重，是否参与公共政治活动是公民个体的自由和权利；另一方面，与参与公共生活相关，公民美德的要求体现为社会责任感、诚信、互助、忠诚、爱国主义等。⑤

案例链接 10-1

道德教育必须以人为本⑥

下午第一节课上课铃响后，我来到本班教室，想看看上课前学生们的表现。班长一见到我就马上对我说："老师，小 A 把小 B 的桌子砸坏了一个角。"怎么又是他惹事，当时我很生气，冲着小 A 喊道："你是怎么回事，明天把家长叫来！"因为我还有别的班的课，就匆忙离开

① 丁锦宏.关于公民社会时代学校德育目标的思考[J].中国德育，2006(7)：25.

② 【美】托马斯·雅诺斯基.公民与文明社会[M].柯雄，译.沈阳：辽宁教育出版社，2000：11.

③ 【英】齐斯·佛克.公民身份[M].黄俊龙，译.台北：巨流图书公司，2003：9.

④ Richard D.Civic Virtues：Right，Citizenship and Republican Liberalism[M].Oxford：Oxford University Press，1997.123.

⑤ 常淑芳，扈中平.权利与责任：公民教育的两个维度[J].学术研究，2012(3)：144.

⑥ 资料来源：郑美霞.走进学生的内心世界[N].中国教育报，2003-07-27.

了教室。

小A是我们班有名的闹将，几乎每位任课教师都向我反映过他的问题。照理说他犯点错误不新鲜，但那天我却觉得他不应该，因为中午我刚刚找他谈过话，当时他态度非常认真地接受了我对他的批评和提醒，怎么转脸的工夫又闹事呢？带着这个疑问，下课后我急急忙忙来到班里对事情的经过进行调查。小A没有否认砸桌子的事，我问为什么，他却不说话。我把他叫到办公室，让他坐下来，语气平和地耐心和他交谈，这时，他才吞吞吐吐地告诉我事情发生的原因，是班长误认为他在上课时写作业，批评了他，他感到很冤枉，而班长平时又与自己的关系不错，不好意思直接反驳他，也不想向老师报告，可还咽不下这口气，就砸了别人的桌子，发泄自己的怨气。我了解情况后，对他的错误行为没有采取严厉批评的态度，也没有再让他把家长请来，而是把班长叫到办公室，让他们两个人面对面化解了误会，并让班长当面把小A的名字从班日志上违反纪律的名单中划去。这时，我发现，小A先前那种对立、紧张的表情和目光，逐渐变为后悔和感激。他低着头对我说：“老师，我错了，我应该当时就向班长解释清楚，而不应该砸桌子。”说完，他和班长的手紧紧握在一起。看着小A，我心里有一些后悔，但从这后悔之中又得到了一丝欣慰。后悔的是一开始对待小A的态度和以前对他的态度一样，欣慰的是，通过这件事，我对小A有了新的认识，虽然他外表是个行为不羁、时常淘气惹事的孩子，但他的内心有着诚实和良知。

过了一周，我发现讲台上有一个夹子，打开一看，是我们将要学习的英语生词卡片，我问大家，是谁做的好事，一连问了几遍，始终没人回答。有位同学悄悄告诉我是小A做的，我当时心里很是惊讶，立即用赞许的目光看了小A一眼。也许是从未得到表扬的缘故，他的脸马上红了，很不好意思地低下头。对这件事，我组织了全班学生进行大讨论，中心思想就是让大家对小A有一个新的认识，他不是坏孩子，是一名好同学，大家都要向他学习。从此以后，小A变了，他不但改掉了自己的坏毛病，而且更加关心集体，特别是文化学习兴趣日渐高涨，上课积极发言，学习成绩提高得很快。

案例论坛

1. 案例体现了德育的什么理念？
2. 在现实生活中如何提高学生的道德品质？

二、社会转型期学校德育面临的主要挑战

在经济全球化的影响下，世界范围内的各种思想、文化、思潮等相互碰撞，人们的思想、道德和价值观念等不断发生深刻的变化，意识形态和价值取向日益多元化，伴随而来的是道德的失范、德育环境的恶化及德育本身的失落，这对我们既是一种前所未有的挑战，也是一种不可多得的机遇。

（一）多元文化主义的盛行导致道德的失范与无序

全球经济一体化的发展，世界文化的多元化已成为不可阻挡的世界潮流，共存的世界多元文化的联系、交流和互动日益频繁，各种不同思想和不同价值观相互碰撞、相互交融。这些碰撞、交融在给人们带来思想盛宴的同时，也使越来越多的人变得毫无底线，丧失信仰，无所适从。

1. 多元文化主义的内涵

多元文化主义是当代西方社会以民族方式处理民族文化多样性的理论和政策模式。这里的文化是去除了意识形态的外衣，从纯粹的人类理性出发，体现出不同国家、不同民族、不同生活背景和利益需求之间文化的平等与合作、宽容与尊重。对于文化的定义，人们也不再急于概括或凝练，而是以一种不断发展和辩证的思维来审视和丰富它，使之得到升华与重建。从一元思维到二元思维，再从二元思维到多元思维。“一”与“多”的辩证关系也是不断发展变化的。现代社会所要求的“一”代表着“一元主导，多元共存”或“一元主导，多元引导”的文化范式。

2. 多元文化主义的表现

“文化的多元直接挑战人类一贯秉持的一元价值理念和文化霸权，尊重个人的主体自由和选择自由，使人类原有的相对稳定的价值体系与行为方式渐趋多元化、离散化、冲突化。”①多元文化的盛行导致每个人都可能享有自己专属的文化，而且，每一种个体文化或群体文化又都有特定的价值取向，因而不可避免地产生了越来越多的频度渐繁、层次渐多、范围渐广的文化冲突。通常，这种文化冲突要得到真正意义上的缓和或消解，短时期内是很难的，或几乎不可能。结果导致几乎所有社会领域都存在多元价值，并将逐渐成为一种普遍现象。但这种多元不只是文化类型的多元，也是价值取向、道德趋向的多元，而且这种现状在相当长的时间内不会得到有效改善。就学校教育而言，多元价值取向也使学生间的思想和价值观念不断发生碰撞，不可避免地导致他们在价值观念、思想意识、道德规范上的分歧和冲突。总而言之，“当前中国社会价值观正在由一元向多元发展，原主流价值系统已受到挑战，失去原来全面主导、支配人的行为的地位，而新的主流价值体系尚未形成，更难说已经处于支配主导地位，各种不同的价值观的相互冲突依然会十分激烈。”②

3. 多元文化主义下的道德失范与无序

多元文化价值观纷至沓来，文化冲突逐渐加剧，各种不同的道德观、价值观和人生观相互交织在一起，学生不知如何选择，他们的行为方式和思想观念受到了巨大的冲击，道德行为和道德判断上产生困惑和迷茫，继而导致道德失范。道德失范是指“在社会生活中，作为存在意义、生活规范的道德价值及其伦理原则体系或者缺失、或者缺少有效性，不能对社会

---

① 冯建军，傅淳华.多元文化时代道德教育的困境与抉择[J].西北师范大学学报，2008(1)：35.

② 叶澜.“新基础教育”探索性研究报告集[M].上海：上海三联书店，1994：192.

生活和人们的个人生活发挥正常的调节和引导作用,从而表现为社会生活和个人生活的失控、失序和混乱。”[①]道德失范所反映的是社会精神层面的某种激烈冲突或危机,一般而言,它指的是这样一种社会状态:在这种状态下,社会原有的价值观念、行为方式遭到普遍否定、怀疑、甚至被严重破坏,对社会成员的约束力与影响力逐渐失去,而新的价值观念、行为方式又没有形成,或形成了人们还没有普遍接受,对社会成员缺乏有效的约束力与影响力。从个体层面来看,道德失范的严重性表现为主体由于对生存的意义和人生的目标感到困惑和迷茫,因而产生无意义感和无归属感,甚至由于自律能力的丧失而产生放纵不羁的行为等;从社会层面来看,道德失范的危害性主要表现为社会的混乱无序和动荡不安。

处于转型时期的中国社会出现了一些道德失范现象。一方面是以集体主义和为人民服务为核心的社会主义道德规范,以及利他、仁爱、忠孝、勤俭、谦虚等传统道德规范不再为人们所认同,如“彭宇案”“小悦悦事件”等;另一方面是反传统道德的利己、功利等新的价值趋向开始滋生,特别是随着社会经济、政治、文化的加速改变,各种非道德甚至反道德的现象在一些地区日益突出,假冒伪劣、坑蒙拐骗等恶劣现象触目惊心,如“毒奶粉”“瘦肉精”“地沟油”“染色馒头”等恶性食品安全事件引发全社会的广泛关注。

(二)物质主义的盛行导致道德教育的失落

进入20世纪以来,西方社会工业生产力大幅度提高,科学技术迅猛发展,物质极大丰富,人们越来越沉溺于现实的物质世界,成为物质世界的奴隶,陷入了物质主义的泥坑。

1. 物质主义(materialism)的内涵

物质主义的定义有很多,但多数研究都沿用了Richins和Dawson的定义,即把物质主义看作一种强调拥有物质财富重要性的个人价值观。一般认为物质主义者具有几个典型的人格和行为特征:① 特别看重财物的获得,渴望更高水平的收入,更重视经济安全,而更少注重人际关系。② 自我中心和自私,更愿意保留资源为自己所用,而不愿意与他人分享自己所拥有的东西。③ 追求充满财物的生活风格,不愿意过物质简单的生活,如在交通方面,他们往往会选择汽车而非自行车。④ 相对于非物质主义者,物质主义者对生活更不满意。[②]

2. 物质主义的表现

当代物质主义主要表现在以下几个方面:

一是科技至上。20世纪以来,科学技术迅速发展,借助于科技,人们开始不断地认识自然、改造自然、利用自然,并创造出日益丰富的物质财富,满足人的物欲。于是,一些人便异想天开地认为科学技术足以解决人类的一切问题。与此同时,科技至上主义“舍弃了许多人文价值的追求,导致道德荒芜,道德教育被科技教育所湮没”[③]。在崇尚知识、尊重知识成为

---

① 高兆明.制度公正论[M].上海:上海文艺出版社,2001:15.

② Richins M L, Dawson S.A consumer values orientation for materialism and its measurement: Scale development and validation. Journal of Consumer Research,1992(19):303-316.

③ 鲁洁.道德教育:一种超越[J].中国教育学刊,1994(12):4.

一种新的社会风尚的同时，虽然在中小学和大学中都开设了思想品德课，并以此作为学校德育的主渠道，但检验学生学习结果的标准并不是看它在学生思想品德形成和发展中的作用，而仅仅是看学生对课程知识掌握的多少与考试成绩的高低，导致教育过程中的重智轻德，甚至以智代德。然而，“我们切莫忘记，仅凭知识和技巧并不能给人类生活带来幸福和尊严。人类完全有理由把高尚的道德标准和价值观的传道士置于客观真理的发现者之上”①。

二是经济至上。从 1979 年改革开放到 20 世纪末，物质财富的增长成为我国社会的重要目标，由此导致经济获得了巨大发展，但道德状况却不尽人意，道德教育本身也陷入困境。

三是消费至上。第二次世界大战以后，消费主义、享乐主义席卷整个西方世界。我国在引进世界先进科学技术的同时，消费主义、享乐主义的观念及生活方式等也如潮水般汹涌而至、喧嚣尘上。人们开始尝试冲破道德、规范、传统、权威等的束缚，解放身心，追求本能、冲动的满足，感官的刺激与兴奋，非理性的快感等，从而导致整个社会道德的滑坡。正如有人言：“消费主义的意识形态使人们放弃道德追求和共同价值，而关注个人化的消费符号和消费利益，这使得个体自私化、平庸化和物质化，从而使生活中的价值选择非道德化。随着中国社会消费文化的发展，消费主义将把人们的生活进一步导向非精神化和非价值化，这使得道德教育的困境日益严重。”②

3. 物欲横流导致道德教育的失落

物质主义瓦解了人们对美德的追求，对生活的终极意义的追求，使人们失去了精神信仰，失去了对德性品质的培养，严重消解着我们的道德生活。刘智峰在《道德中国》一书中指出，市场经济所带来的世俗化、功利化和由此产生的拜金主义、物质主义和享乐主义是目前道德危机的重要根源，这些价值观侵蚀乃至占有和支配人们的心灵，遮蔽了人们的道德视线，造成了人们道德观的畸变，道德沦落为实现经济利益的纯粹工具，而人则是“‘物化’的人”③和“单向度的人”。④

在物质主义意识形态下，个人把美好的生活、人生的意义建立在对物的占有的基础上。物质主义用纯粹的感官欲望的满足来构建自我，放大了物质的意义而歪曲了生活本身的目的，认为人生的意义在于欲望的不断满足，与人的德性(美德)不再有关。人就成为被动、贪婪的物质主义者，丧失了自身的道德信仰，也丧失了人自身对创造性的渴望及对体现自身能动性发展的追求，人性沦落为物性，导致道德教育的失落。学生一旦误入了物质主义和享乐主义的泥潭，就会不断地追求物质享受，为了炫耀自己的消费能力而盲目攀比，甚至有些学生为了满足自己的购物欲望而超前消费，整日迷失在物质享乐的漩涡中，完全丧失了进取心，生活目标也变得低俗化，缺乏积极、进取、拼搏的精神，无法经受生活的艰苦和挫折。生活态度的消极，进取心的丧失，继而导致“生活的所有实质内容变得越来越形式化的空洞，越来越没有个体灵魂的痕印，生命质地越来越稀薄，人的自我却把根本不再是个体生命感觉的

---

① 【美】杜卡斯，霍夫曼.爱因斯坦谈人生[M].高志凯，译.北京：世界知识出版社，1984：61-62.

② 鲁洁.道德教育：一种超越[J].中国教育学刊，1994(12)：4.

③ 鲁洁.实然与应然两重性：教育学的一种人性假设[J].华东师范大学学报(教育科学版)，1998(11)：8.

④ 【美】马尔库塞.单向度的人：发达工业社会意识形态研究[M].刘继，译.上海：上海译文出版社，2008：1.

东西当作自己灵魂无可置疑的财富"。①

（三）社会达尔文主义的盛行导致社会缺乏道德教育的环境和基础

1. 社会达尔文主义的内涵

社会达尔文主义是指将达尔文关于生物界的生存斗争和自然选择的理论直接移植于人类社会，尤其是其中的生存斗争、适者生存等规律，用以诠释或阐明人类社会的发展和结构的一种信念，其实质就是在人类社会中宣扬物竞天择、优胜劣汰、弱肉强食的丛林法则。

2. 社会达尔文主义的表现

首先，根据社会达尔文主义的观点来看，"自行其是"是人的天然人格，"它构成生存斗争的本质"，主张"不择手段攫取一切所能抓到的东西和顽强地把持着一切所能保持的东西"。② 显然，这是在公然宣称个人主义和利己主义，其内涵与传统道德所倡导的公而忘私、舍己为人和先人后己背道而驰。社会达尔文主义理论中的反博爱、反道德倾向由此可见一斑。

其次，社会达尔文主义把整个社会生活看作人与人之间"你死我活"的生存竞争，把人生看作一场非赢即输的赌博。社会和动物界的食物链一样，大鱼吃小鱼，小鱼吃虾米。"赢者通吃"，强者可以任意压制、剥削、甚至吞食弱者；而弱者要么被吞食，要么也努力变成强者去吞食弱者。

最后，在他们看来，适应生活的环境是人类道德的基础，不能适应生活环境是人类罪恶的根源，而人类道德标准的要求是每个人都能够凭其所能、为所欲为。这样，他们认为在现实生活中，为了保存自己，不管手段如何卑劣，都是天经地义的，合乎道德的。

总之，只有强者有生存权利，强者有权剥夺弱者的生存权利。在这种观念支配下的今天，中国人的精神世界已经发生了很大变化，道德水平的严重滑坡，道德品性的严重异化，以致整个社会的道德前景更是晦暗一片，儒家学说所强调的"仁者爱人"等信条早已被抛掷于九霄云外。

3. 社会达尔文主义支配下道德教育环境的缺失

按照社会达尔文主义自身的内在逻辑，某一社会成员的生存、快乐和幸福是建立在牺牲其他社会成员的生存、快乐和幸福基础之上的。而社会成员的生存、快乐和幸福又主要靠利益来驱动和支撑。没有利益，就没有了社会成员的生存，更不要说快乐和幸福。利益与人的存在须臾不可分离。从这个意义上看，社会达尔文主义所宣扬的所谓竞争，实质上就是利益追逐，就是对他人利益的争夺、攫取和占有。换言之，社会达尔文主义所宣扬和推崇的正是这样一种非正义的社会状态。在这样一种社会环境之下，谁在竞争中获取最多的利益，谁就是最大的胜利者；反之，谁眼睁睁地看着属于自己的利益被他人白白抢走，就不仅是受害者，

---

① 刘小枫.金钱·性别·生活感觉：纪念西美尔《货币哲学》问世100年[J].开放时代，2000(5)：24.

② 【英】赫胥黎.进化论与伦理学[M].《进化论与伦理学》翻译组，译.北京：科学出版社，1971：36.

而且是不值得同情的失败者。由此,社会的价值评判标准自然只能通过利益占有量的多寡来衡量。在这一思想的驱使下,每一个社会成员都千方百计地使自身利益达到最大化,人与人之间互不相让、互不妥协的情形也就应运而生。显然,这与中国儒家历来所倡导的仁爱、礼义、廉耻等传统伦理道德规范水火不容。

当下,为许多人所推崇的冷漠的个人主义、成王败寇的成功学等都是社会达尔文主义盛行所导致的直接后果之一。在这种环境下,“优胜劣汰,适者生存”的“大势所趋”必然会侵蚀人本身所固有的种种“善端”,致使人们在心理和行为上出现偏差。对于那些品性正在成长中的学生来说,这无疑是致命一击。即使有少部分的人想独善其身,似乎也不是一件容易的事。因为,道德及文化素养的提高不仅关涉个人,更是一个社会性问题。单靠个人道德境界及品质的提高是无法解决宏观的社会问题的。而且,当道德的人在不道德的社会,或个体的道德与社会的道德发生冲突时,个体的道德永远无法充分保障个人的权益。① 因为“人们的不正义倾向并不是共同体生活的一个永久方面;它在许多方面多少依赖于各种社会制度,特别是依赖于这些制度是否正义。”②道德的人只有在由道德的制度建构起来的道德社会中,才能借助于道德的修养解决种种冲突问题,使社会达到和谐与秩序,并充分保障个人的权益。

(四)道德教育理论建构的滞后导致道德教育改革缺乏有效指导

社会现代化发展的实践要求必须有与时代发展相匹配的价值观念和伦理精神作为支撑,需要与之相适应的道德价值教育理念及运作体系。“然而,在如此重大的社会变革和如此强烈的社会要求之下,我们并没有建立起这样一种道德教育的理论和实践形式,主宰道德教育运作的仍然是基于较为封建、单一的社会结构而建立起的教育模式。”③具体表现在以下几方面:

第一,道德教育的理论本位地位尚未确立。在我们的德育理论和实践中,一直存在着一个重要且敏感的问题,即德育的内涵及其外延。④ 由于认识上的偏差,“何为德育”至今为止依然含混不清,“德育学成为一种研究对象可以任意确定的莫名其妙的‘科学’”。⑤ 这种状况导致的结果是:在理论研究中产生诸多误解,甚至无视针对学生的学校道德教育与针对中国共产党的干部和国家公务员的思想政治教育的不同;在德育实践中不切实际地树立“高、大、全”的德育目标或德育改革中“一刀切”的盲目、武断。

第二,对于如何更好地吸收和借鉴传统及西方的德育理论和实践经验缺乏深入的研究。

① 【美】尼布尔.道德的人与不道德的社会(第2版)[M].蒋庆,等,译.贵阳:贵州人民出版社,2007:126.

② 【美】约翰·罗尔斯.正义论[M].何怀宏,等,译.北京:中国社会科学出版社,1988:235.

③ 戚万学.关于建构中国现代道德教育理论的几点设想[J].教育研究,1997(12):27.

④ 关于德育的内涵和外延论争的观点前文已有说明,在此我们不做赘述,而将重点放在讨论这一纷争对于德育理论的发展及其实践所带来的影响上。

⑤ 鲁洁,朱小蔓.道德教育论丛(第2卷)[M].南京:南京师范大学出版社,2002:7.

关于这一问题,"结合论"已成为人们的一种共识。但是,对于怎样结合、以什么为基础、怎样处理好二者之间的关系等问题的研究还停留在比较浅显的层面。一方面,鉴于当前社会对新的道德伦理规范的要求,应适当借鉴西方相关的道德教育理论。问题是这些已经被引介过来的德育理论和模式在多大程度上及如何才能真正在我国现有的德育环境下展开等问题,人们还不甚了解。另一方面,由于西方社会特别是后现代哲学对中国传统文化的关注,一些人就力主坚持回到传统并企图以此解决其道德危机,致使许多传统道德的读本纷纷出台,甚至被一些教师作为从事道德教育的辅助读物,并利用考试或竞赛的方式予以强化。这种做法忽略了一个首要问题,即继承传统应是深入厘清传统道德在当代社会的适应性、发展性,并进行适当的扬弃。否则,传统道德文化在当代社会依然会出现"水土不服"。正如有人所言:"再用过去强调的道德原则来要求新一代人,实际上很难被接受,而且这一套原则在逻辑上包含着严重的缺陷,真正要将它贯彻到底是行不通的。……只有在适应新经济环境的基础上,新的道德观念才能够重新建立。"①

第三,学校道德教育的基本原则与方法体系尚未完全确立。一套完整的道德教育理论不仅需要有一个符合道德、道德教育本体要求的目的,而且需要有一套有效达成目标的实践原则和方法体系作为支撑,同时也可以及时纠正在道德实践中出现的种种偏差。就现有研究来看,现代德育理论对德育方式方法的探讨可谓五花八门。然而,这些研究尚停留在解决具体问题的方式方法上,缺乏对支撑这些方式方法的基本原则体系的系统、完整的建构。

第四,对德育的理论问题和现实问题缺乏理性分析和积极回应。当代道德教育理论发展的主流趋势是在继续强化理论研究的同时,更加关注解决现实问题。当前,理论界也并不乏对诸如个人利益与社会利益、价值多元与价值中立、生态伦理与教育及网络道德等现代道德教育必须回答的理论问题的研究,问题在于理论的研究仅限于道德教育理论研究者的视野,以论著的形式在专家学者之间探讨,却与道德教育的实践疏离。正如有人言:"在许多以改革学校道德教育现状为目的的道德教育实验中,一是缺乏强有力的、有特色的理论支撑,二是很少有在基础教育领域中坚持长期的教育实验和真正直面教育实践的问题,致使道德教育改革流于形式。"②

案例链接 10-2

环境德育刻不容缓!③

生长在城市的孩子一直以为农村有蔚蓝的天空、碧绿的庄稼、清澈的河水,鸟在天空自

① 茅于轼.中国人的道德前景(第2版)[M].广州:暨南大学出版社,2005:初版前言 2.

② 陈民利.关于学校道德教育困境的反思[J].教育探索,2006(1):99.

③ 唐汉卫,张茂聪.中外道德教育经典案例评析[M].济南:山东人民出版社,2005:135-136.

由地飞，鱼在水中欢快地游……但是，当我带着这群孩子真正踏上这片土地的时候，一切让他们大失所望。

在这里，天空不再湛蓝，庄稼不再碧绿，河水不再清澈。取而代之的是灰暗的天空、萎蔫的庄稼、黑臭的河水……

“好呛人啊！”“什么味啊？”“怎么这么臭呀？”一走近这里，孩子们就议论起来。“原来这里有条臭水沟！”“小灵通”喊道。大家顺着“小灵通”指的方向看去，黑乎乎的河水映在眼前。

“怎么像墨汁一样黑啊？”“好臭啊！”“快看，这里的鱼都死掉了，肚皮都朝上了！”孩子们七嘴八舌地议论道。

我告诉他们，这里曾经是我小时候和伙伴们游泳的地方。

“啊，怎么可能？”孩子们都睁大了眼睛，他们显然是不相信我的话。

“是的，昔日清澈的河流变成了现在的臭水沟，这是为什么？”我引导孩子们回答。

“因为河水被污染了。”他们争着回答道。

“怎么被污染的？”

“因为工业废水”“因为生活污水”……孩子们都积极思考。

“老师，你看，那里有好多垃圾！”“小豆子”突然喊道。大家不约而同地扭过头去，发现就在离他们的不远处有堆成小山似的垃圾。阵阵微风吹来，伴随着垃圾腐烂的臭味。孩子们都捂住鼻子，屏住呼吸。我告诉他们这周围的居民每天就是生活在这样的环境中。

我接着问道：“孩子们，你们有没有注意到这附近的庄稼长得怎么样？”

孩子们快步跑到庄稼旁。

“老师，我发现了，我发现了！”小班长气喘吁吁地跑到我面前，说道：“那些玉米苗的叶子都卷起来了，像枯萎了一样，好可惜呀！”

我说：“你知道这是为什么吗？”

“老师，这是不是受了什么毒害？”

“什么毒害？”我接着问他。

“大家想想为什么会这样呀？”我乘机问道。

孩子们都静下来努力思考。

“小胖子”抢先说：“老师，我知道了，是被化工厂排出来的废气熏的！”

“嗯，我们刚到这里的时候，我就闻到一股刺鼻的气味。我注意到很多杨树的叶子很绿就掉了，很可能也是被熏的。”“小博士”表示同意。

“还有没有别的原因啊？”我继续引导孩子们思考。

这次孩子们七嘴八舌地议论起来。

学习委员小丽说：“老师，我觉得是因为用这些污水浇禾苗，所以造成了禾苗的萎蔫。”

“应该是这两个原因都有！”孩子们各抒己见……

在回学校的路上，孩子们讨论今天的所见所闻，我发现很多学生开始注意观察道路周围的环境状况。回到学校后，我让孩子们说说此次乡村之行的感想，孩子们争先恐后地表达自己的看法。他们认为现在不只是城市中有污染,远离城市的乡村同样有污染,保护环境已刻不容缓。我告诉孩子们,现在我们国家不少地方都遭受了严重的环境污染。事实上,环境问题是一个道德问题,正因为很多人不讲环境道德,环保意识不强,才造成了环境污染。我们今天所见的污染实际上就是因为化工厂员工没有把生产过程中产生的废气、废水、废渣进行预处理,而是直接排放到环境中,另外,周围居民的环保意识也不够强,所以造成了严重的污染。

案例论坛

1. 案例体现了德育的什么理念?
2. 针对学生的观点我们应如何回答?

三、学校德育存在的问题与改革

(一)学校德育存在的问题

教育体制改革的不断深入、社会环境的变化、人们价值观念的转变以及学生自身素质的下滑使得学校德育面临许多新情况、新问题,主要体现在以下几方面:

1. 德育目标被无限拔高

“所谓德育目标,就是指一定社会对教育所要造就的社会个体在品德方面的质量和规格的总的设想或规定。也就是说,在进行德育之前,人们对于要把受教育者培养成具有何种品德的人,在观念中所具有的某种预期的结果或理想的形象。”①

道德并非高傲而生硬的教条,它是活的为个体所用所需的规范。“好的道德规范应该是生命的内在需要,而不应该是游离于生命之外的什么东西。”②但是在一个相当长的时期里,主流文化对德育目标的定位居高不下,过高的要求迫使学生理所当然地认为德育是“镜中花、水中月”。德育目标定位普遍是“高、大、空、远”,追求的是“圣人教育”而不是“成人教育”,忽视了生活中作为普通公民或人应达到的最普遍、最基本的道德要求和道德水平。对于多数受教育者而言,他们面前悬挂的是一个可望而不可即的理想旗帜,不是切实可行的道德践行目标。这是因为,我们的德育不分阶段和对象,笼而统之,都以最高德育目标作为所有德育阶段的要求,缺乏循序渐进、层次递进性的引导过程,求“效”心切,且往往将德育的最高目标作为德育的起点,忽视学生思想、心理水平和接受能力。这种单从最高德育目标出发进行的‘飞流直下’式的教育,促使学校德育越来越脱离现实生活实际、学生身心发展实

① 鲁洁,王逢贤.德育新论[M].南京:江苏教育出版社,1994:130-131.
② 朱小蔓.育人是教育的灵魂,动情是德育的关键[J].教育研究,2002(4):7-8.

际，不分层次，过高过急。我国以往的德育目标确实既善又美，但是，多数学生品德的实际发展水平却未必尽善尽美，甚至有部分学生的品性可能很恶劣。然而，在数以亿计学生的操行评定中，品德不及格者却微乎其微。显然，高高在上的德育目标，并未落实到实处。

那么，是什么原因导致了德育目标的居高不下？有研究者指出："关于德育，只考虑其必要性，不考虑其可能性，这才导致'德育目标过高'现象的发生。"①也就是说，德育目标的设置既大又空，缺乏现实基础和感召力，忽视国民基础的文明教育、良好行为习惯训练和道德情操的培养。而现实生活中人们对德育的实际定位却总是居低不上，高高在上的德育目标在相当程度上处于"空转"状态，爱国主义、社会主义、共产主义思想的德育缺乏坚实基础和有效贴近现实生活的具体"抓手"，造成德育的失效。

2. 德育内容远离现实生活

德育内容是指按照时代和德育目标的要求，培养受教育者思想品质的思想道德观点、原则和规范体系，是德育目标的体现和具体化。道德教育内容源于现实生活，本应生动活泼，但现今的德育似乎更多的是与生活相互脱离，主要表现在：

一方面，道德教育内容往往是从先哲的著述中抽取出来的、僵死的教条，或是一些美丽、空洞、华而不实的带有理想主义色彩的大道理。这些教条与大道理把诸多的生活经验都排除在道德教育之外，脱离了现实的生活基础，脱离了学生个人的实际生活经验，变成了没有道德情感、道德意志的抽象的东西。与学生生活着的周围世界相隔离，不仅难以理解，而且很难落实到具体的行为实践中去，导致学生只能肤浅地、唯心地理解各种道德要求，使本应丰富、多彩、生动的道德教育变得暗淡无光、单调无味，从而影响了道德教育的实效性。

另一方面，传统的道德教育内容回避了现实生活中的矛盾和丑恶现象，片面追求理想道德，只呈现给学生美好、善良、非真实的一面。学校德育为学生所展示的生活世界与学生在校外实际面对的生活世界以及学生在书本中所接触到的世界与他处的生活世界在很大程度上不同甚至是对立的，这种德育内容促使学生产生逆反心理或形成双重畸形人格，口头上奉行推崇崇高的理想，而在实际生活中遵循的又是另一种规则，道德教育成为没有学生心灵的共鸣、没有"心"参与的德育。这样不仅达不到道德教育的效果，还可能会产生负效应。

3. 德育方法多灌输、少对话

德育方法"作为教育工程的子系统，是十分关键的重要组成部分。这是由于成功而有效的德育不仅受益于德育内容的科学设计，而且还受益于方法的选择是否适当与正确"②。

长期以来，德育主要采取传统的班级课堂授课制和"灌输式"教学，上课就凭一张嘴，教师一成不变地对学生进行道德知识的传授、传递或传播，很少考虑学生的主体作用，也很少顾及学生的个别特点与差别，以外在的价值标准对学生进行道德知识的灌输。这种忽视学生主体作用的灌输式教育方法使德育成了针对具体内容而进行的教学，学生为应付教学而接受"德育"，死记硬背一些道德规范或条文，极大地限制了学生的智慧和道德的综合发展。

① 陈桂生."德育目标"引论[J].北京大学教育评论，2003(4)：13.

② 曹辉.近现代西方德育方法论的发展脉络与研究概况[J].高校教育管理，2009(1)：77.

美国教育学家劳伦斯·科尔伯格认为灌输既不是一种教授道德的方法，也不是一种道德的教学方法。因为“强制性的道德灌输与道德控制意味着个体不能充分运用自己的判断能力与思考能力，心智被迫成为他者的工具”。① 所以，教师脱离学生的情感和需要而进行一味的灌输，缺少应有的人文关怀、师生平等交流和学生自我教育。这种教育实质上是一种僵化的形式教育，因为它既无视学生的需要和兴趣，又与现实的社会生活无关，更重要的是，由于它用一种固定的教条教育学生，因而在很大程度上禁锢了学生的思想，抑制了学生的自主性和创造性。“人”在灌输中不见了。②

真正的道德教育是苏格拉底的对话式，是反复辩论、反复比较和平衡的，是采取一种不断接近的方式来达到一个比较确定的结论。③ 但在大多数学校里，师生关系是不平等的，是猫与老鼠、警察与小偷、老鹰和蛇的关系。于是这种对话便常以训示、告诫的方式出现。在相当长的时间里，我们将这种“以上对下”“以强对弱”的对话方式发展到了极致，过多地强调教育者的“塑造”作用。这种教育者垄断德育的话语权，“为了道德目的，而用了不道德的手段”，将学生当作道德“白板”而任意描绘，将学生大脑当作盛装美德的袋子势必引起学生的厌烦，甚至产生道德逆反。

4. 德育过程被简单化、形式化

德育过程是教育者有目的、有计划地对受教育者施加影响，把一定的社会意识转化为受德育者思想和品德的过程。这一过程本应是一个复杂的教化过程，是“教育者和受教育者集体连续不断地相互作用的总和，旨在提高教育活动的效果和质量，使学生的个性在德育方面达到应有的水平”④。它要求将教育者的道德引导内化成受教育者的道德认识，并使受教育者付诸道德实践。而现今的德育过程几乎简单地等同于课堂教学中的说理、讲解，片面重视道德知识的掌握，使德育呈智育化倾向。这种方式的直接后果是忽视了受教育者的实践活动，在“掌握”和“认同”之间随意地画上等号，忽略了外在需求向学生个体需要转化的心理机制研究，把个体品德的形成与发展看作教育“外烁”的成果，忽视了实践的巨大作用。其实，道德认识水平的提高并不能必然地导致道德行为的发生，而导致道德认识水平和道德行为的脱节，出现受教育者思想品德课分数居高而实际表现很差的双重人格，即“语言上的巨人、行动上的矮子”。

此外，德育过程没有形成全方位的、立体式的完整体系，而是单纯地强调某一方面或某一针对性的教育。在组织和设计德育活动时，无视学生的个性和主观能动性，不顾学生兴趣需要，统一时间，统一内容，通过开班会等形式，班主任从头包到尾。在安排德育活动时，只对上负责，不对下负责。为了应付检查，突击办展览，搞竞赛，制造声势，而对于活动能给青少年的心灵塑造起到什么作用却关注较少。活动完成之后，常以表面性的结果来评价学校德育工作，要么是“效果显著”，要么是“成绩很大”，至于学生在知、情、意、行各方面到底是

① 【英】哈耶克.自由秩序原理[M].邓正来，译.北京：生活·读书·新知三联书店，1997：102.

② 王啸，鲁洁.德育理论：走向科学化和人性化的整合[J].中国教育学刊，1999(6)：19.

③ 王啸，鲁洁.德育理论：走向科学化和人性化的整合[J].中国教育学刊，1999(6)：20.

④ 【苏】马里延科.德育过程原理[M].牟正秋，等，译.北京：人民教育出版社，1985：41-44.

否发生了变化则无人问津。

5. 德育效果的低效与无效

德育效果是指由德育工作者的教育实践活动所引起的学生的思想与行为方式的发展变化及其社会影响。多年来,广大德育工作者在这一领域投入心力,也取得了很多成果,但德育低效问题依然难解。当前学校德育依然面临着提高德育实效性的困境。

纵观目前学校德育实效,可谓是“理论上无力,实践中低效”。德育理论无法对现实生活作出诠释,空洞的理论说教致使学生可以说出舍生取义的人生价值观,然而,面对孩童落水的场景却无动于衷;学生能道出诚实、公正、尊重他人等品质的意蕴,但考试作弊、抄袭作业等现象却屡禁不止,奢侈、浪费的程度更是令人瞠目。这些现象反映到社会中,便呈现出一副人际欺骗、人际冷漠、不公正、不公平的狼藉景象或社会乱象。这在某种程度上说明,学校德育从根本上就没有将反映社会要求的道德规范选择内化为学生内在的标准(包括道德欲求和道德行为准则),更不用说提高整个社会的道德水平、提升社会的精神境界了。

实际上,学校德育的外在效果确实令很多学校和教师“汗颜”。“多年来,学校组建专门的德育师资队伍,开辟德育实践基地,购置德育现代化设施等等,投入了大量的人力、物力、财力和时间,但工作中却未能取得期望中的效果,这令大多数教师困惑不已,令关注学校德育工作的人大失所望。”①于是,人们对学校德育的本真价值产生了怀疑,对其批评、诘难之声也此起彼伏,尤其是面对社会道德规范的失序、人类价值取向的迷失、非道德行为泛滥充斥着整个教育时空的情形,再加上社会转型及经济转轨所带来的价值、文化、思想震荡等诸多因素的影响,这些都给当前学校德育以从未有的冲击。“学校德育当何去何从?”成为学校教育工作者面临的一项刻不容缓的重任,也是未来学校道德建设必须面对和解决的突出问题。

案例链接 10-3

“到此一游”②

“在埃及最难过的一刻,无地自容。”近日,网友“空游无依”的一条微博迅速引发热议,他在埃及卢克索神庙的浮雕上看到有人用中文刻上“丁××到此一游”,为国人轻易毁坏千年文物的行为感到震惊和羞愧。

无独有偶,今年2月份,故宫铜缸上有游客留言“梁××到此一游”,一经媒体报道,就立即引起全国网友一致声讨。时隔三个月,这种现象非但没有根绝,反而被丁锦昊带出国门,远播海外。于是,又再次引来全国网友的齐声谴责,并且对其本人、家长和学校都进行了口

① 肖存.试论学校德育实效问题及应对策略[J].山东教育学院学报,2001(4):41.

② 资料来源:雷鹍.神庙刻字的根源在哪里[OL].http://hlj.rednet.cn/c/2013/05/27/3019425.htm,2013-5-27.

诛笔伐，可见对于此失德行径国人都是深恶痛绝的。

但是，细观国内的大小旅游景点，或多或少、或新或旧，都会有“×××到此一游”的痕迹。很多人都是出于好玩心理，看到别人留言，没有受到制止和处罚，于是也欣然上前“大笔一挥”，留下“墨宝”以求不朽，根本就没有意识到这种做法是一种失德的行为。诸如此类行为还有不自觉排队、乱扔垃圾、随地吐痰、公共场所吸烟、破坏公共财物、拒绝给老幼孕残让座等。而且，不仅在国内，国外的很多旅游胜地和公共场所都有专门针对国人的中文标语，如“温泉池中不许搓澡”“请便后冲水”“垃圾桶在此”“请勿大声喧哗”等，或许用不了多久还会再加一句，“严禁涂鸦”。这其中固然有一定的歧视成分，但是如果没有我们的“不拘小节”，别人怎可无中生有？

德育的失败，直接导致人们普遍缺乏公共观念，总以为公共场所就是公共的地盘，干什么都行，而且这些现象都是小问题，没必要上纲上线。久而久之，放任自流，没人指责，也没有形成监督和舆论压力，最终成了一种无意识、理所当然的状态，而这种状态一旦形成社会风气，势必给未成年人造成恶劣的影响，渐渐地就会像丁××一样把失德行为当成习惯性动作。

案例论坛

1. 案例体现了德育存在的什么问题？
2. 我国的道德教育到底怎么了？

（二）学校德育改革举措

1. 创造育人为本的学校制度和精神文化氛围

随着社会的进步，教育理念的不断调整，教学改革、课程改革和考试改革的渐次推进，全球化背景下人类的共同进步，教育领导者都必须考虑：如何形成校本发展的制度文化、如何形成鲜明的校风、如何构筑温馨的师生关系、如何培育学生精神成长的教育环境。①

（1）创建育人为本的学校制度

学校德育制度建设应以战略的眼光坚持“育人为本”的原则，充分尊重学生作为德育主体的权利和资格，想学生之所想，急学生之所急，做学生之所做。始终贯彻以培养学生成为全面发展的人为指导的思想，适应时代的发展需要，还学生在受教育中的主体地位和作用，切实调动学生在德育中的主动性、能动性和创造性，力争做到学校德育制度建设从学生中来，有理有据；到学生中去，知行合一，确保品德素质教育的内容丰富多彩，具体充实；德育方法灵活多样，不断创新；在重视实践的基础上，充分体现学校德育工作的主体性、时代性和实效性，使新时期的学校德育制度建设能最大程度地适应素质教育以及未来教育发展的需求，

① 朱小蔓，其东.面对挑战：学校道德教育的调整与革新[J].教育研究，2005(3)：9.

从而真正实现“法治”与“德治”并举，以人为本，德育先行的治国理念。①

（2）形成良好的校园文化氛围

良好的校园文化是学校前进的原动力，也是一所学校德育工作持续健康发展的保证，创建一个合理、向善和健康的道德文化环境对于道德成长至关重要。虽然当前的社会环境十分复杂，但是，学校作为培养创造性人才的摇篮，是可以通过符合道德成长规律的日常教育活动为学生营造一个相对稳定的道德文化氛围的。这种校园文化环境对学生而言就是一个很强的文化刺激情境，学生浸润其中就会在某些方面形成比较高的成就动机。所以，一个学校究竟呈现何种质量的文化氛围将直接影响学生的道德和精神面貌。这就要求学校在教育中要确立育人为本的办学理念，锤炼基于历史积淀和区域地方特色的校本文化风格，形成尊重、关爱、公正、向上的校风、班风和学风，倡导与人为善、鼓励与欣赏的评价机制及导向，建立有共同价值意愿的教师集体精神生活。

2. 激发教师成为有道德教育意识和能力的人

陶行知先生说：“教育是教人化人，化人者也为人所化，教育总是相互感化的。只有真教师才能培养真人才，如果培养真人才的人本身不具备真人条件，又何言塑造真人？”②道德教育绝不能忽视人对人的影响。因此，学校必须加强师德建设，激发教师的道德教育意识和自觉性，唤起教师道德教育的热情，提升教师道德教育的能力。

（1）激发教师道德教育的意识和自觉性

“德育的本质是教育者根据社会的要求，把一定的社会意识转化为受教育者的思想品德。德育是教育的一个有机组成部分……德育的实质是塑造人格。”③全部教育教学活动都具有德育意义，而且不存在无教育性的教学。“每一门学科、每一种教学方法，学校中的每一偶发事件都孕育着培养道德的可能性”。④ 每一个教师，不管其在学校教育中肩负何职，都必须努力奉行在所有教育教学过程中对核心价值观的传递。每一个教师都应该是德育教师，教师以自己的教学活动与日常生活全方位地影响着学生的道德成长，教师的教育并不仅仅存在于课堂中，更在日常生活中，教师们的日常生活作为一种潜在的道德影响源，以无声的方式在进行着德育。

（2）唤起教师道德教育的热情

这种热情是教师对德育工作的理解和热爱，对学生道德成长的关切，也是教师自主生命成长内在需求的迸发。这种热情可以使德育教师通过对不同学科所蕴含德育资源的合理利用和挖掘，提高教学能力，增长教育智慧，把课堂变成学生道德生活的基本场所。由于这种热情，教师才会自觉地利用和挖掘不同学科在内容和材料中可能蕴含的道德教育资源，才会从教学设计、结构、策略、方法等方面研究、开发和创造道德教育的各种可能性，并对诸环节中的自我表现加以反思和调整，才会把课堂真正变成学生过道德生活的基本场所，才会在课

---

① 程显新.学校德育制度建设应坚持以人为本的原则[J].咸阳师范学院学报，2002(3)：76.

② 陶行知.陶行知文集[C].南京：江苏教育出版社，2008：793.

③ 朱小蔓.道德教育论丛[M].南京：南京师范大学出版社，2000：8.

④ 【美】杜威.学校与社会・明日之学校[M].赵祥麟，等，译.北京：人民教育出版社，1994：67.

堂中自觉地依据道德交往情境呈现多元角色。①

(3) 提升教师道德教育的能力

教师的德育能力,是指在德育过程中对学生的道德问题进行感知、监控、处理和反思的能力。“这种能力,需要有关道德教育的心理学、社会学、脑科学、伦理学等知识基础的支撑,也需要教师在职场中形成道德敏感性和教育机智。”②正如车尔尼雪夫斯基所言“要把学生造就成一种什么人,自己就应当是什么人”。教师只有具备道德教育的能力和水平才能领悟和贯彻德育目标,培养出社会所需要的合格人才。一个具有道德教育能力的教师,在课程中会积极地捕捉道德知识的契合点,在传授知识的同时,挖掘道德对社会、对个人的工具意义与目的意义,转换道德语言组织形式,充实道德语言内涵,召唤学生走进教科书,创造性地理解意义。培养自己洞悉时代变迁与预测未来发展趋势的能力,引导学生正确看待复杂的社会现象,提高辨别美丑、判断对错、区分善恶的能力,抵制社会不良现象的影响。善于挖掘德育资源,寻找德育的突破口;善于捕捉学生思想及生活中的每一个微弱的火花,进行针对性的指导和教育。

3. 建构合理的德育理论体系

德育研究离不开对德育基本概念和基本理论的探讨,理论可以而且应该走在实践前面,并指导实践活动的进程。中国德育理论的形成和发展不同于西方发达国家,缺乏在长期稳定、自然发展中形成的一以贯之的德育价值体系与规范体系。从儒家、道家等道德思想和传统文化的熏陶,到西方近代以来的德育思想、苏联凯洛夫教育模式以及革命根据地时期教育思想的多重影响,还有建国以来社会变革频繁带来的不同历史时期对教育价值体系的不同认识,我国德育理论体系内容复杂而丰富。每一种新的德育理论体系还“没有足够的时间在实践中生根”,就被新一轮的德育价值体系所取代,我国德育理论是古今中外“各类教育价值成分的大杂烩”。③ 但总结改革开放30多年来的德育工作,尤其是近10年来德育理论的发展,便会发现一个明显的趋势,那就是德育理论一方面继续在科学化轨道上前进,另一方面又表现出人性化的倾向,而且二者正在逐渐走向整合。④ 表现在以下几个方面:

(1) 道德定义问题

道德属于广义的文化范畴,“道德是主体间关系的人性化要求以及人们对这一要求的认知和践行”。⑤ 与政治一样,道德的主要功能在于整合社会,规范人与人之间的交往行为。但与之不同的是:第一,政治是依靠国家的权威来运作的,而道德是依靠社会舆论和人的内心自省来实现的;第二,政治的价值取向始终是指向现有社会秩序的,即以维护现有社会秩序为最大价值和根本任务,或者说,政治只具有单一的维护功能,而道德不仅具有维护现有社会秩序的功能,而且还有对现有社会秩序进行合理化评价、审视和矫正的功能。道德对现

① 朱小蔓,其东.面对挑战:学校道德教育的调整与革新[J].教育研究,2005(3):10.

② 朱小蔓,其东.面对挑战:学校道德教育的调整与革新[J].教育研究,2005(3):10.

③ 陈桂生.中国德育的若干理论问题[J].上海教育科研,2003(1):4-8.

④ 王啸,鲁洁.德育理论:走向科学化和人性化的整合[J].中国教育学刊,1999(6):16.

⑤ 陈晏清.当代中国社会转型论[M].太原:山西教育出版社,1997:207.

行社会秩序进行评价所持的依据是至善至美的人性要求，这一要求具体表现为人们总是存在着一种不满现实并力图超越现实的心理期盼。正是在对这种期盼的无限追求中，人类社会才得以不断的进步和发展。这就是说，道德是实然和应然的统一。当指向实然时，发挥着维护现有社会秩序的功能；当指向应然时，则发挥着对现行社会秩序进行评价、审视和矫正的功能。而后一种功能的发挥，必须以道德和政治之间保持一定的距离和张力为条件，否则，把道德与政治混为一谈，不仅道德的评价功能或矫正功能不能发挥，而且政治也无从进步。尤其是当政治因其他原因而出现重大变革时，与其高度一致的道德就将失范，道德危机就不可避免。

（2）主体性德育思想的确立

计划经济体制下，国民的个人主体意识和主体地位相当薄弱。随着经济的发展，政治生活、文化生活的变革，个人自我意识与主体意识显著增强，反映在德育理论上，就是“人是主体”的思想得到了确立。① 主体性德育思想的确立对于德育具有重要的意义，它表明人们对“道德”的认识已从服从、适应的层次提升到了自主、超越的层次。

（3）德育目标的合理选择

在德育目标的选择上，学界对中国转型期存在的普遍社会事实和现象尤其是道德事实和现象采用了一种“实践理性”的价值选择态度，将道德、道德教育的坐标轴心转向独立人格的发育与培养上。② 建构独立人格绝不是以西方现代化所普遍形成的个人主义为发展模型，它既不是孤立性存在，也不是依附性存在，而是以承认他人的独立性为前提，以人与人之间的平等、公正为其规定性而存在的。在如何解决“德育目标过高和不容易达到”这一问题上，学界主张坚持德育目标的双层次追求：现实的目标和潜在的目标。现实的德育目标明确、清晰且普遍受到重视，潜在的德育目标默会、消融于学生共同的价值追求并成为他们生命成长的基础。正是不成文的隐性德育目标，才是客观存在并为人们所深切感受到的“德育目标事实”。③

（4）完善德育研究方法体系

德育研究方法体系中的许多具体方法是在长期的德育研究实践中吸收和移植其他学科的理论和方法而逐步形成的。其体系结构大致由以下三方面的具体方法组成：第一类是了解、研究现存文献资料以及历史事实、现实情况和问题，从而探索德育规律的德育研究方法。此类方法主要包括历史法、文献法、总结法、内容分析法、调查法、溯因法、跨文化比较法、预测法。第二类是以观察研究学生道德行为或德育活动为主的方法。此类方法所研究的侧重点往往不是“已经发生过的事件”或“现存的文献资料”，而是正在发生的行为或正在进行的德育事件；它主要包括观察法、实验法、追踪法和个案法。第三类是以测量学生思想品德和检查评定德育效果为主的研究方法。此类方法包括社会计量法、自陈法、投射法、诚实测验

① 王啸，鲁洁.德育理论：走向科学化和人性化的整合[J].中国教育学刊，1999(6)：16.

② 鲁洁.转型期中国道德教育面临的选择[J].高等教育研究，2000(5)：6.

③ 陈桂生.“德育目标”引论[J].北京大学教育评论，2003(2)：13.

和道德判断测验法、问卷法、评语法、写实法、等级评定法、加减评分法、综合评分法、集体综合评价法等。① 此外,在少数德育论或德育学教材中有一些关于德育研究方法论和具体研究方法的介绍,比如,班华教授主编的《现代德育论》就曾辟专章来阐述德育研究的方法论思想和各种具体的德育研究方法。②

4. 突出学生的道德主体地位,激发其道德体验,促进沟通与对话

关心道德主体的建构成为当今道德教育新的基点,获取体验的经验、获取对话的经验成为学校道德教育不可或缺的环节。

(1) 突出学生的道德主体地位

学校德育要突出学生的道德主体地位,以培养学生高尚的道德品行、实现自我提升为主体。所谓主体性,就是人在所从事的物质活动或精神活动中表现出来的自主性、自觉性、能动性和创造性。只有强调学生的自主自觉,使学生的思想处于积极活跃状态,主动参与到各种德育活动中,增强学生的自我教育能力,才能取得德育的实际效果。班华教授认为,现代德育的精髓是“主体—发展性”③,也就是说,现代德育是主体性、发展性的德育,它以满足学生的需要、促进个体道德的发展及道德人格的提升为宗旨。学校德育要突出学生道德主体地位,切实关注学生的主体需要,调动学生的主体能动性,提高和保证学校德育的有效性。学校德育必须充分倾听学生的心声,关注学生成长的需求,为学生的自我发展与自我完善搭建自由宽松的平台。突出学生道德主体的目的是在教育过程中通过提高学生的主体意识,尊重其主体地位,发展其主体能力和塑造主体人格,充分发挥学生在教育活动的自主性、能动性和创造性,使他们具有自我教育、自我管理和自我完善的能力,从而成为教育活动的主体和自我发展的主体。突出学生德育的主体,强调的是教师要培养学生的主体性,创造学生主体性发展的外部条件,但却不可代替学生去发展主体性,学生的主体性是在自觉地、能动地、创造性地改造自我、提升自我的过程中发展起来的。因此,为提高学校德育的有效性,就必须进行德育创新,不仅要在教学内容和教学方法上创新,更重要的是培养学生为德育之主体。

(2) 激发学生的道德体验

“重视人的情感体验,它是个体在特定情境中的一种经历,如果没有这种属人的经历和由经历所构成的切身体验,那么个体就不可能对道德产生深刻的认同并进一步渗入人的内心。”④没有体验,道德知识很难内化为道德品质。道德品质的内化是学生对一定社会道德的认同、筛选与接纳,并将其转变为自己的观点、信念,纳入自己的道德品质结构之中,成为支配自己思想、情感、行为的内在力量。学校德育要内化为学生的道德品质,必须摆脱空洞的理论说教,把知识德育和生活德育有机地结合起来,加强体验内化。一方面,要加强生活体验。生活体验特别是校外的生活体验,是道德知识内化为道德品质的重要途径。生活是

① 李方.德育研究法概观[J].教育研究,1990(6):19-23.

② 班华.现代德育论[M].合肥:安徽人民出版社,1996:263-302.

③ 班华.德育理念与德育改革:新世纪德育人性化走向[J].南京师范大学学报(社会科学版),2000(4):73.

④ 朱小蔓,其东.关于学校道德教育的思考[J].中国教育学刊,2004(10):35.

道德规范的起点，是道德践行的土壤。要改变学校德育实效性不高的现状，就应该让学校德育从空洞说教回归社会生活，关注、指导和引导学生的现实生活。生活即教育，过什么生活便是受什么教育。要创造让学生体验社会生活的条件，构建富有道德价值的生活目标，通过校外的生活体验把道德知识内化为道德品质。另一方面，要加强体验教育。体验是个体的自身经验，即个体对事物直截了当的整体性领悟，在个体亲历过程中对人与人之间、人与物之间关系的瞬间性觉察，对社会生活的整体性参与。体验教育是建立在个体"内部知觉"基础上的一种特殊活动，教育者通过提高受教育者的体验敏感度而使受教育者能够产生类似的情感匹配，从而实现"人的理性"不断增强的过程。体验教育是建立在学生自身体验的基础上，注重学生自身的情感体验，不是让学生被动地接受道德知识。体验教育是道德教育的一种重要方法和手段，是道德教育过程中主体性意识最强的一种形式，也是最直接、最直观的道德教育形式。通过加强生活体验和体验教育，学校德育才能有效地内化为学生的道德品质。

（3）促进沟通和对话

传统德育强调教育者的权威和单方面的灌输，教育者和受教育者之间无法获得真正的沟通和交流。沟通和对话则是主体双方在平等基础上的相互理解和交流，是教师和学生在相互作用中达成的相互理解和精神沟通，可以有效地促进学生道德水平的提高，这将有助于弥补传统德育的缺失，提高道德教育的实效性，对于德育建设具有十分重要的意义。师生在交流与对话中理解、沟通，体验愉悦和幸福，由"我教你学"的知识传授关系走向人生的引导与探讨。对话的过程既是表达自己真实认识和态度的过程，更是倾听对方表达的过程；对话可以实现对话双方共同的提高，对话是向对方展示自己内心世界的过程，同时也是展示自己独特的视角、独特的理解及丰富的人生经验的过程，对双方都是一个极大的促进；对话式德育是一种"商谈"，对话有效地实现双方对道德情境认识和体验上的真正沟通，使受教育者养成一种觉察世界的方式，从而能体验、感受生活世界的意义。在学校日常生活和交往中，教师用自己高尚的道德情感感染学生，转化为学生的心理动力，影响学生道德品质的形成和个性发展的方向。学生在与教师的日常道德交往中体验道德，拓展道德经验，表现出一种水乳交融的亲和关系，师生各自向对方敞开自己独特的生活经验，从而不断提升各自的道德境界与人生境界。

学校德育要展开多向对话与交流，使人与人之间相互沟通、交往、理解，亦使人与自我、人与世界、人与文本间相互认同、体验，具体体现在：第一，师—生对话。通过对话，教师与学生之间的关系不再是灌输德育的"我—他"关系，而是一种"我—你"的关系。第二，学生—文本的对话。通过学生与文本的对话，使外在于学生的道德知识通过道德学习过程中的经历、感受和体验，与学习者融为一体。第三，生—生对话。在教师的引领下，学生以主体地位互动交流，通过贡献自己的观点，构成一种集体思考，将个人的智慧融合为集体的智慧。第四，学生与自身的对话。德育通过鼓励学生跟那个沉睡的自我进行内省式对话，发现假面具后面一个真实的自己。可见，"对话"不仅仅是一种德育手段，也是德育过程中的一种精神和原则。"对话"讲究民主平等、合作互动、探究创新、开放生成，所以它要求建构起一种民主、平等、真诚、信任的德育氛围。①

案例链接 10-4

拉钩的承诺②

上课的铃声响起,我像往常一样走进教室,和学生做积累成语练习。很多学生都把手举得高高地要回答问题,我无意中发现教室的角落里有一只小手悄悄举了起来,刚好高过桌子,我的目光移过去,那只小手又迅速放下了。是她,那个文静似水的小女孩晴晴。在我的印象中,她课上从不主动回答问题,课后也不喜欢表露自己的情感,久而久之,我习惯了她的沉默。可是最近,她为什么总是悄悄地举手,又悄悄地把手放下?带着疑惑,我的目光停留在她的脸上,她立刻把头深深地低了下去,两只手不停地搓着,那神情仿佛在说:“老师,你千万别让我出丑。”

中午,我和晴晴在图书馆门口不期而遇,她要转身离开,随后又停住,脸红红的,头低得更厉害,额头的刘海遮住了脸。我走上前,把她的头发轻轻往后拢了拢,她猛地抬起头,说了一句:“张老师,我想喊你一声‘姐姐’。”我惊讶得张大嘴巴,随后笑了起来。她眨眨眼睛,郑重地说:“老师,我有很多话要向你说,你愿意倾听并帮我保守秘密吗?”我愉快地答应下来。她从衣袋中掏出一封信递给我,神秘兮兮地说了一声“bye-bye”,然后就跑开了。

走在路上,我拆开这封信,认真地看起来。晴晴写道:“爸妈都外出打工,很少有时间照顾我,我从小就是内向敏感的孩子。我对一切充满了怯意,特别是面对家境优越的同学,更是感到自卑。让我感到温暖的是,每天都能看到张老师的微笑,她和我之间没有距离,她就是一位大姐姐。我希望有一天,能亲口叫她一声姐姐……”看到这里,我的心里充满了浓浓的暖意,这个春天似乎多了几许色彩。

放学后,我把晴晴请到办公室,许诺做她学习上的老师、生活中的姐姐,并与她约定一个“小秘密”:“对问题有把握时,就举左手,张老师一定叫你回答;对问题把握不大时,就举右手,张老师就不请你回答,但是其他同学看到的是,你每次都积极思考。蝴蝶飞得不高,但我们不能否认它的美丽。”“我们拉钩钩好不好?”她撅起小嘴问道。“拉钩就拉钩!”“拉钩上吊,一百年不许变。”我们都大笑起来。

此后的课堂上,晴晴总是频频举手,每次的答案都近乎完美,引来同学们艳羡的目光。渐渐地,她对自己充满了信心,也愿意主动与人交往了,同学们都说她就像变了一个人似的。只有我和她知道这其中的秘密,但我会为她保守,因为我们之间有一个拉勾的承诺。每个学生都有可塑性,都是一道不可复印的风景,教师首先要充分理解他们,懂得他们的真正需要,

---

① 朱小蔓,刘次林.转型时期的中国学校德育[J].上海师范大学学报(哲学社会科学版),2009(6):26.

② 小学德育案例教学研究的思考与实践[EB/OL].http://www.chinadmd.com/file/tvcc6cruzpwaitic6swouius_7.html.

给他们创造可以发挥自己兴趣和特长的机会，比如一句和蔼的话、轻轻抚摸他的额头、对他说一句“你真的很棒，老师相信你！”其次，教师还要为他们的成长提供切实的帮助，比如让他担任一次小干部、让他主持一次活动，让他们感受到成功的体验。教师学会欣赏、善于欣赏，就能领略到教育的独特魅力。

案例论坛

1.在当前的德育过程中，教师与学生之间的沟通与交流存在哪些障碍？

2.教师如何做才能真正实现师生间的沟通与交流？

拓展阅读

1.【美】杜威.道德教育原理[M].王承绪，等，译.杭州：浙江教育出版社，2003.

2.黄向阳.德育原理[M].上海：华东师范大学出版社，2000.

3.檀传宝.学校道德教育原理[M].北京：教育科学出版社，2003.

4.金生鈜.规训与教化[M].北京：教育科学出版社，2004.

5.茅于轼.中国人的道德前景[M].第2版.广州：暨南大学出版社，2005.

6.【美】肯尼斯·J.阿罗.社会选择与个人价值[M].丁建峰，译.上海：上海人民出版社，2010.

主要参考文献

1. 瞿葆奎,沈剑平.教育学文集·教育与教育学[C].北京:人民教育出版社,1993.
2. 顾明远,孟繁华.国际教育新理念[M].海口:海南出版社,2001.
3. 王策三,孙喜亭,刘硕.基础教育改革论[M].北京:知识产权出版社,2005.
4. 孙喜亭.教育原理[M].第二版.北京:北京师范大学出版社,2003.
5. 张人杰.国外教育社会学基本文选[M].上海:华东师范大学出版社,1989.
6. 叶澜,等.教师角色与教师发展新探[M].北京:教育科学出版社,2001.
7. 陈桂生.常用教育概念辨析[M].上海:华东师范大学出版社,2009.
8. 林崇德.教育与心理发展:教育为的是学生发展[M].北京:北京师范大学出版社,2013.
9. 朱小曼.基础教育阶段现代学校制度的理论与实验研究[M].北京:教育科学出版社,2007.
10. 杨东平.中国教育公平的理想与现实[M].北京:北京大学出版社,2006.
11. 袁振国.教育新理念[M].北京:教育科学出版社,2007.
12. 单中惠.教师专业发展的国际比较[M].北京:教育科学出版社,2010.
13. 卢乃桂,操太圣.中国教师的专业发展与变迁[M].北京:教育科学出版社,2009.
14. 刘海峰.高校招生考试制度改革研究[M].北京:经济科学出版社,2009.
15. 张民选.高校招生考试制度改革研究[M].上海:上海教育出版社,2008.
16. 吴霓.农民工子女异地中考政策研究[M].北京:教育科学出版社,2011.
17. 石中英.教育学的文化性格[M].太原:山西教育出版社,1999.
18. 石中英.公共教育学[M].北京:北京师范大学出版社,2008.
19. 朱旭东.教师专业发展理论研究[M].北京:北京师范大学出版社,2011.
20. 马健生.现代教育制度与思想[M].第2版.北京:高等教育出版社,2009.
21. 黄书光.中国基础教育改革的历史反思与前瞻[M].天津:天津教育出版社,2006.
22. 范国睿.多元与融合:多维视野中的学校发展[M].北京:教育科学出版社,2002.
23. 黄向阳.德育原理[M].上海:华东师范大学出版社,2000.
24. 檀传宝.学校道德教育原理[M].北京:教育科学出版社,2003.
25. 于建福.基础教育新概念:素质教育[M].北京:教育科学出版社,1999.
26. 扶斌.国际教育新理念及实践[M].成都:四川大学出版社,2006.
27. 余清臣,等.学校文化学[M].北京:北京师范大学出版社,2010.
28. 李永生.学校效能建设[M].北京:教育科学出版社,2012.

29. 荀渊,唐玉光.教师专业发展制度[M].北京:教育科学出版社,2011.

30. 刘良华.新父母学校:刘良华家庭教育讲演录[M].第2版.北京:北京师范大学出版社,2013.

31. 徐冬青.公共治理:现代学校制度建设"新探索"[M].南京:江苏教育出版社,2011.

32. 周俊.现代学校制度建设的理论与实践[M].杭州:浙江大学出版社,2011.

33. 蒲蕊.政府与学校关系的重建[M].武汉:武汉大学出版社,2009.

34. 李家成,等."新基础教育":学生发展与教育指导纲要[M].桂林:广西师范大学出版社,2009.

35. 翁文艳.教育公平与学校选择制度[M].北京:北京师范大学出版社,2003.

36. 陈彬.教育质量督导与评价[M].海口:南海出版公司,2004.

37. 张爱兰.构建中小学学校自我评价机制的研究与实践[M].北京:北京科学技术出版社,2010.

38. 卢立涛.发展性学校评价在我国实施的个案研究[M].重庆:重庆大学出版社,2012.

39. 杨明,赵凌,李舜静.北仑机制:区域基础教育质量评价研究[M].杭州:浙江大学出版社,2013.

40. 李峻.我国高考政策变迁研究:基于"利益相关者理论"的分析[D].武汉:华中科技大学,2009.

41. 李立峰.中国高校招生考试中的区域公平研究[M].武汉:华中师范大学出版社,2007.

42. 茅于轼.中国人的道德前景[M].第2版.广州:暨南大学出版社,2005.

43. 教育部师范教育司.教师专业化的理论与实践[M].北京:人民教育出版社,2001.

44. 【美】杜威.道德教育原理[M].王承绪,等,译.杭州:浙江教育出版社,2003.

45. 【美】罗尔斯.正义论(修订版)[M].何怀宏,何包钢,廖申白,译.北京:中国社会科学出版社,2009.

46. 【英】伊丽莎白·劳伦斯.现代教育的起源和发展[M].纪晓林,译.北京:北京语言学院出版社,1992.

47. 【英】A.S.尼尔.夏山学校:养育子女的最佳方法[M].周德,译.北京:京华出版社,2002.

48. 【美】沃尔特·范伯特,乔纳斯F.索尔蒂斯.学校与社会[M].第4版.李奇,等,译.北京:教育科学出版社,2006.

49. 【美】Koetzsch,R.E.学习自由的国度:另类理念学校在美国的实践[M].薛晓华,译.上海:华东师范大学出版社,2005.

50. 【美】肯尼斯·J.阿罗.社会选择与个人价值[M].丁建峰,译.上海:上海人民出版社,2010.

51. Robert R.教育人力资源管理:一种管理的取向[M].褚宏启,等,译.重庆:重庆大学出版社,2003.

52. 国际21世纪教育委员会.教育:财富蕴藏其中[M].联合国教科文组织总部中文科,译.北京:教育科学出版社,1996.

53. 联合国教科文组织国际教育发展委员会.学会生存:教育世界的今天和明天[M].华东师范大学比较教育研究所,译.北京:教育科学出版社,1996.